Gütersloher Taschenbücher / Siebenstern 780

D1874417

Militärdekan
GERHARD HANS STRUNTZ
Kirchfarrnbacher Str. 6
8500 NÜRNBERG 60

Christentum und Weltreligionen

I Islam
GTB 779

II Hinduismus
GTB 780

III Buddhismus
GTB 781

Hans Küng
Heinrich von Stietencron

Christentum und Weltreligionen

II

Hinduismus

Gütersloher Verlagshaus
Gerd Mohn

CIP-Kurztitelaufnahme der Deutschen Bibliothek

Christentum und Weltreligionen / Hans Küng ... –
Gütersloh: Gütersloher Verlagshaus Mohn
NE: Küng, Hans [Mitverf.]
2. Hinduismus. – 1. Aufl. d. Taschenbuchausg. – 1987.
(Gütersloher Taschenbücher Siebenstern; 780)
ISBN 3-579-00780-7

NE: GT

ISBN 3-579-00780-7

1. Auflage der Taschenbuchausgabe, 1987
Lizenzausgabe mit freundlicher Genehmigung des Piper Verlages, München
© R. Piper GmbH & Co. KG, München 1984

Das Werk einschließlich aller seiner Teile ist urheberrechtlich geschützt. Jede Verwertung außerhalb der engen Grenzen des Urheberrechtsgesetzes ist ohne Zustimmung des Verlages unzulässig und strafbar. Das gilt insbesondere für Vervielfältigungen, Übersetzungen, Mikroverfilmungen und die Einspeicherung und Verarbeitung in elektronischen Systemen.
Gesamtherstellung: Clausen & Bosse, Leck
Umschlaggestaltung: Dieter Rehder, Aachen, unter Verwendung einer Fotographie von Gerhard Schweizer, Wien (Tempel in Khajuraho/Indien)
Printed in Germany

Inhalt

Hans Küng: Zum Dialog

4,2 Milliarden Menschen leben auf dieser Erde. Davon sind 1,4 Milliarden nominell Christen – exakt ein Drittel der Weltbevölkerung. Ihnen stehen gegenüber 723 Millionen Muslime, 583 Millionen Hindus und 274 Millionen Buddhisten. Schon diese Zahlen, errechnet in vieljähriger mühseliger Forschung vom Stab der »World Christian Encyclopedia« (Oxford 1982), zeigen, was hier auf dem Spiel steht.

Ob als Christ oder Nichtchrist: Wie ist meine Einstellung zu den anderen Religionen? Diese Frage wird ständig drängender, seitdem sich nicht nur unser religionsgeographischer Horizont (mit dem Zeitalter der Entdeckungen), sondern auch unser religionshistorischer Horizont (mit der modernen Religionsgeschichte) gewaltig erweitert hat und seitdem in einer zusammengewachsenen Welt die alten Religionsgrenzen sich immer mehr verwischen und Andersgläubige in großer Zahl sich auch in unserem Land, in der eigenen Stadt, Fabrik, Schule, ja oft in derselben Straße finden. Ja, wie ist meine Einstellung zu den anderen Religionen?

Auf dem Weg zu einem globalen ökumenischen Bewußtsein

Unsere Kenntnisse von den anderen sind, sehen wir von einigen Spezialisten ab, noch immer sehr beschränkt. Wenn wir den interreligiösen Dialog (zwischen den Weltreligionen) vergleichen mit dem interkonfessionellen Dialog (zwischen den christlichen Konfessionen), so wird man sagen müssen: Wir stehen heute im interreligiösen Dialog ungefähr dort, wo wir im interkonfessionellen Dialog vor etwa 50 Jahren standen.

Langsam freilich überwinden wir die Isolation und lernen die

Realität der anderen begreifen. Das heißt: nach einer Periode heißer, dann kalter Kriege und schließlich einer Periode der mehr schiedlichen als friedlichen Koexistenz dürften wir heute am Anfang einer vierten neuen *Epoche der Proexistenz* stehen. Trotz aller offenkundigen Hemmnisse und Schwierigkeiten scheinen wir zum erstenmal in der Weltgeschichte vor dem langsamen *Erwachen eines globalen ökumenischen Bewußtseins* zu stehen und am Beginn eines ernsthaften Dialogs der Religionen zwischen führenden Fachleuten und Repräsentanten auf breiter Ebene. Möglicherweise ist dies eine der wichtigsten Erscheinungen des 20. Jahrhunderts, die sich wohl erst im 21. Jahrhundert auswirken wird – falls die Menschheit es erlebt. »Ökumene« darf deshalb heute weniger denn je eng, verengt, ekklesiozentrisch verstanden werden: Ökumene darf sich nicht auf die *Gemeinschaft der christlichen Kirchen* beschränken, sie muß die *Gemeinschaft der großen Religionen* einbeziehen, wenn Ökumene – nach dem ursprünglichen Wortsinn verstanden – den gesamten »bewohnten Erdkreis« meint.

Christentum und Weltreligionen: Ein *Dialog* soll hier vorgestellt werden zwischen dem Christentum und jenen *Weltreligionen,* die aufgrund ihrer Lebendigkeit, ihrer Verbreitung und großen Mitgliederzahl in der Welt ein besonderes Gewicht haben. Als Weltreligionen gelten im allgemeinen neben dem *Christentum* in jedem Fall *Islam, Hinduismus* und *Buddhismus.* Vor allem aus Zeit- und Raumgründen konnte weder den Religionen Chinas noch dem Judentum die gebührende Aufmerksamkeit geschenkt werden. Während die Religionen *Chinas* – neben dem Buddhismus vor allem Konfuzianismus und Taoismus – sich zur Zeit, da in der Volksrepublik Religionsfreiheit nur theoretisch gewährt wird, kaum Ausdruck verschaffen können, müßte das *Judentum* – trotz seiner nur 0,4 Prozent Anteil an der Weltbevölkerung eine geistige Weltmacht – gesondert behandelt werden, da der jüdisch-christliche Dialog wegen der Herkunft des Christentums vom Judentum ganz spezifische Probleme aufwirft (ich habe selber in verschiedenen Publikationen dazu Stellung genommen). Doch werden manche Anliegen (Ein-Gott-Glaube) und Probleme (Gesetzesfrömmigkeit) des Judentums im Zusammenhang mit dem Islam zur Sprache kommen. Darüber hinaus soll versucht werden, die Antwort auf die aus Indien stammenden großen Religionen – Hinduismus und

Buddhismus – soweit wie möglich von der gemeinsamen jüdisch-christlich-islamischen Tradition her anzugehen.

Das Gespräch zwischen Christentum und Islam, Christentum und Hinduismus, Christentum und Buddhismus ist erst in unserem Jahrhundert ernsthaft in Gang gekommen. Angestrebt ist hier so etwas wie eine *Zwischenbilanz* des Gesprächs – als Anregung zur weiteren Diskussion.

Dieser Dialog ist der schriftliche Niederschlag eines tatsächlichen Dialogs, der im Sommersemester 1982 an der Universität Tübingen im Rahmen ihres Studium generale vor einer großen Zuhörerschaft in der Form von zwölf Dialogvorlesungen stattgefunden hat: Diese wurden für die Veröffentlichung gründlich überarbeitet und zum Teil erweitert, möglichst unter Berücksichtigung der an die Doppelvorlesung anschließenden Diskussion; doch blieb der Charakter der lebendigen Vor-Lesung weitgehend erhalten. Der Mitautor Heinz Bechert hat sich über die endgültige und stark erweiterte Form der Texte der »christlichen Antworten« zu den Buddhismus-Beiträgen mit mir nicht mehr verständigen können; um den vorgesehenen Erscheinungstermin des Bandes nicht zu gefährden, hat dankenswerterweise Lic. phil. Alois Payer in diesem Stadium die fachliche Beratung des Verfassers übernommen.

Diese Dialogvorlesungen, von zwei Professoren verschiedener Disziplinen direkt nacheinander gehalten, waren und sind – didaktisch und sachlich – ein gewagtes *Experiment.* Aus grundsätzlichen wie technischen Erwägungen empfahl es sich, den Dialog mit den jeweiligen akademischen Fachvertretern der Islamkunde, der Indologie und der Buddhologie und einem Vertreter der christlichen Theologie zu beginnen. Später wird man gewiß auch an einer europäischen Universität an Dialogvorlesungen von christlichen Theologen nicht nur mit Kultur- und Religionswissenschaftlern, sondern auch mit gläubigen Vertretern der betreffenden Religionen denken können. Aber man soll den zweiten Schritt nicht vor dem ersten tun! Dabei waren wir uns im klaren, daß die jeweiligen Religionen in nicht nur sachlicher, sondern auch sympathischer Weise präsentiert werden sollten. Ein solches Dialogunternehmen hat ja nur Sinn, wenn die einzelnen Religionen sich in ihren Porträts wiedererkennen. Aber hat dieser Dialog auch für die christliche Theologie einen Sinn?

Immer mehr Theologen begreifen es heute als verhängnisvoll, daß sich infolge des theologischen Umbruchs nach dem Zweiten Weltkrieg und des Einflusses von Karl Barth christliche Theologie einerseits und Religionshistorie, Religionsphänomenologie, Religionswissenschaft überhaupt auseinander und oft sogar gegeneinander entwickelt haben; Barths berechtigten großen Intentionen kann die Theologie nachkommen, ohne daß sie sich der Religionswissenschaft verweigert und sich gegenüber den »Religionen« als christlicher »Glaube« abkapselt und einigelt. Eine »splendid isolation« ist heute keiner Religion mehr möglich. Die religiösen, sittlichen, ästhetischen Werte von Milliarden Menschen außerhalb des Christentums können und dürfen nicht länger ignoriert werden. Umgekehrt erkennen aber auch immer mehr Religionswissenschaftler – und auch hier sind Amerikaner führend –, daß auch sie auf die Dauer normativen Fragen nach Wahrheit und Werten nicht ausweichen dürfen.

Was *Religion* ist, läßt sich so schwierig definieren wie Kunst. »Ich wußte es, bis du mich fragtest, es zu erklären«, könnte man mit Augustin (auf die Frage, was »Zeit« sei) antworten. Oft völlig Verschiedenes wird im einen wie im anderen Fall unter einen Begriff gebracht. Der Ausdruck »Religion« ist in vielfacher Hinsicht problematisch und wird von Religionswissenschaftlern wie von Theologen kritischer Betrachtung unterzogen. Auf die weitverzweigte Debatte muß hier nicht eingegangen werden. Es genügt zu sehen, daß »Religion«, wenn auch nicht ein völlig äquivoker, so doch ein analoger Begriff ist, der Unähnlich-Ähnliches umschließt. Die Unähnlichkeit zeigt sich vor allem darin, daß der Begriff vom Glauben an viele Götter über den Glauben an den einen Gott bis hin zur Ablehnung eines Gottesglaubens (im frühen Buddhismus) beinahe alle Optionen abdecken muß. Auch diese Dialogvorlesungen zwischen Religionswissenschaftlern und einem christlichen Theologen setzen keinen normativen Begriff von Religion voraus. Und doch ist es wichtig, daß der christliche Theologe für sich Rechenschaft ablegt über seinen Gebrauch des Begriffs der Religion – gleichsam in Form einer Arbeitshypothese. Dies ist möglich, weil bei aller Unähnlichkeit sich doch auch Ähnlichkeiten feststellen lassen, die ich nur skizzieren kann.

Immer geht es in der Religion um eine erlebnishafte *»Begegnung mit dem Heiligen«* (R. Otto, F. Heiler, M. Eliade, G. Mensching) – mag diese »heilige Wirklichkeit« nun als Macht, als Mächte (Geister, Dämonen, Engel), als (personaler) Gott, (apersonales) Göttliches oder irgendeine letzte Wirklichkeit (Nirvāna) verstanden werden. »Religion« läßt sich deshalb für die Zwecke dieses Dialogunternehmens wie folgt umschreiben: Religion ist die *in einer Tradition und Gemeinschaft sich lebendig vollziehende* (in Lehre, Ethos und meist auch Ritus) *sozial-individuell realisierte Beziehung zu etwas, was den Menschen und seine Welt übersteigt oder umgreift:* zu einer wie immer zu verstehenden allerletzten wahren Wirklichkeit (das Absolute, Gott, Nirvāna). Im Unterschied zur Philosophie geht es in der Religion um *Heilsbotschaft* und *Heilsweg* zugleich.

Denn dies haben gerade auch die religionswissenschaftlichen Darlegungen deutlich gemacht: Religion ist mehr als eine rein theoretische Angelegenheit, gar nur eine Sache der Vergangenheit, Aufgabe für Urkundenforscher und Quellenspezialisten. Nein, Religion, wie sie hier geschildert wird, ist immer auch *gelebtes Leben,* eingeschrieben in die Herzen der Menschen und von daher für alle religiösen Menschen eine höchst gegenwärtige und durchaus den Alltag bestimmende Angelegenheit. Man kann sie mehr traditionell, oberflächlich, passiv leben oder aber tief empfunden, engagiert, dynamisch: Religion ist eine *gläubige Lebenssicht, Lebenseinstellung, Lebensart,* ist deshalb ein Menschen und Welt umgreifendes individuell-soziales *Grundmuster,* durch das der Mensch (ihm nur teilweise bewußt) alles sieht und erlebt, denkt und fühlt, handelt und leidet: ein transzendent begründetes und immanent sich auswirkendes *Koordinatensystem,* an dem sich der Mensch intellektuell, emotional, existentiell orientiert. Religion vermittelt einen umfassenden Lebenssinn, garantiert höchste Werte und unbedingte Normen, schafft geistige Gemeinschaft und Heimat.

Keine Frage, die Tübinger Dialogvorlesungen unter Kollegen, die sonst durch strenge Fakultätsgrenzen voneinander getrennt sind, haben ihre eigenen Reize und Beschwernisse. Für den Theologen insbesondere sind sie ein Abenteuer des Geistes, bei dem er nicht von vornherein weiß, wohin die Dynamik der Diskussion ihn treibt. Und wenngleich ein Rollenkonflikt vermutlich beiden Seiten droht, so dürfte den schwierigeren Part dabei doch der Theologe haben, der in anderer Form existentiell betroffen ist, der in einer bestimmten Glaubenstradition und Glaubensgemeinschaft steht und der nicht alle Wege der Religion gleichzeitig gehen kann. Der Religionswissenschaftler kann in einem solchen Gespräch primär narrativ, deskriptiv und komparativ vorgehen, er kann die große, bunte, spannende Geschichte des Islam, des Hinduismus, des Buddhismus schildern, ihre ewigen Themen im Wechsel der Zeit herausarbeiten, vergleichen und Kritik bestenfalls am Rande milde antönen lassen. Dem Dialog wäre zweifellos nicht gedient, wenn der Theologe Paralleles täte und nun seinerseits die wohlbekannte Geschichte des Christentums und die traditionelle Lehre schilderte, ohne sich im übrigen zu diesem Glauben und Leben zu bekennen. Dabei wirkt sich ja eher belastend aus, daß der christliche Theologe eine Position rechtfertigen muß, die ein christliches Publikum zu kennen meint, während für viele die fernen Religionen noch den Reiz des Neuheitserlebnisses haben.

Trotz aller Schwierigkeiten muß der christliche Theologe versuchen, statt narrativ und deskriptiv primär *argumentativ* vorzugehen: Er muß die Punkte mühselig herausarbeiten, wo Konsens und Dissens mit den anderen Religionen deutlich werden. Mißverständnisse sind da fast unumgänglich: Stellt man etwa – um einige Beispiele herauszugreifen – die Meriten Muhammads und seines Prophetentums heraus, wird man hinterher bestimmt gefragt werden, ob man denn eigentlich Muslim werden wolle. Versucht man, auf solider neutestamentlicher Grundlage sein Verständnis von Gottessohnschaft und Trinität so zu entwickeln, daß es auch einem Juden oder Muslim vielleicht nicht von vornherein als völlig absurd erscheinen muß, wird einem bestimmt vorgehalten werden, dies sei nicht mehr die übliche Trinitätslehre. Äußert man sich aber umgekehrt als stets zur Selbstkritik bereiter christlicher Theologe kritisch, beispielsweise auch zur Problematik des Gesetzes im Islam, der Mythologie im Hinduismus oder des Mönchtums im Buddhismus, dann setzt man sich leicht dem Verdacht aus, man treibe hier theologische Apologetik, christliche Eigenprofilierung, gar anmaßende Verurteilung.

Dieser Problematik bin ich mir als Theologe von vornherein bewußt, und ich versuche deshalb in meinen Antworten ein Doppeltes anzustreben:

1. christliche Selbstkritik im Spiegel der anderen Religionen;
2. christliche Kritik an den anderen Religionen im Licht der eigenen Botschaft, wobei freilich nicht Beliebiges miteinander, sondern nur Gleiches mit Gleichem verglichen werden soll.

So versuche ich, den schwierigeren Mittelweg zwischen zwei Extremen zu gehen. Einerseits möchte ich einen bornierten, eingebildeten *Absolutismus* (christlicher oder islamischer Provenienz) vermeiden, der die eigene Wahrheit »ab-solut« setzt: »los-gelöst« von der Wahrheit der anderen. Es soll hier weder ein *Exklusivitätsstandpunkt* verteidigt werden, der die nichtchristlichen Religionen und ihre Wahrheit global verurteilt, noch auch ein *Superioritätsstandpunkt,* der die eigene Religion als die von vornherein bessere (in Lehre, Ethik, Verfassung) ansetzt. Ein solcher Standpunkt führt nur zu bequemer Apologetik, zu Lernunfähigkeit und Rechthaberei, kurz, zu jenem Dogmatismus, der die volle Wahrheit von vornherein zu besitzen meint und sie gerade deshalb nicht findet.

Zugleich aber wird von mir als christlichem Theologen auch niemand einen oberflächlichen und unverantwortlichen *Relativismus* (christlicher, hinduistischer oder buddhistischer Provenienz) erwarten, der alle Wahrheit »relativiert« und alle Werte und Maßstäbe »vergleichgültigt«. Unhaltbar scheint mir ein *Beliebigkeitspluralismus,* der undifferenziert die eigene und die anderen Religionen billigt und bestätigt, ohne wie bei uns selbst, so auch bei den anderen auf die Unwahrheit trotz aller Wahrheit aufmerksam zu machen; unhaltbar scheint mir ein *Indifferentismus,* der bestimmte religiöse Positionen und Entscheidungen von der Kritik ausnimmt. Ein solcher Standpunkt führt nur zu billiger Toleranz, zum Alles-gelten-lassen-Wollen, zum »anything goes«, einem falsch verstandenen Liberalismus, wo man die Wahrheitsfrage bagatellisiert oder gar nicht mehr zu stellen wagt.

Davon ist freilich auszugehen: die Grenze zwischen wahr und falsch verläuft heute auch nach christlichem Verständnis nicht mehr einfach *zwischen* Christentum und den anderen Religionen, sondern, zum Teil mindestens, *innerhalb* der jeweiligen Religionen. Wobei als Grundsatz zu gelten hat: Nichts Wertvolles soll in den anderen Religionen negiert, aber auch nichts Wertloses unkritisch akzeptiert werden. Darüber sollte ein Konsens zwischen den Vertretern der verschiedenen Religionen möglich sein. Wir brauchen einen Dialog in gegenseitigem Geben und Nehmen, in den die tiefsten Intentionen der Religionen eingebracht werden müssen: einen kritischen Dialog also, in dem alle Religionen herausgefordert sind, nicht einfach alles zu rechtfertigen, sondern ihr Bestes und Tiefstes zu sagen. Kurz, wir brauchen einen Dialog in *gegenseitiger* Verantwortung und im Bewußtsein, daß wir alle die Wahrheit nicht »fertig« besitzen, sondern auf dem Wege sind zur »je größeren« Wahrheit.

Es ist zu erwarten, daß uns dies verändern wird: nicht nur unsere Antworten, sondern auch schon unser Fragen, nicht nur unser Selbst- und Weltverständnis, sondern auch unser Gottesverständnis. Davor sollten wir keine Angst haben; gerade dies macht uns nicht ärmer, sondern reicher. Die Wahrheit kann in verschiedenen Religionen keine verschiedene, sondern nur die eine sein; durch alle Kontradiktionen hindurch haben wir das Komplementäre zu suchen: durch alles Exklusive hindurch das Inklusive.

Dabei müssen wir uns in erster Linie auf Ideen, Lehren und Doktrinen konzentrieren, müssen Texte, Daten, Ereignisse zur Kenntnis genommen werden, ohne zu verkennen, daß Religion mehr ist als »Ideen«. Und doch: oft trennen nicht religiöse Praktiken die Religionen (wir werden viele erfreuliche und auch erschreckende Parallelen feststellen), sondern die Ideen, Lehren, Dogmen und alles, was aus ihnen folgt. Man kann deshalb nicht genug voneinander wissen. Aber nicht weniger wichtig als das Wissen sind die Empathie und Sympathie, das Einfühlen und Mitfühlen mit den Menschen der verschiedenen Religionen, die, wenngleich auf sehr verschiedene Weise, mit uns Menschen in dieser Welt sind.

Worum also geht es in diesen Dialogvorlesungen? In einer Zeit, wo der Friede in der Welt und das Zusammenleben der Menschheit in Freiheit und Gerechtigkeit so oft gerade von religiösen Spannungen bedroht werden, muß es in erster Linie darum gehen, unseren *Verständnis- und Informationshorizont zu erweitern:* Für den das Weltgeschehen heute aufmerksam verfolgenden Zeitgenossen soll hier auf dem gegenwärtigen Stand der Forschung, aber in der Form des großen, allgemein verständlichen Überblicks das absolut unabdingbare Wissen über die großen Religionen der Welt – Islam, Hinduismus und Buddhismus – geboten werden. Dies ist für den Spezialisten, wie man weiß, oft schwieriger als die Ausbreitung von viel Detailwissen (auf Fußnoten wurde möglichst verzichtet und statt dessen für jede Religion, zusammen mit einer Zeittafel, eine kurze, ausgewählte Bibliographie über weiterführende Literatur geboten).

Mit der Information soll sich dann aber zweitens die *Diskussion* verbinden: Die Antwort des christlichen Theologen soll deutlich machen, wie das Gespräch heute gesucht – oft wird es noch immer nur gesucht – werden kann und wo die neuralgischen Punkte eines solchen Gesprächs liegen. Es geht also weniger darum, alle Detailfragen zu beantworten und alle Gegeneinwürfe zu formulieren, vielmehr sollte im Verlauf der Darlegungen so etwas wie eine *Darstellung des Christentums im Spiegel der Weltreligionen* entstehen.

Wechselseitige Information, wechselseitige Diskussion und wechselseitige Transformation: So wird es langsam nicht zur unkritischen Vermischung, wohl aber zur *gegenseitigen kritischen Erhellung, Anregung, Durchdringung und Bereicherung* der verschiedenen religiösen Traditionen kommen, wie sich dies zwischen den verschiedenen konfessionellen Traditionen im Christentum selbst schon seit längerem abzeichnet – in Theorie und Praxis. Ja, dies dürfte der Weg sein, der zu jener Verständigung zwischen den Religionen führt, die keine Welteinheitsreligion kreieren, wohl aber – nach so vielen heißen und kalten Kriegen mit ungezählten Opfern – eine echte Befriedung herbeiführen will.

Zur Aussprache indischer und arabischer Wörter

Islam: Arabisch und Persisch. – Hinduismus: Sanskrit. – Buddhismus: Sanskrit und Pāli. (Die hier verwendete Schreibweise folgt weitgehend dem Gebrauch in englischsprachigen Publikationen.)

a, i, u	kurze Vokale (wie deutsch: Sack, Sitz, Ruck)
ā, ī, ū	lange Vokale (wie deutsch: wagen, wiegen, suchen)
e, o, ai, au	(wie deutsch: legen, Ofen, weisen, laufen) Die Betonung von Sanskritwörtern ergibt sich größtenteils aus genauer Beachtung von langen und kurzen Vokalen.
bh, dh usw.	Im Sanskrit und Pāli haben *alle* aspirierten Konsonanten einen deutlichen Hauchlaut: (*Bhakti* sprich B-hakti, *Buddha* sprich Budd-ha, usw.)
c	wie *tsch* auf Italienisch: *cena, Cesare* (Sanskrit: *Candra* sprich Tschandra)
gh	im Arabischen: Reibelaut (ähnlich wie g im Holländischen)
h	ist niemals Längungszeichen, sondern immer konsonantisch auszusprechen (arabisch: Rahmān sprich Ra*h*mán)

j	wie *dsch* auf Italienisch: *giorno* (Sanskrit: *Jaina* sprich Dschaina; arabisch: *Hijra* sprich Hidschra)
kh	arabisch: wie deutsches *ch* in machen
r	Zungen-r
s	stimmloses (scharfes) *s* wie im Deutschen: Biß
sh	wie deutsches *sch:* *Shiva* sprich Schiwa; *Vishnu* sprich Wischnu; *Sharī'a* sprich Scharía
th	im Arabischen wie stimmloses englisches *th* (wie in *thing)*
v	wie *w* (*Veda* sprich Weda)
y	wie *j* (*Yoga* sprich Joga; *Ahmadiyya* sprich Ahmadíja)
z	im Arabischen: stimmhaftes *s* (wie in suchen)
'	im Arabischen: fester Stimmansatz (wie in *ver-achten* oder in *mein Eid* (gegenüber *Meineid*)
'	im Arabischen: stimmhafter Kehllaut (keine Parallele in europäischen Sprachen)

Zeittafel

7.–4. Jahrtausend	Vorläufer der Induskultur
3.–2. Jahrtausend	Blüte der Induskultur
ca. 1750	Untergang der Induskultur
ca. 1700–1200	Einwanderung der Arier in den Panjāb; Entstehung der Bücher 2–9 des Rigveda
ca. 1000	Kanonisierung des Rigveda abgeschlossen; Sāma- und Yajurveda folgen bald darauf; der Atharvaveda bleibt noch länger für Zusätze offen
ca. 1000–850	Arier dringen ins obere Gangestal vor; Blüte der Opferwissenschaft (ältere Brāhmana-Texte)
ca. 850–500	Arier auch im unteren Gangestal; frühe Philosophie (ältere Upanishaden); Brahman und Ātman; Wiedergeburtslehre, Karman-Theorie; Erlösung durch Wissen
ca. 600–300	Zeitalter des Umbruchs; Reformversuche; Gründung der Mönchsorden (Buddhismus, Jainismus); mittlere Upanishaden; Beginn der Bhakti-Bewegung und zunehmende Bedeutung der Volksreligionen
268–233	Kaiser Ashoka Maurya fördert den Buddhismus
3. Jh. v. Chr. bis 3. Jh. n. Chr.	Vishnuismus, Shivaismus und andere Hindu-Religionen treten in den Vordergrund; Entstehung der großen Hindu-Epen Mahābhārata und Rāmāyana; Bildung der sechs philosophischen Systeme (erst Sāmkhya, Yoga, Pūrva Mī-

	māmsā und Vaisheshika, dann Nyāya und zuletzt Vedānta: Brahmasūtras erst 4. Jahrhundert?); Lakulin (ca. 2. Jh.), Begründer des Pāshupata-Shivaismus; Buddhismus und Shivaismus dringen nach Zentralasien, Shivaismus und Vishnuismus nach Hinterindien und Indonesien vor; im Nordwesten Indiens Fremdherrschaft der Indo-Griechen, Parther, Saken und Kushānas
320–500	Gupta-Dynastie in Nordindien; Blütezeit der Hindu-Religionen
ca. 600–900	Vordringen von Shāktismus und Tantrismus; Blütezeit des Pāncarātra-Vishnuismus; ab 9. Jh. Blüte des kashmirischen Shivaismus; Niedergang des Buddhismus in Indien (schließlich verdrängt durch den Islam Anfang des 13. Jahrhunderts)
zwischen 650 und 800	Shankara, Hauptexponent des Advaita (traditionelle Daten 788–820)
712	Araber in Sindh
1000–1027	Islamische Raubzüge nach Indien
ca. 1056–1137	Rāmānuja, Vertreter des qualifizierten Monismus (traditionelle Daten 1017–1137)
1206	Gründung des Sultanats von Delhi
ca. 1199–1278	Madhva, Hauptvertreter des dualistischen Vedānta
12.–13. Jh.	Ausbildung des Shaiva-Siddhānta durch Shrīkantha und Meykanda
1498	Vasco da Gama in Indien
15.–17. Jh.	Intensivierung der Vishnu-Bhakti an Rādhā-Krishna (Vallabha 1479–1531; Caitanya 1486–1533) und an Rāma (Rāmānanda ca. 1400–1470, gemäß der Tradition ca. 1299–1410; Tulsīdāsa 1532–1623); Vermittlungsversuche zwischen Islam und Vishnubhakti: Kabīr (1440–1518); Guru Nānak (1469–1539), Begründer der Sikh-Bewegung; Dādū (1544–1603)
1526	Gründung des Moghul-Reiches

1556–1606	Kaiser Akbar, Versuch des Religionsausgleichs im Jahr 1582
1600	Gründung der East India Company
1858	Indien wird Teil des British Empire
19.–20. Jh.	Neohinduistische Reformbewegungen: Brāhma Samāj (1828), Rāmakrishna (1836–1886) und die Rāmakrishna-Mission (1897), Prārthana Samāj (1867), Ārya Samāj (1875), Theosophische Gesellschaft (1875), Mahātmā Gāndhi (1869–1948), Shrī Aurobindo (1872–1950); Shrī Ramana Maharshi (1879–1950)
1947	Teilung des indischen Subkontinents, Unabhängigkeit für Indien und Pakistan: Indien wird säkularer Staat, Pakistan wird Islamische Republik
nach 1947	Auftreten einer Reihe von Gurus mit teilweise auch im Westen großem Erfolg: Krishnamūrti, Cinmayānanda, Maharshi Mahesh Yogī (Transzendentale Meditation), Satya Sai Baba, Bhaktivedānta Svāmī Prabhupāda (Krishna Consciousness), Bālyogeshvar (Divine Light Mission), Bhagavān Rajneesh usw.

I. Was ist Hinduismus? Zur Geschichte einer religiösen Tradition

1. Heinrich von Stietencron: Hinduistische Perspektiven

Beim Islam, mit dem wir uns bisher befaßt haben, schien alles noch recht einfach. Seine Geschichte ist klar, seine Lehren sind leicht verständlich, und im Grunde ist er uns trotz aller Unterschiede ziemlich vertraut, weil er dem Christentum so nahe verwandt ist. Gemeinsame Strukturen und ein gemeinsames Erbe waren unverkennbar.

Beim Hinduismus, so fürchte ich, wird es komplizierter und unübersichtlicher. Er besitzt nicht nur keine Kirche wie der Islam, er besitzt auch keine allgemein verbindliche Lehre. Statt dessen bietet er eine Vielzahl von Möglichkeiten religiösen Handelns, Denkens und Glaubens und entzieht sich, wie wir noch sehen werden, weitgehend unserem Religionsbegriff.

Im Unterschied zum Islam ist der Hinduismus bis vor kurzem nicht in ernsthafte Konkurrenz zum Christentum getreten und wurde deshalb auch nicht mit einem Feindbild belegt. Es mag sogar zutreffen, daß der Hinduismus in seiner Begegnung mit den Kulturen des Westens von exotisierendem Zauber und verklärender Distanz profitierte. Aber in dieser Distanz ist er auch nebelhaft undeutlich geblieben. Europa hatte ihn nicht zu fürchten wie den Islam und hat sich deshalb auch weniger intensiv mit ihm beschäftigt. Berührungspunkte gab es mehr in der philologischen Forschung, in der Literatur und Philosophie als im Bereich des täglichen Lebens. Sogar die Kolonialmächte hatten lange Zeit keinen nennenswerten Zustrom von Indern nach Europa zu verzeichnen. Das änderte sich erst, als Großbritannien bei der Massenausweisung von Indern aus Uganda durch Idi Amin gezwungen war, große Zahlen von Flüchtlingen aufzunehmen, welche die englische Staatsangehörigkeit besaßen. Im übrigen Europa blieb der direkte Kontakt mit dem Hinduismus marginal. Auch kümmerte sich kein Volksbuchautor um ihn. Und so wurde er zwar geachtet, blieb aber weitgehend unbekannt.

Erst seit wenigen Jahren ist das anders geworden. Jugendliche aus Europa und Amerika haben die indischen Religionen entdeckt. Sie suchen dort etwas, das sie hier vermissen: Religion, die sowohl dem Intellekt als auch die Sinne anspricht, Religion voller Wärme, Abwechslung und Phantasie. Sie spüren eine andere Einstellung zu den Wesen und Dingen der Umwelt, auch eine andere Einstellung zu den Menschen und ihren Bedürfnissen. Manche wenden sich ernsthaft dem Yoga und der Meditation zu – nicht wie bisher schon im Westen als modisches Anhängsel einer Reformhauskultur, die Yoga nur als Fitneßtraining und als äußere Technik zur Abwehr von Streß aufnahm. Sie machen vielmehr den Versuch, sich selbst mit Hilfe von Yoga und Meditation den Weg zu einer neuen Selbsterfahrung, zu einer anderen Orientierung des Menschen zu öffnen. Auch haben sie wohl etwas gespürt von der Magie endlosen Singsangs und der spezifischen Kraft, die aus innerer Ruhe erwächst. Kurzum, es könnte sein, daß neuerdings der Hinduismus im Abendland nicht nur den Intellekt westlicher Gelehrter oder den Utilitarismus von Gesundheitsaposteln anspricht, sondern auch im emotionalen Bereich Wurzeln schlägt.

Den Kirchen scheint das nicht so lieb zu sein. Mit Skepsis und teilweise berechtigter Sorge beobachten sie das Wirken von Gurus im Westen, zumal ihnen Kriterien fehlen, um einen Scharlatan von einem Heiligen zu unterscheiden. Das ist auch nicht so einfach, denn der Guru vermittelt sein Wissen, ohne daß hinter ihm eine erkennbare Kontrollinstanz stünde. Ich sagte schon: es gibt weder Kirche noch verbindliche Lehre. Es gibt nur den Hintergrund der religiösen Tradition, der dem Guru seine Bindungen verleiht oder wenigstens verleihen sollte. In Indien ist das ein mächtiger Faktor, bei uns aber tritt er nicht deutlich in Erscheinung. Es ist Zeit, ein Gespräch zu beginnen, ehe ein neues Feindbild entsteht. Dazu ist Verständnis nötig. Es gilt auch ein paar Irrtümer zu beseitigen: zum Beispiel den Irrtum, der Hinduismus sei eine polytheistische Religion, und vor allem den Irrtum, es handele sich beim Hinduismus überhaupt um eine einzige Religion.

Der »Hinduismus«: ein von Europäern geprägter Begriff

Nahezu 200 Jahre haben sich europäische Gelehrte mit dem Hinduismus beschäftigt. Dennoch bereitet es immer noch größte Schwierigkeiten, zu definieren, was Hinduismus ist.

Das liegt vor allem an der Vielgestaltigkeit und inneren Widersprüchlichkeit des Phänomens Hinduismus. Denn selbst innerhalb des Hinduismus ist die Heilige Schrift des einen keineswegs notwendigerweise auch die Heilige Schrift des anderen. Für den einen kann ein Gott untergeordnete Bedeutung haben, den der andere mit tiefster Hingabe als höchste Gottheit und Herrn der Welt verehrt. Der eine lehrt die Nichtverletzung der Lebewesen, während am Altar des anderen das Blut geopferter Ziegen und Büffel trieft. Die tantrischen Praktiken des einen sind dem anderen ein Greuel. Ja selbst die Wiedergeburtslehre, die uns mit dem Hinduismus so eng verknüpft erscheint, gehört keineswegs für alle Hindus zum festen Bestand ihres Wissens und Glaubens.

Man hat es also gewiß nicht leicht, wenn man versucht, die Erscheinungsformen hinduistischer Religion in einen klar erkenntlichen Zusammenhang einzuordnen. Kein Wunder: schließlich hat man es mit Glaubensäußerungen zu tun, die sich vom Gebrauch magischer Kräfte in Fruchtbarkeitsriten und Opferkulten über alle Schattierungen polytheistischer, dualistischer und monotheistischer Glaubensformen bis hin zur Konzeption eines nichtanthropomorphen, nichtpersonhaften, jede menschliche Vorstellung transzendierenden Absoluten erstrecken.

Vielleicht hätte man sich gar nicht so sehr bemüht, diese Dinge alle unter einen Hut zu bringen, wenn sich nicht schon bei der Bildung des Begriffs »Hinduismus« ein Mißverständnis eingeschlichen hätte. Das Wort Hinduismus ist nämlich *keine Selbstbezeichnung* einer indischen Religion, sondern ein von den Europäern erfundener Begriff. Er sollte die Religion der Hindus bezeichnen, nur wußte man über die Hindus leider nicht genug, als man diesen Begriff prägte. Man erkannte nicht rechtzeitig, daß sie mehrere Religionen hatten. Seither spricht und schreibt man über den Hinduismus als eine der großen Weltreligionen. Eine Zeitlang glaubte man auch, daß es ihn wirklich gebe. Heute weiß man, ohne dies zugeben zu wollen, daß der Hinduismus nichts ist als eine von der europäischen Wissenschaft gezüchtete Orchidee. Sie ist viel zu schön, um sie auszureißen, aber sie ist eine Retortenpflanze: In der Natur gibt es sie nicht.

Gewiß, das ist eine etwas schockierende Behauptung. Wozu gibt es denn die ganzen Bücher über den Hinduismus? Warum taucht er in allen Werken über die Religionen der Welt auf? Und belegen nicht die Religionsstatistiken in eindrucksvollen Ziffern, daß er eine der zahlenmäßig größten Religionen der Welt ist, die drittgrößte nach Christentum und Islam? Doch die Statistik verhüllt mehr, als sie offenbart. Denn für die Verwaltungsbeamten ist jeder Inder ein Hindu, der sich nicht ausdrücklich zu einer anderen Religion bekennt. Die neuere indische Rechtsprechung geht sogar teilweise noch weiter, indem sie expressis verbis auch Buddhisten, Jainas und Sikhs unter den Sammelbegriff »Hindu« subsumiert. So konstatiert »The Orissa Religious Endowments Act, 1969 (Orissa Act 2 of 1970)« gleich bei den Präliminarien auf Seite 1: »The expression ›Hindu Religion‹ shall include Jain, Buddhist and Sikh religions and the expressions ›Hindu‹ and ›Hindu public religious institutions and endowments‹ shall be construed accordingly« (»Cuttack Law Times«, 1970, S. 1).

Um mit den Begriffen »Hindu« und »Hinduismus« richtig umzugehen, muß man zunächst wissen, was sie wirklich bedeuten – und dazu ist es nützlich, sich daran zu erinnern, wie diese Begriffe entstanden sind.

Letztlich geht alles zurück auf den Namen des großen Stromes Indus im heutigen Pakistan. Von seinem alten Sanskritnamen *Sindhu* stammt der Name der pakistanischen Provinz Sind. Dem griechischen Namen dieses Flusses, *Indos,* verdanken wir unsere Worte »Indien« und »Inder«. Auf persisch hieß derselbe Fluß *Hindu,* und wie im Sanskrit bezeichnete dieses Wort auch das Land, durch das er fließt: zunächst vor allem die von den Persern eroberte Provinz am Flusse selbst, dann auch das weitere Land dahinter, Indien. Der Plural des Landschaftsnamens bezeichnete wiederum das Volk, das dort wohnte, die Hindus, die »Leute vom Indus« oder das »Volk von Indien«, die Inder.

Schon in den altpersischen Keilschriftinschriften und im Avesta taucht das Wort »Hindu« als Landesname auf, und seit der Perserkönig Daraius I. im Jahr 517 vor Christus sein Reich bis an den

Indus ausgedehnt hatte, wurden auch Hindus, Bewohner des Landes Hindu, das heißt Inder, in den persischen Vielvölkerstaat und in seine Armee eingegliedert. Von da an bezeichneten Perser und persisch sprechende Völker mehr als 1000 Jahre lang die Inder generell als Hindus. Auch die Araber nannten Indien später »Al Hind«.

Die Bedeutungswandlung dieses Wortes setzte relativ spät ein, ging ganz allmählich vor sich und wurde erst durch die Europäer endgültig vollzogen. Seit nämlich die Muslime im Jahre 712 in das Industal eindrangen und sich dort dauerhaft festsetzten, gab es in Indien eine Bevölkerungsgruppe, die von arabischen und persischen Autoren nicht zu den Hindus gerechnet wurde. Auch die indischen Konvertiten zum Islam wurden nun als Muslime, nicht mehr als Hindus betrachtet. Aus Zentralasien waren den Muslimen außerdem die Buddhisten bekannt, die sie »Shamaniyya« oder »Sumaniyya« nannten, ein Wort, das von Sanskrit »shramana« bzw. mittelindisch »samana« abgeleitet ist, was beides Mönch bedeutet. Somit konnten sie auch in Indien die Buddhisten von den Brahmanen (arabisch: barāhima) unterscheiden.

Als dann persisch sprechende Muslime um 1000 nach Christus aus Afghanistan und Zentralasien zuerst als Plünderer, ab 1200 auch als Reichsgründer nach Indien einfielen, unterwarfen sie zwar große Teile Indiens, konnten aber nur einen kleinen Teil der Bevölkerung zur Religion des Propheten Muhammad bekehren. Die Inder, die sich nicht dem Islam zuwandten und die auch keine Buddhisten waren, die Mehrzahl der »Ungläubigen« Indiens also, bezeichneten sie weiterhin mit dem alten Wort Hindu. Hier besaß das Wort also aus islamischer Perspektive schon eine deutliche religiöse Komponente, aber nicht eigentlich als Bezeichnung einer Religion, sondern als Abgrenzung vom Islam und vom Buddhismus. Islamischen Reisenden und Gelehrten wie *Abū l-Qāsim, Masʿūdī, al-Bīrūnī, Idrīsī* und vor allem *Shahrastānī* blieb die Vielfalt indischer Glaubensformen und Kulte durchaus nicht verborgen, wie Bruce B. Lawrence in seiner Arbeit über »Shahrastānī on the Indian Religions« (1976) ausführlich belegt hat. Sie gaben ihnen auch unterschiedliche Namen, doch benutzen sie das Wort Hindu weiterhin als Oberbegriff für alle Anhänger dieser fremden Religionen in Indien.

Im 16. Jahrhundert lernten dann europäische Handelsreisende und Missionare diese Bezeichnung für die Mehrzahl der Nichtmuslime in Indien kennen, und die Europäer waren es, die die Begriffe »Inder« und »Hindu« erstmalig voneinander trennten, den ersteren dem säkularen, den letzteren dem religiösen Bereich zuordneten und die aus diesem schließlich den Begriff »Hinduismus« ableiteten.

Der »Hinduismus«: ein Kollektiv von Religionen

Das hat Verwirrung gestiftet. Denn wenn man auch aus den Millionen der indischen Nichtmuslime außer den Buddhisten bald andere wichtige Religionsgruppen wie die Sikhs und die Jainas, die Parsen, Juden und einheimischen Christen sowie die Angehörigen von Stammesreligionen herauslöste, so versuchte man doch, alle übrigen – und das sind bei weitem die meisten – als Hindus und ihre Religion als Hinduismus zu beschreiben. Jeder Autor geriet dabei in Schwierigkeiten. In Gesamtdarstellungen des Hinduismus war man geradezu gezwungen, das Gemeinsame herauszuarbeiten; das Divergierende kam dagegen nicht so deutlich zum Ausdruck. Die indischen Religionen selbst geben einem den Schlüssel zu solcher Gesamtschau in die Hand. Mit wenigen Ausnahmen akzeptieren sie einander, anerkennen einander und postulieren zwar nicht eine Einheit aller Religionen, wohl aber ein einheitliches letztes Ziel aller Religiosität.

Dem entspricht auch, daß es nach Auffassung des orthodoxen, das heißt noch in vedischer Tradition verankerten Brahmanentums *nur einen Dharma*, nur ein einziges, das religiöse, das ethische und das praktische Handeln der Menschen normativ bestimmendes Prinzip gibt.

Wenn dieses Prinzip den unterschiedlichen Gesellschaftsschichten auch teilweise unterschiedliche Verhaltensnormen vorschreibt, dem Krieger etwa partiell andere als dem Brahmanen, so tut das der universalen Gültigkeit des Dharma keinen Abbruch. Vielmehr übergreift und strukturiert der Dharma das Handeln in allen sozialen Bereichen und weist jedem Wesen seinen *eigenen Dharma* (svadharma) zu, seine ganz spezifischen Bestimmungen,

Aufgaben und Pflichten. Dharma ist also sowohl *allgemeine ethische Norm* – und als solche nur in der auf vedischer Tradition basierenden Gesellschaft annähernd verwirklicht – als auch *individuelle und gruppenspezifische* Bestimmung, Aufgabe, Sitte und Vorschrift sozialen Verhaltens oder religiöser Praxis. In letzterem Sinne übergreift er alle Formen der Religion – von den verschiedenen Hindu-Religionen über die Häretiker (etwa die Buddhisten und Jainas) bis hin zu den andersgläubigen Barbaren (etwa den europäischen Christen oder den Muslimen, die nur von extrem konservativen Brahmanen als gänzlich ohne Dharma handelnd angesehen werden).

Jede Gruppe hat ihre *eigene Form* des Dharma, und wenn sie mächtig genug ist, kann sie diese Form als die höchste oder beste bezeichnen. Das taten die einzelnen Hindu-Religionen, wenn sie die jeweils anderen Religionen in eine Skala zunehmender Entfernung von der Verwirklichung des reinen Dharma einordneten. Das taten auch die Brahmanen als Träger und Übermittler der heiligen Tradition, die sich damit an die Spitze der sozialen Hierarchie stellten.

Der Superioritätsanspruch der Brahmanen als Dharma-Kenner ähnelt vielleicht in gewisser Weise demjenigen der christlichen Geistlichen als Kenner der »wahren« Religion. Aber der Dharma, obwohl manchmal mit »Religion« übersetzt, umfaßt einen wesentlich weiteren Bereich als unser Begriff Religion, da er auch die individuellen Daseinsbedingungen und das weltliche Handeln einschließt, ja sogar auch im Bereich der Tiere und Pflanzen gilt. Als Folge der Breite dieses Dharma-Begriffes kann dem Hindu – im Gegensatz zum häufig antagonistischen Verhältnis von Christen und Heiden – die Vielzahl von Versuchen oder Formen der Verwirklichung des Dharma als sinnvoll erscheinen, weil sie durch die hierarchische Struktur des Geistigen und durch die Vielfalt der möglichen irdischen Daseinsformen bedingt ist.

Es besteht daher ein großer Unterschied zwischen dem am indischen Dharma-Begriff orientierten Religionsverständnis der Hindus einerseits und dem christlichen oder islamischen Religionsverständnis andererseits. Was ein Christ oder Muslim glauben und wie er handeln soll, wird einheitlicher und weit präziser definiert, als was ein Hindu, der ganz verschiedenen religiösen Systemen angehören kann, glauben und tun soll. Wer aber ein *sinnvolles Religionsgespräch* führen will, muß genauer wissen, mit wem er es zu tun hat. Da geht es nicht nur um *allgemeine Religiosität* als solche, sondern wesentlich auch um *inhaltliche Fragen des Glaubens.* Man muß also wissen, was der Gesprächspartner glaubt und was seine Ideale religiösen Handelns in der Praxis von ihm fordern.

Deshalb müssen wir als Voraussetzung für unser Gespräch unsere *Vorstellung vom Hinduismus revidieren.* Zwar haben wir uns daran gewöhnt, den Hinduismus als eine Religion zu betrachten, aber das war niemals ganz richtig. Vielmehr haben die Hindus nach unserem westlichen Verständnis von Religion *nicht eine, sondern mehrere verschiedene Religionen.* Sie selbst behaupten auch gar nicht, eine einzige Religion zu haben. Das war, wie schon gesagt, eine Erfindung der Europäer.

Begriffe sind verführerisch, sie bestimmen unser Denken, und es ist nicht einfach, sich wieder von ihnen zu trennen. Wenn sich gar ein Begriff wie das Wort »Hinduismus« in der Allgemeinbildung nicht nur der Deutschen, sondern der gesamten Welt festgesetzt hat, dann ist es in der Tat schwer, ihn wieder loszuwerden. Es wäre wohl vergeblich, ihn jetzt abschaffen zu wollen. Wichtiger ist, daß man ihn mit einem neuen, zutreffenden Inhalt füllt, und das heißt, daß man nicht eine Religion, sondern ein *Kollektiv von Religionen* darunter versteht. Es handelt sich um durchaus verschiedene Religionen, die jedoch miteinander verbunden sind durch den *gemeinsamen geographischen Raum* mit seiner Geschichte und den in ihm sich entwickelnden sozio-ökonomischen Bedingungen und kulturellen Bezügen; Religionen, in denen sich Elemente gemeinsamer Traditionen finden, die sich im Lauf der Geschichte immer wieder gegenseitig beeinflußten und die gemeinsam zur Ausprägung der indischen Kultur beigetragen haben.

Die Grenze zwischen *Stammesreligion* und »Hinduismus« ist unscharf und ebenfalls Produkt einer nicht ausreichend reflektierten Gewohnheit. Man spricht von einem »Hinduisierungsprozeß«, unter dessen Einfluß ganze Stämme oder Teile von Stämmen allmählich in den Hinduismus integriert werden, und meint damit eine Form der sozialen Mobilität, die sich unter Übernahme einiger Riten, Reinheitsvorschriften und von Teilen der überregionalen Mythentradition vollzieht. Die weitere Frage, ob eigentlich die *Kastenlosen* zu den Hindus gehören oder nicht, ist gerade in der jüngsten Vergangenheit anläßlich des Übertritts von Harijan-Gruppen zum Islam in Indien selbst lebhaft diskutiert und weitgehend bejaht worden.

Heute sind der *Vishnuismus* (die Verehrung des Gottes Vishnu) und der *Shivaismus* (die Verehrung des Gottes Shiva) die bei weitem bedeutendsten Religionen der Hindus. Es folgen die Anhänger des *Shāktismus*, das heißt die einer weiblichen Gottheit zugewandten Kulte. Zahlreiche kleinere Kulte sind mit diesen großen Religionen lose assoziiert.

Nun steht allerdings in nahezu allen Büchern über den Hinduismus, daß es sich bei den Kulten des Vishnu, des Shiva und anderer Götter und Göttinnen um *Sekten innerhalb des Hinduismus* handele. Aber können wir den Begriff *Sekte* auf religiöse Gruppierungen anwenden, welche zwar einer gemeinsamen kulturellen Tradition angehören, sich aber in bezug auf ihre Stifter, auf ihre heiligen Schriften, auf ihre Seher und Theologen und auf ihren Kult deutlich voneinander unterscheiden und die vor allem *nicht den gleichen Gott als höchsten Gott anbeten*?

Wollte man im uns vertrauteren Bereich ebenso vorgehen, so müßte man zum Beispiel Judentum, Christentum, Manichäismus und Islam, die zwar verschiedene heilige Schriften, verschiedene Religionsstifter und verschiedene Namen der höchsten Gottheit haben, aber doch wichtige gemeinsame Elemente besitzen und in einer gemeinsamen religiösen Tradition stehen, als verschiedene Sekten einer Religion bezeichnen. Die Vergleichbarkeit mit dem »Hinduismus« wäre dann hergestellt, aber ein Aufschrei der Entrüstung wäre vermutlich zu erwarten, und zwar von allen in eine solche Einheit gezwungenen Gruppen, soweit sie noch existieren.

Toleranz, Wahrheit und Tradition

Charakteristischerweise erfolgt bei den Indern der Gegenwart kein solcher Aufschrei der Empörung, wenn wir ihre Religionen als »Hinduismus« in einen Topf werfen. Es gab Zeiten, wo das vielleicht anders gewesen wäre, aber die sind längst vorbei. Heute gibt es keinerlei Protest. Warum auch? Gewiß gibt es Unterschiede, aber der Blick auf die Differenzen, das insistierende Besserwissen, das Sichfestklammern am Mein und Dein – meine richtige Religion, deine falsche Religion –, das sind in ihren Augen ziemlich kleinliche Standpunkte. Man übersieht dabei, daß eine Vielheit von Religionen notwendig ist, um einer Vielheit von Individuen mit unterschiedlichen Bedürfnissen und unterschiedlicher Entwicklung den je eigenen Weg zu eröffnen, den je eigenen Zugang zur Gottheit zu ermöglichen. Übrigens betrifft die Vielheit nur die Oberfläche. Dahinter steht nach Auffassung der Hindus eine *übergreifende intentionale Einheit,* insofern sie alle versuchen, den Menschen einen Zugang zur Gottheit (oder zur letzten Realität, zum Absoluten) und zum wie immer definierten Heil zu öffnen. Das gilt nicht nur für die Hindu-Religionen, das betrifft alle Religionen der Menschheit.

Im Verhältnis zu anderen Offenbarungsreligionen ist das eine außerordentlich liberale Position. Sie ermöglicht das produktive Koexistieren, die gegenseitige Achtung und Anerkennung und die soziale Gleichstellung der großen Hindu-Religionen untereinander, welche westlichen Beobachtern den Eindruck erweckte, man habe es mit einer einzigen Religion zu tun. Wir Christen dagegen – und auch die Muslime und Juden – leben in einer Tradition der religiösen Konfrontation, oder zumindest der religiösen Abgrenzung, wo im günstigsten Fall die Duldung einer fremden Religion praktiziert wird, der Absolutheitsanspruch der eigenen religiösen Wahrheit aber nie aufgegeben worden ist.

Wer den Islam kennenlernt und ihn nicht annimmt, der gilt als verstockt und verdient die Hölle. Und wer nicht Christ wird, obwohl er die christliche Botschaft kennt, dem billigt man vielleicht mildernde Umstände zu, etwa die Rücksicht auf Familie und Stellung, aber in manchen Kreisen trauert man noch immer um eine verlorene Seele.

Damit sind wir noch heute weit entfernt von dem Standpunkt, den die Theologie des Vishnuismus vor zirka 2000 Jahren erreicht hatte. Denn ob sich ein Mensch mit oder ohne Verschulden einem anderen Gott zuwendet – des höchsten Gottes Gnade wird ihm dadurch nach der Lehre der Vishnuiten nicht entzogen.

So sagt zum Beispiel Krishna in der *Bhagavadgītā,* einem der Grundtexte der Vishnuiten, er selbst sei es, der die Wünsche erfüllt, die ein Mensch in intensivem Glauben an einen anderen Gott richtet (VII, 22). Und an anderer Stelle gibt er auch die theologische Begründung für diese seine Zuwendung an die Verehrer anderer Götter:

»Auch die Anhänger andrer Götter,
die voller Glauben sie verehren,
selbst diese ehren doch nur mich,
wenn auch nicht grade regelrecht« (IX, 23).

Der höchste Gott hat keine Rivalen in anderen Göttern. Sie existieren alle nur durch ihn, haben ihre Machtfülle von ihm, sind Manifestationen von Teilen seiner Wirklichkeit. Warum sollte er auf sie eifersüchtig sein?

Das bedeutet nicht, daß es gar nicht darauf ankäme, welchen Gott man verehrt. Hier zeigen die einzelnen Hindu-Religionen doch wieder eine *Differenz ihrer Positionen.* Die Einheit besteht im Ziel, aber die Wege dorthin sind nicht gleich und auch nicht ganz gleichwertig. Manche führen schneller zum Ziel, andere erweisen sich als Umwege, die man aus Unwissenheit geht oder gehen muß, weil der eigene karmische Zustand einen dazu zwingt. In diesem Sinne äußert sich auch Krishna, wenn er im Anschluß an den ersten der eben angeführten Texte hinzufügt, daß man auf dem Weg der Anbetung anderer Götter zwar Ergebnisse erzielt, diese aber nur von begrenzter Dauer seien. Und er fährt fort:

»Die Götter findet, wer sie ehrt! Wer mich verehrt, gelangt zu mir!« (VII, 23).

Die Götter zu finden ist viel. Es ist die Erfüllung eines der höchsten Wünsche, die der Mensch hegen kann. Er wird selbst zum Gott, genießt im Himmel für Tausende von Jahren göttliche Freuden und göttliche Macht. Der einzige Nachteil ist, daß man in den Kreislauf des Werdens und Vergehens gebunden bleibt. Ein Zurücksinken in niedrigere Existenzen ist eventuell möglich, und das Streben nach Erlösung muß weiter fortgesetzt werden. Das endet erst, wenn die höchste Gottheit erreicht ist, und dazu gibt es, nach der Theologie der Vishnuiten, einen kürzeren, zuverlässigeren Weg: eben jene Verheißung des als Krishna inkarnierten höchsten Gottes Vishnu: »Wer mich verehrt, gelangt zu mir.«

Ähnliche Positionen finden wir auch in den heiligen Schriften der Shivaiten oder der Verehrer der großen Göttin, jeweils mit vertauschten Rollen, so daß die je eigene Religion die Religion der anderen integriert und zugleich überragt.

Es braucht nicht verschwiegen zu werden, daß es gelegentlich auch in Indien *Konflikte zwischen den Religionen* gegeben hat. Das war zum Beispiel der Fall, als die siegreichen Muslime in ihrem religiösen Eifer hinduistische Götterbilder zerstörten und ihre Tempel entweihten. In den zeitgenössischen religiösen Dokumenten der Hindus werden die Muslime gelegentlich als Dämonen bezeichnet, und bis heute gibt es immer wieder Streit zwischen Hindus und Muslimen. Konflikte gab es zeitweise auch mit den Buddhisten, die mehrere Jahrhunderte lang eine bedeutende Rolle in Indien gespielt hatten, ehe sie von einer immer stärker werdenden Welle emotionaler Religiosität teils absorbiert, teils verdrängt worden sind. Und schließlich gab es auch bisweilen heftige Auseinandersetzungen zwischen unterschiedlichen Hindu-Gruppen, vor allem in Südindien. Aber diese Vorfälle bilden die Ausnahme, da der Schutz aller Religionsgemeinschaften spätestens seit der Mitte des 1. Jahrtausends vor Christus zu den traditionellen Pflichten indischer Fürsten gehörte. Die Regel ist seither nicht Konflikt, sondern Wettbewerb und eine mehr auf Integration als auf Konfrontation gerichtete Haltung der betroffenen Theologien. Zwar können dadurch nicht alle sozialen Spannungen neutralisiert werden. Aber Konflikte entzünden sich in der Regel selten an der Religionszugehörigkeit, sondern eher an ökonomischen Interessen und an Reibungen und Rivalitäten innerhalb des Kastengefüges, das quer zu den meisten Religionen der Hindus verläuft.

Heute gehen viele gebildete Hindus in ihrer individuellen Toleranz sogar noch weiter und bestehen nicht einmal darauf, daß die eigene Religion den anderen überlegen sei: »Dies ist der mir adäquate Weg«, so werden sie sagen, »während dein Weg für dich der richtige ist. Im Ziel, in der Erlösung, begegnen wir uns.«

Es wäre aber wohl ein Irrtum, zu glauben, solche religiöse Toleranz der Hindu-Religionen entspringe einem Mangel an Selbstsicherheit und damit einer Schwäche des eigenen Glaubens. Im Gegenteil, sie ruhen in ihren religiösen Überzeugungen und in ihren von zahllosen rituellen Elementen geprägten und strukturierten Lebensgewohnheiten in einer Weise, die manchen christlichen Seelsorger mit Neid erfüllen könnte.

Gewiß trifft das auf Teile einer schmalen, in Oxford, Cambridge, Yale und Moskau ausgebildeten politischen Führungsschicht nicht zu. Es gilt aber für die überwältigende Mehrheit der Inder. Und für diese Mehrheit versagen auch die meisten jener Klischees, die wir uns von den Hindus gebildet haben. Sie sind nicht vorwiegend weltabgewandt, passiv, abgemagert und elend Sie sind auch nicht alle Gurus, Yogins und aschebeschmierte Asketen. Sie sind Menschen wie wir, Menschen mit kleinen und großen Sorgen. Aber *im Unterschied* zu vielen von uns sind sie *nicht gehetzt* vom unerbittlichen Minutenzeiger einer mechanisch voranschreitenden Zeit. Ihnen fehlt der psychische Druck der Angst, hier und heute etwas zu versäumen. Sie fühlen sich nicht hineingestellt in ein einmaliges kurzes Leben, das nur allzu schnell vergeht, in dem man sich bewähren muß und das vielleicht entscheidet über ewiges Leben oder ewige Verdammnis. Die *Möglichkeit der Wiedergeburt* gibt dem Leben einen weiteren Horizont und dem Menschen ein anderes Zeitgefühl.

Charakteristisch für die großen Hindu-Religionen ist, daß sie niemals von einer unversöhnlichen Opposition zweier Wahrheitspostulate ausgehen. Ein *Absolutheitsanspruch* ist ihnen fremd. Sie sehen darin nichts anderes als eine Einengung des Bewußtseinshorizontes. Wo immer unabweisbare Gegensätze vorliegen, sehen sie sie eingebettet in den Rahmen einer Komplementarität und versuchen sie in einen übergreifenden Zusammenhang einzuordnen.

In der Praxis hat diese Haltung dazu geführt, daß die Hindus eine ungewöhnlich große Fähigkeit entwickelt haben, Fremdeinflüsse zu assimilieren, andere Religionen zu integrieren und dennoch ihre eigenen Traditionen zu bewahren.

Dieses *Bewahren der Traditionen* besitzt in sich selbst eine religiöse Qualität. Man wirft um neuer Erkenntnisse willen alte überlieferte Wahrheiten nicht über Bord, sondern man fügt die neuen den alten Erkenntnissen hinzu. Wahrheit ist ja ewig und unwandelbar. Die Welt dagegen befindet sich in dauerndem Wandel, und unsere Erkenntnisfähigkeit ist begrenzt. Wenn Hindus aller Religionsgruppen also im Lauf der Zeit nicht mehr imstande sind, das heilige Wissen der Vorzeit ganz zu verstehen oder zu akzeptieren, so geschieht die Aktualisierung durch Kommentare und

Subkommentare, durch Akzentverschiebung und Ergänzungen, nicht aber durch völlige Abkehr von der Tradition. In dieser Beziehung gibt es Ähnlichkeiten zum Islam. Denn ganz zu Anfang – beziehungsweise zum Zeitpunkt der Offenbarung – war das von den Göttern vermittelte heilige Wissen rein und unverfälscht. Daher richtet sich der Blick auf diesen Ursprung. Nicht Fortschritt ist die Devise, sondern Verhinderung des Verfalls, auch wenn dazu Anpassungen an die sich wandelnden Lebensbedingungen oder Bedürfnisse und manchmal auch Neuerungen erforderlich sind.

Auf diese Weise ist in den Hindu-Religionen das Erbe verschiedener und teilweise sehr alter Traditionsstränge bewahrt worden und in wesentlichen Teilen lebendig geblieben. Ein Blick in die Vergangenheit soll uns dies jetzt verdeutlichen.

Die Industal-Kultur und die Einwanderung der Arier

Bis zu Beginn der zwanziger Jahre unseres Jahrhunderts glaubte man, die vedischen Arier hätten die erste große Kultur auf indischem Boden hervorgebracht. Dann erst wurde die westliche Fachwelt durch einen Bericht von John Marshall in der »Illustrated London News« vom 20. September 1924 auf die Existenz und Bedeutung einer älteren Kultur im Industal aufmerksam, obwohl die Engländer bereits im Jahr 1856 beim Bau der Eisenbahnlinie von Karachi nach Lahore bei *Harappa* auf eine verlassene Stadt dieser Kultur gestoßen waren. Doch damals war die Bedeutung des Fundes nicht erkannt worden. Die Ingenieure John und William Brunton benutzten die Ruinen vielmehr – ebenso wie weiter südlich die Ruinen der mittelalterlichen Stadt Brahminabad – als Steinbruch, um die Fundamente der Eisenbahnlinie damit zu bauen. Das Ausmaß des Schadens, welcher dadurch für die archäologische Forschung in der Region von Harappa entstand, läßt sich am besten durch Stuart Piggotts bittere Feststellung illustrieren, daß hundert Meilen der Eisenbahnlinie, über welche die Züge noch heute rollen, auf einem sicheren Fundament von Ziegeln aus dem 3. Jahrtausend vor Christus ruhen (»Prehistoric India«, Harmondsworth 1950, S. 14). Es waren Ziegel aus der sogenannten Harappa-Kultur, oder besser: der Industal-Kultur. Später wurden zahlreiche weitere Siedlungen und Städte dieser Kultur gefunden, die glücklicherweise dem Schicksal von Harappa entgangen sind.

Die Industal-Kultur war eine besonders hoch entwickelte, zentralistisch organisierte *Stadtkultur.* Man hielt sie zuerst für einen direkten Ableger der Kultur des Zweistromlandes und konnte auch Handelsverbindungen mit dem Zweistromland nachweisen. Heute wissen wir jedoch, daß sich im Industal und vor allem im westlich angrenzenden Beluchistan seit dem 7. Jahrtausend vor Christus eine kontinuierliche und eigenständige Entwicklung vollzogen hat, aus der schließlich die Kultur des Industals entstanden ist. Sie umfaßte auf dem Höhepunkt ihrer Ausdehnung ein Gebiet, das nahezu fünfeinhalbmal so groß war wie die Bundesrepublik Deutschland. Es gab eine einheitliche Siedlungspolitik, normierte Maße und Gewichte, eine zentralisierte Lebensmittelversorgung, sogar eine weitgehend einheitliche Keramik. Und die Hauptstadt des riesigen Reiches war anscheinend *Mohenjo-Daro* am unteren Indus.

Leider ist die auf über 2500 Siegeln erhaltene Schrift dieser Kultur bis heute nicht zuverlässig entziffert, obwohl in Indien und außerhalb Indiens vielerorts intensiv an der Entzifferung gearbeitet wird. Daher fehlt uns ein wichtiger Schlüssel zu ihrer Religion. Bewundernswert sind die Darstellungen von Tieren auf den Siegeln, aber sie geben für Spekulationen über die Religion nicht viel her. Für die Frage, ob die Hindu-Religionen ein Erbe aus der Kultur des Industals bewahrt haben, gibt es jedoch einen wichtigen Anhaltspunkt. Die typische, anderen Kulturen dieser Zeit unbekannte Sitzhaltung des indischen Yogin kommt dort nämlich bereits vor. Auch gibt es szenische Darstellungen von Episoden, deren literarische Fassung in späteren indischen Quellen erhalten ist. Schließlich glaubt man sogar auf einem Siegel einen Prototyp des Hindu-Gottes Shiva zu erkennen, eine Annahme, die mir allerdings nicht gesichert erscheint. Doch auch ohne dieses Element – und obwohl uns die historischen Zwischenglieder fehlen – scheint es heute deutlich zu sein, daß einer der im Hinduismus erhaltenen Traditionsstränge bis in die Industal-Kultur zurückreicht. Die Industal-Kultur ist wahrscheinlich im 18. Jahrhundert vor Christus untergegangen. Während man früher annahm, die einwandernden Arier hätten den Zusammenbruch dieser Kultur herbeigeführt, glaubt man heute zu wissen, daß ihr Untergang nicht durch Krieg, sondern durch klimatische Veränderungen bedingt war und daß die Arier erst nach dem Erlöschen dieser Kultur einwanderten. Die *Arier* sind über das Gebiet des heutigen Afghanistan nach Nordwestindien eingedrungen. Wir wissen nicht genau, wann das war, aber eine wachsende Zahl archäologischer Funde und die vedischen Texte bieten uns gewisse Anhaltspunkte. Wahrscheinlich drangen die Arier in mehreren Einwanderungswellen zwischen 1700 und 1200 vor Christus nach Nordwestindien ein, und sie brauchten wohl weitere 200 Jahre, bis sie, allmählich nach Osten vordringend, um 1000 vor Christus ins obere Gangesbecken gelangt waren. Von den Ariern stammt ohne Zweifel der Hauptstrom der religiösen Tradition aller großen Hindu-Religionen. Von ihnen stammt zunächst die heilige Sprache der Hindus, das *Sanskrit.* Es ist eine indoeuropäische Sprache, die mit der unsrigen verwandt ist; eine Sprache, die sich in den letzten 3000 Jahren im Vergleich zu anderen Sprachen relativ wenig verändert hat, weil sie die Sprache der heiligen Überlieferung war und weil man sie für die Sprache der Götter hielt. Die Muslime glauben, Gott spreche arabisch. Er tut es aber erst seit etwa 600 nach Christus. In Indien sprechen die Götter Sanskrit seit über 3000 Jahren.

Die Veden: älteste heilige Schriften der Inder

Von den Ariern stammen die ältesten heiligen Texte der Hindus, die *Veden.* Uns sind die Namen von Dichtern und Sehern überliefert, welche die einzelnen Hymnen dieser heiligen Texte »erschaut« haben sollen. Zugleich wurde aber auch die Vorstellung bewahrt, daß es sich um ewige, anfangslose, nicht einmal von den Göttern geschaffene und von den Sehern nur vermittelte Offenbarungen handelt. Nach dem Medium ihrer Überlieferung werden diese autoritativen Texte von den Indern als Shruti bezeichnet, als »Hörung«, durch das Ohr vermittelte Formulierung ewiger Wahrheit.

Alle großen Hindu-Religionen, auch die später entstandenen, sind *Offenbarungsreligionen* und knüpfen mehr oder minder deutlich an eine vedische Tradition an. Dabei ist es gänzlich belanglos, wenn der Inhalt der heute gültigen Offenbarungstexte nur noch wenig mit dem Inhalt der Veden zu tun hat. Die Götter sprechen immer wieder mit den Menschen. Wenn die Zeiten sich ändern, offenbaren sie ihren Gläubigen neue Wege zum Heil. Dies wird immer dann nötig, wenn der Verfall der Tradition die alten Offenbarungen entstellt hat. Im Islam war das ja ebenso, nur daß dort die Propheten nichts Neues sagen, sondern stets das Gleiche wiederholen. Vishnuiten und Shivaiten bekennen sich da schon mehr zu historischem Wandel, obwohl auch sie uneingeschränkt von einer ewigen Wahrheit sprechen, die hinter den Wandlungen in der äußeren Form ihrer Übermittlung steht. Aber ähnlich wie beim Islam kommt es auch ihnen einzig auf die Botschaft der Gottheit an, nicht auf den Menschen, der sie hört oder erkennt und an die Nachwelt weiterreicht. *Religionsstifter* ist fast immer eine Gottheit (eventuell in einer menschlichen Inkarnation, wie zum Beispiel Lakulin und Basava bei den Shivaiten, Shankara bei den Smārtas und Rāmānuja, Madhva, Vallabha und Caitanya bei den Vishnuiten). Auch wurde der Vorgang der Vermittlung der neuen Lehre an den ersten Schüler und die Schülersschüler im Mythos und in den sorgfältig tradierten Lehrerlisten bewahrt. Doch das heilige Wissen selbst ist ewig. Es wäre töricht, es an einem Datum festmachen zu wollen.

Aus der vedischen Tradition stammt als weiteres charakteristisches Merkmal der Hindu-Religionen der Glaube an die *unmittelbare Wirksamkeit des heiligen Wortes.* Es ist gut, wenn man es versteht, aber es wirkt auch, ohne daß man es versteht. *Mantras,* Sprüche als Hilfsmittel für das Denken und die Meditation, manchmal nur Silben, die keinen erkennbaren Sinn ergeben, besitzen nach dem Glauben der Hindus wegen ihres übermenschlichen Ursprungs und der ihnen inhärenten Möglichkeit geistiger Entfaltung eine eigentümliche schöpferische Kraft.

Aus diesem Grunde sind zum Beispiel die mehr als 10 000 Verse des *Rigveda,* des ältesten der vier Veden, auch dann noch bewahrt worden, als man mit dem Inhalt nicht mehr viel anzufangen wußte. Mit unglaublicher Präzision sind sie Silbe für Silbe in ihrem akustischen Klangwert mit Akzent und Intonation überliefert worden – und zwar mündlich überliefert, von Lehrer zu Schüler, von Mund zu Ohr überliefert bis auf den heutigen Tag. Selbst als es längst Schrift gab, hat man ihr das heilige Wissen nur ungern anvertraut. Denn der Umgang mit dem heiligen Wort ist wie der Umgang mit den Göttern: segensreich, aber auch gefährlich. Nicht jeder Beliebige darf Zugang zu ihm haben, sondern der Schüler wird sorgfältig geprüft, bevor man ihm höchstes Wissen anvertraut.

Die vedischen Texte sind in vieler Hinsicht bemerkenswert. Erstaunlich ist schon, daß man spätestens um 1000 vor Christus die Sammlung der im Rigveda zusammengefaßten Hymnen an verschiedene Götter abschloß und damit einen kanonischen Text schuf, der von da an weitgehend unverändert überliefert worden ist. Es scheint, daß man damals schon religiöses Wissen bewahren wollte, welches verlorenzugehen drohte. Nachträge sind überliefert, wurden aber nicht mehr in den Textkorpus integriert, sondern als Nachträge tradiert.

Doch nicht allein die Götterhymnen und Gesänge des Rigveda sind erhalten, sondern noch drei weitere Sammlungen, in denen die Anwendung dieser Hymnen im Ritual *(Sāmaveda)*, ebenso wie die gesamten bei der Durchführung einzelner Opfer anzuwendenden wendenden Opfersprüche *(Yajurveda)* aufgezeichnet sind sowie die Schutz- und Zauberformeln *(Atharvaveda)*, mit denen man schlechte Einflüsse abzuwehren und positive Kräfte zu stärken versuchte. In diesen vier großen Sammlungen, von denen jede einer bestimmten Priesterfunktion zugeordnet war, ist religiöses Wissen der Frühzeit kodifiziert worden. Man spricht von den vier Veden, wobei das Wort Veda (*der* Veda) Wissen bedeutet.

Heute genießt der Veda als heiliges Wort zwar immer noch höchstes Ansehen, aber nur eine ganz kleine Schicht von Veda-Gelehrten kennt ihn wirklich. Mit der Religion des Volkes hat er wenig zu tun, ja, manche der Hindu-Religionen sind in ausdrücklicher Opposition zur orthodoxen vedischen Priestertradition entstanden, und die wichtigsten Götter der vedischen Zeit spielen nur noch eine ganz untergeordnete Rolle.

Geistiger Aufbruch und soziale Restriktion: die Philosophie und das Kastensystem

Der Grund für diese Entwicklung wurde schon zu Anfang des 1. Jahrtausends vor Christus gelegt. Die vedischen Priester unternahmen damals den eindrucksvollen Versuch, mit Hilfe eines esoterischen Opferrituals den Menschen mit seiner Umwelt, den Mikrokosmos mit dem Makrokosmos zu harmonisieren. Dabei entwickelten sie ein Denken neuer Art, ein Denken in Symbolen und Abstraktionen. Die Bedeutung der Götter im Opfer trat stark zurück, und es entstanden die Voraussetzungen für eine *frühe Philosophie,* die sich seit dem 9. oder seit Beginn des 8. Jahrhunderts in Brāhmana-Texten und Upanishaden zunächst noch tastend artikuliert, aber fast das ganze spätere religiöse Denken in Indien einschließlich des Buddhismus und Jainismus entscheidend beeinflußt hat.

Die Suche nach einer Einheit hinter der vordergründigen Vielheit der weltlichen Erscheinungen, die Umwandlung des Polytheismus durch monistisches Denken, die abstrakte Konzeption eines absoluten Bewußtseins, die Lehre von der Wiedergeburt und die Lehre von der Erlösung durch Wissen – das alles wurde in Ansätzen zwischen dem 10. und 6. Jahrhundert vor Christus in den spätesten vedischen Hymnen, in den Brāhmanas und vor allem in den Upanishaden entwickelt.

Zugleich aber beginnt sich das *Kastensystem* zu bilden, das ebenfalls ein Erbe der Arier im heutigen Indien ist. Das Wort Kaste haben uns die Portugiesen beschert. Sie waren die ersten Europäer, die sich in Indien permanent niederließen, nachdem Vasco da Gama im Jahr 1498 den Seeweg nach Indien entdeckt hatte. Kaste ist kein indisches Wort. Es kommt von lateinisch *castus* (»rein, keusch«) und bezeichnet soziale Gruppen, die durch Reinheitsvorschriften voneinander getrennt sind. Die Reinheit bezieht sich auf alles, mit dem man intime Berührung hat, vor allem auf die Nahrung und auf den Ehepartner.

Heute gibt es in Indien unübersehbar viele Kasten (Sanskrit: jāti = Geburt), die sich der Theorie nach in vier soziale Schichten (Sanskrit: varna = Farbe) gliedern, und diese vier Schichten sind es, welche das Kastensystem hierarchisch grob strukturieren. Drei der Schichten entsprachen einst den wichtigsten Funktionen innerhalb der arischen Gesellschaft, nämlich 1. den Priestern (Brāhmana), 2. den Adligen und Kriegern (Kshatriya) und 3. den Leuten, die für Haus, Vieh und Feld zu sorgen hatten (Vaishya). Die vierte Schicht bestand nach der Einwanderung der Arier in Indien aus den unterworfenen Nichtariern (Shūdra) und ist noch heute die größte der Schichten, welche die meisten der dienstleistenden Kasten enthält.

Man muß sich die Situation der arischen Stämme vorstellen, um zu begreifen, was Reinheit für sie bedeutete. Je weiter nämlich Teile von ihnen in die Gangesebene und nach Süden vordrangen, desto deutlicher befanden sie sich der vorher dort ansässigen Bevölkerung gegenüber in der Minderheit. Wollten sie ihre Sonderstellung bewahren, so mußten sie ihre rassische und kulturelle Identität erhalten. Sie mußten eine Verschmelzung mit dem unterworfenen Volk verhindern. Dies war nur durch Abkapselung möglich – ein interessantes Beispiel für Apartheidpolitik im Altertum. Nebenbei bemerkt, hat sie auch damals zu ständig wachsenden Spannungen geführt. Reinheit, das bedeutete für die Arier Reinheit der Rasse und Reinerhaltung der Religion zugleich. Deshalb blieben die Nicht-Arier von der aktiven und passiven Teilnahme an der vedischen Religion ausgeschlossen. Die arischen Oberschichten aber wurden durch ihre religiöse Sonderstellung konsolidiert.

Reformation und Integration: Selbsterlösung durch Wissen

Um die Mitte des 1. Jahrtausends vor Christus erwies sich, daß die Reinerhaltung der Religion auf die Dauer nicht möglich war. Äußerer Druck und innere Entwicklung führten zu einer Öffnung für religiöse Bedürfnisse und religiöse Traditionen der nichtarischen Unterschicht. Die Bedeutung einst wichtiger Götter war in den Hintergrund getreten. Statt dessen waren die Frage nach der Lebensseele und dem Bewußtsein des Menschen sowie die Frage nach der endgültigen Erlösung aus dem Kreislauf des Daseins ins Zentrum des Interesses der Philosophen und der gebildeten Oberschicht gerückt.

Zugleich hatte die Entwicklung wissenschaftlichen Denkens in der spätvedischen Periode zu ersten Experimenten und zu einer neuen Skepsis geführt. Es traten Denker auf, die einen reinen Materialismus vertraten und die Existenz einer Seele und einer jenseitigen Götterwelt gänzlich leugneten.

Schließlich hatte die Entwicklung der Opferwissenschaft zu einer hochspezialisierten Geheimlehre eine Art Numerus-clausus-Effekt, der Außenseitern den Einblick erheblich erschwerte und den Brahmanen zwar Vorteile brachte, aber zugleich heftige Opposition mobilisierte. Und so sehen wir zwischen dem 6. und 4. Jahrhundert vor Christus eine Periode der Reformation einsetzen.

Wie so häufig in Phasen eines religiösen Umbruchs sind *mehrere Reformatoren* am Werk, welche Schüler um sich sammeln. Unter ihnen sind zwei, die dauerhafte mönchische Traditionen begründen, aus denen später eigenständige Religionen werden: Der eine ist *Mahāvīra*, der *Jina* (Sieger), nach welchem sich seine Anhänger *Jainas* nennen, und der eine streng asketische Lebensführung vertritt; der andere ist *Gautama*, der *Buddha* (Erwachte), dessen Lehre die Grundlage des Buddhismus wurde. Beide entstammen der sozialen Schicht der Kshatriyas, sind also Adlige, und wenden sich gegen das Religionsmonopol der Brahmanen; beide lehnen die Autorität der Veden ab, beide greifen die schon in den Brāhmanas und Upanishaden entwickelte Wiedergeburts- und Karmanlehre auf und bauen sie systematisch aus. Mehrere andere Lehrer, deren Anhänger sich später nicht aus dem Hauptstrom der Hindu-Traditionen lösten, vertreten ähnliche Lehren. Ein Ideal der Gewaltlosigkeit (ahimsā) tritt in den Vordergrund. Und eines der wesentlichsten Elemente der Upanishadenlehre, nämlich die Selbsterlösung durch Wissen, wird zum zentralen Erlösungsweg.

Selbsterlösung durch Wissen! Es ist ein kühner, selbstbewußter Versuch. Und er setzt bereits voraus, daß unser normaler, unerlöster Zustand auf Unwissenheit beruht. Dies ist ein grundlegender Ansatz aller sich später von gemeinsamer Basis divergierend entwickelnden Hochreligionen Indiens, der Hindu-Religionen ebenso wie des Buddhismus und Jainismus. Er beruht sowohl auf der unmittelbaren Erfahrung meditativer Schau und Praxis als auch auf der Konsequenz jener theoretischen Erkenntnisse, die aus solchen Erfahrungen resultieren und in den Upanishaden ansatzweise dargelegt worden waren. Wissen, das aus dieser Kombination von Erlebnis oder Vision und Reflexion entspringt, bringt nicht nur zusätzliche Information, sondern bewirkt vor allem eine *Bewußtseinsveränderung*, welche neue Dimensionen der Wahrnehmung und des Erkennens erschließt. In der Meditation bestätigt sich, daß die alltägliche Erfahrung der Trennung von Subjekt und Objekt aufgehoben werden kann, daß der Mensch zu einer *Einheitserfahrung* fähig ist, in der nicht nur die Distanz zu den Erscheinungen der Welt, sondern auch die *Distanz zur Gottheit überwunden wird*. Die aus der spätvedischen Tradition erwachsene Lehre der Einheit von individuellem und absolutem Sein und die aus der Praxis der Meditation gewonnene individuelle Erfahrung einer solchen Einheit verbinden sich kurz vor der Mitte des 1. Jahrtausends vor Christus zu einer der Grundlagen indischer Religionen.

Extremisten, wie etwa die ältere buddhistische Gemeinde, haben den Weg der Selbsterlösung konsequent verfolgt und alles andere als sinnlos abgelehnt. Doch nicht alle waren so rigoros. Ich sagte schon, daß die alten Inder – und vielleicht muß man sagen: vor allem die Brahmanen – nicht gern bewährte Traditionen aufgaben. Sie bewahrten ihr Vertrauen in die Wahrheit und Wirksamkeit der heiligen Überlieferung. Diese aber bezeugte, daß die vedischen Arier ihre Götter um Beistand angerufen hatten. Durch ihre Hilfe hatten sie sich Wohlstand und Glück auf Erden erhofft, von ihnen hatten sie Vergebung ihrer Sünden erfleht. Sie wußten, daß der Mensch auf göttliche Hilfe angewiesen ist.

Einbeziehung von Religionsformen der Unterschichten

Dieses Wissen blieb erhalten, und in der Reaktion auf zwei extreme und elitäre Richtungen – die priesterlichen Opferwissenschaftler mit ihrer Betonung der rituellen Praxis und Spekulation einerseits, die mönchischen und asketischen Aussteigergenerationen mit ihrer konsequenten Abkehr von der Welt andererseits – erstarkten wieder die Kräfte, die in der *Kommunikation des Menschen mit Gott* das Zentrum ihrer religiösen Bemühungen sahen. Zugleich suchte man nach Religionsformen, die allen Menschen, nicht nur den Brahmanen, den Mönchen und den Asketen, zugänglich wären. Die emotionale Bindung an *eine* Gottheit trat in den Vordergrund und führte zur Entstehung *monotheistischer* (es gibt nur einen Gott, auch wenn seine Manifestationen vielfältig sein können) und *henotheistischer* (es gibt viele Götter, aber *mein* Gott ist der höchste und für mich der einzig wesentliche) Hindu-Religionen. Dabei gab man die Techniken der Selbsterlösung nicht auf. Man nutzte sie zur Selbstläuterung, man richtete die Meditation auf den Gott. Man wandte sich ihm zu in Demut und Gottesdienst. Man vergegenwärtigte sich ihn im Bildnis, baute ihm Tempel und bereitete ihm einen Platz im eigenen Herzen.

Die religiöse Bewegung, die ich meine, ging ebenfalls nicht von den Brahmanen aus, sondern die Brahmanen waren gezwungen zu reagieren. Sie wendete sich gegen den Ausschluß der Unterschichten von der Religion und gegen das Kastenwesen. Sozialer Sprengstoff steckte in ihr. Den Brahmanen gelang es nur mit Mühe und gegen die Opposition konservativerer Kollegen, diesen Sprengstoff zu entschärfen. Sie ließen eine Vermischung bisher streng getrennter Religionen zu. Es gelang ihnen, Gottheiten und Kultformen der Unterschichten mit vedischen Gottheiten und Kultformen zu verschmelzen und dadurch große Teile der vierten sozialen Schicht religiös zu integrieren. Wo solche Verschmelzung gelang, verband sich von nun an eine breite Gefolgschaft von Gläubigen mit der Autorität vedischer Tradition.

Mehrere Religionen sind auf diese Weise entstanden, und je nach dem Gewicht ihrer Ursprünge haben sie sich unterschiedlich entwickelt. Wie alt ihre nichtarischen Komponenten sind, wissen wir in den meisten Fällen nicht – wir können nur vermuten, daß auch sie ziemlich weit zurückreichen. Wir wissen aber, daß der Wechsel von der Religion einer arischen Elite zur Religion der Massen nicht einfach war und zu Spaltungen geführt hat. Er vollzog sich an den Hauptgöttern des vedischen Pantheons vorbei. *Vishnu* und *Shiva* (oder *Rudra*), die Hauptgötter der heute wichtigsten Religionen der Hindus, gehörten zwar der vedischen Tradition an, standen aber nicht in ihrem Zentrum, und dies ist wahrscheinlich kein Zufall, denn der Umgang mit ihnen war dadurch weniger stark von orthodoxer Priesterpraxis geprägt.

In ihrer wesentlichen Substanz sind *Vishnuismus* und *Shivaismus* somit aus der Verschmelzung mindestens zweier, möglicherweise dreier alter Traditionsströme entstanden. Es waren die religiösen Traditionen der vedischen Kultur, der im Gangestal ansässigen vorarischen Kultur und – vermutlich indirekt – auch der Industal-Kultur. Diese drei Traditionen haben sich im Laufe des 1. Jahrtausends vor Christus miteinander verbunden und später weiter entfaltet.

Ein vierter Traditionsstrom, der im 1. Jahrhundert nach Christus erkennbar wird, kam erst im 6. bis 7. Jahrhundert voll zum Durchbruch. Er ist mit der sozialen Integration von Teilen einer weiteren Bevölkerungsgruppe verbunden, die ich bisher noch gar nicht erwähnt habe. Dies waren Eingeborenenstämme, die in den Dschungelgebieten der Flußniederungen und Bergregionen abseits der bisher geschilderten Gesellschaften lebten und gänzlich außerhalb des Kastensystems standen. Der Integrationsprozeß dieser Stämme ging sehr langsam vor sich und ist bis heute nicht abgeschlossen. Er war aber im 6. bis 7. Jahrhundert so weit fortgeschritten, daß Elemente bestimmter Stammesreligionen zuerst in die Theologie des Shivaismus Eingang fanden und dann zur Bildung des *Shāktismus* geführt haben, das heißt derjenigen Kulte, in deren Zentrum eine Göttin steht.

Die Integrationsleistung der Brahmanen und die orthodoxen Systeme

Bei der allmählichen, über 1000 Jahre währenden Verschmelzung dieser Traditionsströme spielten die *Brahmanen* eine entscheidende, selektierende, systematisierende und Normen setzende oder bewahrende Rolle. Zugleich wurden sie die Hauptträger der aufblühenden Wissenschaften, insbesondere der Grammatik und Philosophie, der Medizin, Mathematik und Astronomie, der Ökonomie und Politik, sowie des weltlichen und religiösen Rechts. Eine Fülle differenzierterer Erkenntnisse über den Menschen und seine Umwelt, über Zeit, Raum und Kausalität sowie über Möglichkeiten und Bedingungen menschlichen Erkennens erforderten neue Ansätze einer systematischen Weltdeutung. Es entstanden sechs »Anschauungen« (darshana) oder philosophisch-theologische Systeme, die von der indischen Tradition jeweils in Paaren geordnet werden und die sich in gegenseitiger Auseinandersetzung und auch in Auseinandersetzung mit Buddhismus und Jainismus immer weiter entwickelten. Sie heißen *Sāmkhya* und *Yoga*, *Nyāya* und *Vaisheshika*, *Pūrva Mīmāmsā* (= ältere Mīmāmsā) und *Uttara Mīmāmsā* (= spätere oder höhere Mīmāmsā), von denen die letztere auch einfach Vedānta (Ende des Veda, das heißt: Krönung des Veda) genannt wird.

In *allen* diesen Systemen geht es um eine Deutung der Welt und um das Höchste Ziel des Menschen beziehungsweise um seine Erlösung, und sie alle suchen dieses Ziel durch Erkenntnis zu erlangen. Für die ältere Mīmāmsā geht es dabei um richtige Erkenntnis der Veden, um *Schriftauslegung* also, als Grundlage vorschriftsgemäßen Handelns, welches allein zum Himmel (svarga) führt. Für alle anderen Systeme (und für die spätere Entwicklung der Pūrva Mīmāmsā) geht es um *Erkenntnis als Mittel zur Erlösung* aus dem Kreislauf der Geburten, wobei als Endzustand entweder ein völliges Zur-Ruhe-Kommen der individuellen Seele (Nyāya/Vaisheshika und spätere Pūrva Mīmāmsā) oder eine Überwindung der Distanz zwischen individuellem und absolutem Bewußtsein (Sāmkhya, Yoga und Teile des Vedānta) konzipiert wurde.

Sind auch die Ziele ähnlich, so sind doch die theoretischen Ansätze der systematischen Reflexion in den einzelnen Systemen verschieden, und ihre Schwerpunkte sind unterschiedlich gesetzt.

Während *Sāmkhya* versucht, die dem Aufbau der Welt zugrundeliegenden kausalen Prinzipien zu erkennen, die Evolutionskette zurückzuverfolgen und schließlich durch existentielle Erkenntnis der Differenz von Materie (prakriti) und Geist (purusha) erlösendes Wissen zu erlangen, richtet das *Vaisheshika* sein Interesse auf die Kategorien, nach denen wir alles Erkennbare unterscheiden, und versucht, auch die physikalischen Komponenten der Materie und die ihr innewohnenden Gesetzmäßigkeiten zu durchschauen. Dabei entsteht unter anderem eine frühe atomistische Lehre vom Aufbau der Materie.

Yoga und *Nyāya*, die je einem der beiden vorstehenden Systeme zugeordnet sind und jeweils auf ihrem theoretischen Gerüst aufbauen, befassen sich vorwiegend mit dem Menschen und seiner Erkenntnis. Ziel des Yoga ist es, die *Selbstbeherrschung und Konzen-*

trationsfähigkeit des Yogin zu schulen, um auf diese Weise alle körperbedingten Hemmnisse des Geistes zu überwinden und die verborgenen Fähigkeiten menschlich-göttlichen Bewußtseins zu erlösender Entfaltung zu bringen. Ziel des Nyāya dagegen ist es, die *Gesetze des Denkens* zu erfassen, die Möglichkeiten und Fallstricke deduktiver und induktiver Argumentation zu erkennen, die Kategorienlehre und die Logik zu verfeinern und den Verstand so zu schulen, daß der Mensch schließlich über eine irrtumsfreie Anwendung der Vernunft zur Erkenntnis der Wahrheit und des (höchsten) Selbst zu gelangen vermag.

Pūrva Mīmāmsā und *Vedānta* endlich verlassen sich nicht auf selbstentworfene Systeme von Menschen, sondern greifen zurück auf die heilige Überlieferung der Veden (shruti), deren verborgene Wahrheit sie mittels Vernunft und Intuition zu ergründen suchen. Dabei geht es bei der Pūrva Mīmāmsā einerseits um das *rechte Verständnis überkommener Riten* und um eine Erklärung für das Faktum oder Postulat ihrer Wirksamkeit. Andererseits geht es auch um eine theoretische Begründung für die Anfangslosigkeit und *Autorität des Veda*, welche eine Priorität der Konzepte vor den Erscheinungen, der Worte vor den Dingen ebenso voraussetzt wie eine unbegrenzte Kontinuität des Geistes, auch wenn die Welten in zyklischem Kreislauf entstehen und vergehen.

Der Vedānta dagegen greift die philosophischen Lehren der Upanishaden auf und entwickelt sie weiter. In ihm tritt die upanishadische Frage nach dem *Verhältnis der individuellen Seele (ātman) zum Absoluten (brahman)* und nach ihrer Vereinigung wieder in den Vordergrund. Zugleich wird nach dem Verhältnis von weltlicher Erscheinung zu reinem Sein gefragt, woran sich bei einem Teil der Vedānta-Schulen die Lehre vom illusionären und vordergründigen Charakter der Welt (māyā) knüpft. Gefragt wird schließlich auch nach dem Verhältnis von persönlichem Gott zu absolutem Geist oder reinem Bewußtsein – eine Frage, welche die indische Theologie seit ihren Anfängen im Rigveda bis in die Neuzeit durchzieht.

Berühmt geworden sind bei uns im Westen neben dem *Yoga* vor allem die subtilen Gedankengebäude des *Vedānta*, die zu den großen Leistungen menschlichen Geistes gehören. Insbesondere die monistische (advaita) Lehre des *Shankara* (der nach der Tradition von 788 bis 820, nach neueren westlichen Forschungen jedoch zirka hundert Jahre früher lebte) erregte großes Aufsehen bei Indologen und Philosophen, aber auch andere Vedānta-Schulen, etwa der qualifizierte Monismus (vishishtādvaita) des bedeutenden südindischen Vishnuiten *Rāmānuja* (1017–1137?) oder die dualistische (dvaita) Lehre des ebenfalls vishnuitischen *Madhva* (1197–1280), sind im Westen gewürdigt worden. In Indien setzten sich die verschiedenen Schulen des Vedānta bis in die Gegenwart fort, aber auch die anderen philosophisch-theologischen Systeme hatten und haben zum Teil noch große Bedeutung.

Ich kann hier nicht näher darauf eingehen, in welcher Weise diese sechs Systeme die Theologien der Hindu-Religionen beeinflußten. Gesagt sei vorläufig nur, daß Yoga, Nyāya und Vaisheshika besonders im Bereich der Shivaiten gediehen, während das Sāmkhya auf alle Theologien einwirkte. Die Mīmāmsā bewahrte einen Teil der vedischen Tradition; und der Vedānta hatte als Herausforderung und als Quelle der Inspiration für alle anderen Religionen große Bedeutung. In mehreren dieser Religionen gab es zeitweise starke sozialreformerische Bewegungen und eine kontinuierliche Ausdifferenzierung der Theologie und Erlösungslehre, auf die ich im Zusammenhang mit der Frage nach dem Menschen und seiner Erlösung noch eingehen werde.

Die Begegnung mit Islam und Christentum und der Neohinduismus

Neue Impulse brachte schließlich die Begegnung mit dem Islam (im unteren und mittleren Industal seit 712 nach Christus, im übrigen Indien erst seit Anfang des 13. Jahrhunderts, wenn man von den Raubzügen des kriegerischen Sultans Mahmūd von Ghāzna am Anfang des 11. Jahrhunderts absieht) und mit dem europäischen Christentum.

Die islamische Mystik war dem indischen Denken vertraut und ist möglicherweise sogar von indischem Denken mit angeregt worden. Dies führte im späten Mittelalter bei religiösen Reformern wie *Kabīr* (1440–1518, Schüler des Vishnuiten Rāmānanda), *Guru Nānak* (1469–1538, Gründer der religiösen Gemeinschaft der *Sikhs*, was »Schüler« bedeutet) und anderen zum Versuch, in schöpferischer Synthese Elemente des Islam mit Elementen der indischen religiösen Tradition – insbesondere der vishnuitischen Bhakti-Religiosität – zu verbinden. Allerdings verhinderten innenpolitische Spannungen und die vorwiegend feindselige Haltung orthodoxer Muslime ein breiteres Vordringen dieser Bestrebungen.

Auch im *Christentum*, insbesondere in der Bergpredigt, haben die Inder Elemente ihres eigenen Glaubens wiedergefunden. Der Inkarnationsgedanke war ihnen nicht fremd, so daß sie gegen den Anspruch der Göttlichkeit Jesu keinerlei Bedenken erhoben.

Nach einem in den apokryphen Thomas-Akten erhaltenen Bericht, dessen älteste Form in einer syrischen Version aus dem 2. oder 3. Jahrhundert vorliegt, soll schon der *Apostel Thomas* als Sklave zu Schiff nach Indien gelangt sein, im Reiche des Gudnaphar (Gondophernes) im Industal gewirkt haben und später nach Südindien gewandert sein, wo er als Märtyrer starb (A. F. J. Klijn, »The Acts of Thomas«, 1972). Eine andere, in Kaschmir erzählte Überlieferung weiß auch zu berichten, daß Jesus selbst am Kreuz nicht umkam, sondern noch lebte, als man ihn in die Grabkammer legte. Er konnte aus dem Grab entweichen – das leere Grab gibt Zeugnis – und wanderte nach Osten, bis er schließlich nach Kaschmir gelangte, wo sich sein wirkliches Grab befinden soll.

Keiner dieser Berichte läßt sich bisher verifizieren, doch zeigen die von L. W. Brown (»The Indian Christians of St. Thomas«, 1956) und C. V. Cheriyan (»A History of Christianity in Kerala«, 1973) zusammengetragenen Quellen, daß es schon früh eine christliche Gemeinde in Indien gab. Im Jahr 189 reiste ein gewisser Pantaenus im Auftrag des Bischofs Demetrius von Alexandria zu ihnen. Auch scheint es spätestens seit dem 4. Jahrhundert nestorianische Christen in Kerala in Südindien gegeben zu haben, deren Nachfahren sich als Thomas-Christen bezeichneten. Ob sich dieser frühe Kontakt mit dem Christentum in den Schriften der Hindus niederschlug, ist bis heute umstritten.

Mit der Gründung europäischer Handelsniederlassungen in Indien (Vasco da Gama landete im Mai 1498, Goa wurde 1510 erobert) und der *kolonialen Expansion* ab 1600 (Gründung der East India Company) kamen europäische Christen und christliche Missionare in verschiedene Landesteile Indiens. Das Christentum trat nun mit dem Vorrecht und dem Anspruch der Mächtigen auf. Wie zuvor der Islam, war nun auch das Christentum in Indien mehrere Jahrhunderte lang mit Fremdherrschaft, sozialer Unterdrückung und wirtschaftlicher Ausbeutung verbunden. Auch merkten die indischen Studenten, die sich in Oxford und Cambridge westliches Wissen aneignen wollten, sehr bald, daß die Diskrepanz zwischen Anspruch und Wirklichkeit des Christentums nicht nur in Indien bestand, sondern auch in Europa. Nicht Nächstenliebe, sondern Materialismus und Machtgier herrschten.

Dennoch konnte auch das europäische Christentum neue Impulse geben, indem es die Vielgötterei verdammte, das Bewußtsein für soziale Mißstände schärfte und die Kastenordnung in Frage stellte. Christliche Ideale wie die Nächstenliebe und die Verantwortung für den Mitmenschen wurden aufgegriffen und mit Lehren der Bhagavadgītā verbunden. Von der europäischen Wissenschaft, vor allem der Indologie und der vergleichenden Sprachwissenschaft, ging ein Anstoß aus, der zur Stärkung des Selbstbewußtseins der Inder und zur Rückbesinnung auf Werte führte, die in den Jahrhunderten islamischer und europäischer Fremdherrschaft weitgehend verschüttet worden waren. Es entstand eine Reihe von Reformbewegungen, die insgesamt nicht selten als *Neohinduisus* bezeichnet werden. Zu ihnen gehören unter anderem der *Brāhmo Samāj* (gegründet 1828 von Rājā Rāmmohan Roy), der *Ārya Samāj* (gegründet 1875 von Svāmī Dayānanda Sarasvatī), die *Rāmakrishna Mission* (gegründet 1879 im Andenken an Shrī Rāmakrishna, 1836–1886, von seinen Schülern) und die Schule des *Shrī Aurobindo* in Pondicherry. Manche dieser Bewegungen standen zeitweilig in enger Verbindung zum politischen Hinduismus und zur indischen Unabhängigkeitsbewegung, und Männer wie Gandhi und seine Gefolgsleute wurden von ihnen mitgeprägt.

Zum Neohinduismus sind schließlich auch die neueren indischen Bewegungen zu rechnen, die noch wesentlich stärker von westlichem Denken beeinflußt sind und zum Teil in westlichen Ländern ein breites Wirkungsfeld gefunden haben.

Sosehr die neohinduistischen Bewegungen in manchen Punkten differieren, gemeinsam ist ihnen ein *universalistischer Ansatz*, der in den Stiftern anderer Religionen wie Jesus und Muhammad ebenso wie in Buddha oder Rāma Inkarnationen der *einen* Gottheit sieht. Gemeinsam ist vielen von ihnen auch ein soziales Engagement, das Kastengrenzen überschreitet und einen *neuen Menschen* heranzubilden versucht. Gemeinsam ist einigen von ihnen schließlich ein Ausgreifen über Indien hinaus, ein Bekenntnis zur Mission für eine Lehre der Toleranz und Friedfertigkeit, welche die Arbeit des einzelnen Menschen an sich selbst, die Schulung der eigenen meditativen Fähigkeiten und die Bewußtseinserweiterung in das Zentrum ihrer Bemühungen stellt. Dabei ist nach traditionellem indischen Verständnis neben der charismatischen Ausstrahlungskraft auch die Selbstlosigkeit ein entscheidendes Kriterium für den geistigen Standort eines Guru, der ernst genommen zu werden verdient. Wo sich dagegen Profitgier zeigt, wo äußerer Besitz erstrebt wird, kann die Autorität der indischen spirituellen Tradition nicht beansprucht werden, sondern mangelnde Weisheit oder westlicher Einfluß machen sich geltend.

Dies war nur ein knapper historischer Überblick über die wichtigsten Traditionsströme, aus denen die indischen Religionen erwachsen sind und durch deren Zusammenwirken sie sich im Lauf der Geschichte verändert haben. Vieles, auch Wichtiges, mußte dabei unberücksichtigt bleiben. Doch es mag als vorläufiger Rahmen ausreichen, der mit Inhalt gefüllt wird, wenn ich im Folgenden die Konzeptionen von Welt und Gottheit, Mensch und Erlösung und die religiöse Praxis zu schildern versuche.

2. Hans Küng: Eine christliche Antwort

Das war nicht nur ein knapper, sondern auch sehr dichter und komplexer Überblick, der in historischer Perspektive schon zahlreiche inhaltliche theologische Probleme aufwirft: Wahrheit und Toleranz, Erlösung, die Bedeutung der Schriften, die Praxis der mystischen Versenkung, das Verhältnis Gott–Welt ... Die Darstellung bestätigt indirekt, wie sehr wir es auch im »Hinduismus« mit Entwicklungen, Umbrüchen, Neugestaltungen, kurz mit »Paradigmenwechseln« zu tun haben, wo im Prozeß der geschichtlichen Entwicklung einer Gruppe von Religionen Konstanten und Variablen zutage treten. Ich kann bei meiner Antwort weder den gleichen methodischen Weg wählen (Beschreibung der Genese der christlichen Religion) noch sogleich alle inhaltlichen Probleme aufgreifen. Meine erste Antwort muß sich auf ein Zentralproblem konzentrieren und die Behandlung der anderen Fragen den kommenden, stärker inhaltlich ausgerichteten Vorlesungen überlassen.

Es gibt sie, diese Faszination von der Unendlichkeit und Komplexität, Buntscheckigkeit und Vitalität indischer Religionen, die Intellekt, Phantasie und Sinne zugleich ansprechen, wer wollte das bestreiten? Wer wollte bestreiten, daß die Toleranzideale, Assimilations- und Integrationsfähigkeiten dieser Religionen auf Christen, zumal westlicher Provenienz, die von der institutionalisierten Starre ihres eigenen Christentums, der Diskrepanz zwischen Anspruch und Wirklichkeit, abgestoßen sind, eine verführerische Anziehungskraft ausüben? Man schaue nur in die Tagebücher einer religiös so offen denkenden Schriftstellerin wie Luise Rinser, um die Faszination einer europäisch-intellektuellen Christin gegenüber der hinduistischen Religion stellvertretend beschrieben zu finden. Von den Menschen, denen sie in einem

Hindu-Heiligtum begegnet, heißt es: »Kein kirchliches Sonntags- oder Sabbat-Gebot ist über ihnen, kein Dogmensystem bemächtigt sich ihrer frommen Vorstellungen, keine Kirche droht mit Ausschluß bei Nichterfüllung der Gebote. Der Hindu bedarf all dessen nicht: er ruht im Einen Göttlichen, das ihn durchströmt, wie es alles durchströmt. Für einen Hindu ist es unmöglich, Atheist zu sein oder Häretiker. Das Göttliche (sei es ›Purusha‹, *das Eine,* oder sei es in tausend Göttergestalten) ist ihm so unleugbar wirklich wie die Atemluft. Nicht in Lourdes, nicht einmal in Assisi habe ich die göttliche Gegenwart so stark gefühlt wie in diesen Straßentempelchen« (»Kriegsspielzeug«, 1978, S. 72). – Nein, heute wollen selbst katholische Missionare, die von der christlichen Botschaft Zeugnis geben, nicht mehr die »Heiden« vor der »Verdammnis« retten.

Wer wollte bestreiten, daß in diesem Kollektiv indischer Religionen, die wir hier abgekürzt den »Hinduismus« nennen, sich religiöse Urerfahrungen und Urhoffnungen des so unendlich armen und unendlich reichen Subkontinents bewahrt und ausgesprochen haben? Was ist nicht alles möglich an religiösen Ausdrucksformen in dieser gewachsenen, uralten religiösen Tradition Indiens, die man »ewig« nannte, weil sie keinen Stifter kennt? Was ist hier nicht alles möglich bei anscheinend grenzenloser Offenheit an Unendlichkeitsstreben und Entwicklungsfähigkeit: neben primitiver mythologischer Vielgötterei und orgiastischen Ritualen auch strengste Askese, Yoga, sublime Meditation, eine hochgeistige Philosophie! Jedenfalls: ein offenes, wachsendes religiöses System – eine *lebendige Einheit in erstaunlicher Vielfalt* von Anschauungen, Formen, Riten. Und dies alles, wie wir hörten, nicht nur ohne Kirche, sondern auch ohne allgemein verbindliche Lehre, und doch von ungebrochener Kontinuität und anscheinend unzerstörbarer Lebenskraft. Das durch vielfältigste Formen der Askese und Meditation angestrebte Ziel ist die Erlösung aus der Unwissenheit des Scheins durch Wissen um die eine wahre Wirklichkeit: Befreiung aus dem Kreislauf der Geburten durch ein Zur-Ruhe-Kommen des Ichs oder seine Vereinigung mit dem Absoluten. Doch – eine selbstkritische Vorüberlegung drängt sich auf: nicht schon immer hat man indische Religion und Religiosität so unvoreingenommen gesehen.

Es darf nicht vergessen werden: Schon seit dem 6./5. Jahrhundert vor Christus, als das persische Großreich von Griechenland bis zum Industal, ja schließlich bis Nordwestindien reichte, gab es zahlreiche Kontakte zwischen Griechen und Indern; zugleich zeigen sich, wiewohl sich bisher eine historische Abhängigkeit nur vermuten läßt, erstaunliche Ähnlichkeiten zwischen der Lehre der Upanishaden über die Natur der Wirklichkeit und der Lehre jener ersten griechischen Metaphysiker, der eleatischen Schule an der kleinasiatischen Küste (Parmenides), Ähnlichkeiten wieder zwischen indischem Denken und der griechischen Orphik sowie Pythagoras.

Seit Alexanders des Großen kühnem Vorstoß im 4. vorchristlichen Jahrhundert nach Afghanistan und ins Industal (Pakistan) ist ein *kultureller Austausch zwischen Indien und der westlichen Welt* klar bezeugt: Bleibendes kostbares Zeugnis dafür ist im Industal selbst jene griechisch-indische Kunst mit ihren hellenistisch gestalteten Buddha-Statuen und -Reliefs (die frühesten überhaupt) sowie den korinthischen Kapitellen in buddhistischen Klöstern: eine Kunst, die – nach der Region im nördlichen Pakistan Gandhāra-Kunst genannt – sich vom 1. bis zum 5. Jahrhundert entfaltete und mit ihren Buddha-Darstellungen bis nach Zentralasien, China und Japan ausstrahlte.

Schon seit dem 2. Jahrhundert gibt es, so hörten wir, auch Kontakte zwischen Indien und dem jungen *Christentum*, vor allem im hellenistischen Ägypten und in seiner Hauptstadt Alexandrien (Gründung und Begräbnisstätte Alexanders), wo auch die Anwesenheit indischer Heiliger oder Asketen bezeugt ist, sich aber bisher kaum etwas über einen direkten indischen Einfluß (etwa auf das ägyptische Mönchtum) nachweisen ließ. Wohl schon für das 3. Jahrhundert sind christliche Gemeinden (nestorianisch-»häretischer« Konfession) im südwestlichen Indien bezeugt, die sich selbst (nach einer historisch in der Tat nicht zu sichernden Tradition) auf den Apostel Thomas (»Thomas-Christen«) zurückführen. Erst seit dem Mittelalter lassen sich eine Verehrung der angeblichen Hinrichtungs- und Grabstätte des Apostels in Mylapore bei Madras konstatieren, ebenso wie einige unbedeutende Missionsversuche römisch-katholischer Missionare, die auf dem Weg nach dem Fernen Osten waren.

Doch erst seit der europäischen *Neuzeit* verfügen wir über wissenschaftlich brauchbare Informationen über das bis dahin noch immer weithin unbekannte Indien: seit im 16. Jahrhundert zunächst unter portugiesischem Patronat Franziskaner, Dominikaner und besonders die Jesuiten mit Franz Xaver und (im folgenden Jahrhundert) Roberto de Nobili, schließlich dann auch dänische und deutsche Protestanten sowie Anglikaner in Indien tätig wurden. So stammte denn bis gegen Ende des 18. Jahrhunderts fast alle Kenntnis der Kultur Indiens von Berichten der *Missionare* und einzelner Reisender. Die ersten Sanskrit-Grammatiken waren verfaßt von Jesuiten des 17. und 18. Jahrhunderts (Heinrich Roth, J. E. Hanxleden), die erste »Genealogie der Malabarischen Götter« vom lutherischen Missionar des 17. Jahrhunderts Bartholomäus Ziegenbalg und das erste Wörterbuch sowie die erste Bibelübersetzung für die Tamilen vom ebenfalls lutherischen Missionar J. Ph. Fabricius im 18. Jahrhundert; ein bedeutender Sanskrit-Philologe in Europa war im selben Jahrhundert der deutsche Karmeliter Paulinus a Sancto Bartholomeo (Ph. Weszdin).

Der Beginn der *wissenschaftlichen Indologie* ist freilich erst mit der Begründung der Asiatic Society 1784 in Kalkutta durch W. Jones (im Dienst der Ostindischen Kompanie) anzusetzen. Erst nach und nach drangen genauere Informationen über die britischen Studien des Sanskrit (der klassischen Sprache Indiens, unserem Latein vergleichbar) nach Europa. Doch brachte das nun beginnende 19. Jahrhundert in Deutschland und Frankreich eine erste Welle übergroßer Indienbegeisterung: Während die Aufklärung im Jahrhundert zuvor eine Affinität zum rational-kühlen chinesischen Konfuzianismus erkannt hatte, entdeckte jetzt die Romantik eine tiefe Verwandtschaft mit der geheimnisvollen indischen Geistigkeit. In Deutschland hatte zuerst der große Anreger Johann Gottfried Herder auf die eigenständige und unbedingt zu erhaltende indische Philosophie, religiöse Dichtung und Kunst sowie auf die Berechtigung jeglichen Volkes auf eine eigene Kultur und Religion aufmerksam gemacht. In Paris wurden 1815 mit A. L. Chézy und in Bonn 1819 mit August Wilhelm von Schlegel die ersten europäischen Lehrstühle für Sanskrit begründet, wofür in Deutschland Schlegels Bruder Friedrich mit seinem grundlegenden Werk »Über die Sprache und Weisheit der Indier« (1808; vier Jahre nach Herders Tod) den Anstoß gegeben hatte.

Das Jahrhundert zwischen 1820 und 1920 wurde nun das Jahrhundert der großen indologischen Philologen und Altertumswissenschaftler, wobei die Briten sich vor allem der Archäologie, allgemeinen Kulturwissenschaft und (wie später auch die Amerikaner und Russen) der Erforschung der neuindischen Sprachen widmeten, während Franzosen, Deutsche und Holländer das klassische indische Bildungsgut – Sprache, Religion, Literatur und Kunst – erschlossen. Erst jetzt unterschied man den Hinduismus vom Buddhismus und konzentrierte sich dabei vornehmlich auf die Erforschung der vedischen Schriften (A. Bergaigne, A. Weber, Th. Aufrecht, H. Oldenberg, H. Lüders).

Die Bemühungen um indische Religion und Philosophie und der Vergleich mit europäischem Denken – die großen Begründer der vergleichenden Sprach- und Religionswissenschaft Franz Bopp und Friedrich Max Müller und die vielen um Übersetzung der klassischen indischen Schriften in moderne Sprachen bemühten Forscher dürfen hier nicht vergessen werden – wurden in unserem Jahrhundert von so bedeutenden Religionswissenschaftlern wie Rudolf Otto, Albert Schweitzer und Helmut von Glasenapp weitergeführt. Die Religionen Indiens werden in Deutschland von der Indologie behandelt, in den Vereinigten Staaten meist in den Departments of Religious Studies.

Nachdem die Anpassungsstrategien der Jesuitenmissionare Th. Stevens und R. de Nobilis im 16./17. Jahrhundert von Rom schließlich unterdrückt worden waren, gab es erst am Ende des 19. und mit dem beginnenden 20. Jahrhundert – verbunden mit den Namen Brahmabandhab Upadhyaya, J. N. Farquhar und den belgischen Jesuiten G. Dandoy und P. Johanns – wieder ernsthafte Versuche einer verständnisvolleren Einstellung zu den Hindu-Religionen. Die ersten Schritte zu einem echten hinduistisch-christlichen Dialog machten in ihrem Ashram bei Tiruchirapalli die aus upanishadischer Tradition lebenden Christen Jules Monchanin und Henri Le Saux (Svāmi Abhishiktānanda) und auf evangelischer Seite – im Dialog mit dem heutigen Hinduismus –

P. V. Devanandan. Die Dokumente des Vatikanum II wie auch – nach Vorbereitung vor allem durch S. J. Samartha – die des Weltrates der Kirchen haben diesen Pionieren schließlich recht gegeben. Vieles ist geschehen in der christlichen Theologie in Indien, sowohl an Studium des Hinduismus wie an Reflexion über die eigene christliche Position, seit jenem ersten gesamtindischen theologischen Seminar in Bombay über »Christliche Offenbarung und nichtchristliche Religionen« im November 1964, an dem ich über nichtchristliche Religionen als Heilswege sprechen durfte (veröffentlicht 1967 von einem der Pioniere eines positiven Verständnisses des Hinduismus, Josef Neuner SJ). Auf diesem Fundament kann ich nun weiterbauen.

Religion als Kompensation?

Und doch: angesichts weniger der wissenschaftlich erforschten als der konkret gelebten Religiosität Indiens steht man als europäischer Christ noch immer einigermaßen überwältigt-hilflos da. Man ist vor dieser überquellenden indischen Religiosität einerseits und andererseits eines unbeschreiblichen Elends großer Massen in indischen Großstädten und Dörfern (64 Prozent Analphabeten noch 1979; 40 Prozent unter und weitere 20 Prozent am Rande der Armutsgrenze – trotz einer wachsenden vermögenden Mittelklasse) versucht, sich zunächst mit religionskritischen Kategorien diese Phänomene auf Distanz zu halten: Ist Indien nicht ein Paradebeispiel zur Bestätigung der klassischen Argumente europäischer Religionskritik? Scheint nicht gerade Indien zu zeigen, daß Religion nichts anderes ist als Projektion und Wunschdenken des entfremdeten Menschen, so Ludwig Feuerbach; Opium des ausgebeuteten und elenden Volkes, so gesellschaftskritisch konkretisierend Karl Marx?

Es läßt sich wohl kaum noch eindeutig ausmachen, ob *Karl Marx* jenes berühmt-berüchtigte Wort (aus seiner Kritik der Hegelschen Rechtsphilosophie) von der Religion als einem »Opium des Volkes«, das den Massen im realen Elend illusorisches statt reales Glück verschafft, direkt von Hegel, von den Berliner Linkshegelianern oder dann in Paris vom deutschen Dichter Heinrich

Heine oder vom »roten Rabbi« Moses Hess vermittelt bekommen hat. Sicher und nicht nur von historischem Interesse ist, daß das Wort von der Religion als Opium zuerst von *Georg Wilhelm Friedrich Hegel* selbst schon zu Beginn des 19. Jahrhunderts vorbereitet worden ist in seinen Vorlesungen über die »Philosophie der Weltgeschichte« – und zwar im Zusammenhang mit Indien!

Durchaus empfänglich für die damalige romantische Indienbegeisterung, nannte Hegel Indien das »Land der Sehnsucht«, das »Wunderreich«, die »verzauberte Welt«, dessen Gott jedoch noch »im Taumel seines Träumens« sei« (»Jubiläumsausgabe«, Bd. 11, S. 191 f.). Und es folgt dann das harte kritische Wort, daß in dieser Religion Aberglaube maßlos in wilder Einbildungskraft ausschweife und so der geistig-physisch heruntergekommene Mensch »nur durch Opium sich eine träumende Welt und ein Glück des Wahnsinns verschaffe« (S. 226).

Nein, das Urteil Hegels – natürlich von seinem damaligen Informationsstand bestimmt – ist nicht nur hart, sondern auch ungerecht; so einfach können wir uns heute die Auseinandersetzung mit indischer Religion auf keinen Fall machen. Aber das Wort vom Opium ist – zumal es von indischen, russischen und chinesischen Kommunisten propagiert wird, die allesamt ein anderes, unreligiöses Indien wollen – noch immer sehr ernst zu nehmen. Hat doch noch neuestens einer der angesehensten, wenngleich umstrittensten indischen Publizisten der älteren Generation, *Nirad C. Chaudhuri* (»Hinduism, a Religion to Live by«, 1979), die Schuld an einer Erschlaffung der Vitalität Indiens vor allem den neueren Religionen des Shivaismus, Vishnuismus und Shāktismus (neben Klima, mangelnder politischer Stabilität und Ordnung) zugeschrieben: Die faktisch gelebte Religion sauge dem Volk gleichsam vampirhaft die Energie aus ...

Dabei gilt das Opium-Wort selbstverständlich nicht nur für Indien, sondern auch für das katholische Lateinamerika und jeglichen Platz in dieser Welt, wo *Religion als Kompensation*, als Vertröstung gebraucht, mißbraucht wird. Auch Chaudhuri ist übrigens nicht etwa gegen jede Religion, sondern spricht sich für den starken, ursprünglichen, vedischen Hinduismus aus. Grundsätzlich gilt:

- Religion – nicht nur der Hinduismus, sondern auch das Christentum – kann »Opium des Volkes« sein, aber sie muß es nicht. Sie kann – falscher oder richtiger – Trost im Elend sein, aber ebenso (worauf bereits Marx hinwies) Protestation gegen das Elend. Dies haben auch in Indien jene Hindu-Reformer bewiesen, die sich aus religiösen Gründen (oft unter christlichem Einfluß) gegen die sozialen Mißstände einsetzten und die Kastenordnung in Frage stellten.
- Religion – nicht nur der Hinduismus, sondern auch das Christentum – schließt wie alles menschliche Glauben, Hoffen und Lieben ein bestimmtes Maß an Projektion ein. Daß aber Religion bloß Projektion sei, ist eine unverifizierbare Behauptung. Sie setzt voraus, daß überhaupt keine allerletzte-allererste Wirklichkeit existiere, und auch dies kann – nach Immanuel Kant – die reine Vernunft nun einmal nicht beweisen. Eine absolute Wirklichkeit anzunehmen (oder zu verwerfen) ist Sache der »praktischen Vernunft«, oder besser: eines vernünftigen (vor der Vernunft verantwortbaren) Vertrauens.

Neue Sehnsucht nach Indien?

Nun stehen wir heute vor der Tatsache einer neuen Begeisterung für Indien und indische Religiosität. Es wäre in der Tat falsch, diese *neuen religiösen Bewegungen* in der westlichen Welt entweder religionskritisch abzutun oder als bloße »Jugendreligionen« abzuqualifizieren: als handle es sich nur um gesellschaftliche Fluchtphänomene, um jugendliche Schwärmerei und nicht um ein grundsätzliches Problem, an dem sich seismographisch die geheimen Erschütterungen einer Gesellschaft erspüren ließen. Angesichts zahlreicher westlicher Pilger und Pilgerinnen aus Europa und den USA in indische Ashrams und angesichts indischer Svāmis mit großen Gemeinden in Europa und Amerika befürchten christliche Apologeten und kirchliche Sektenbekämpfer freilich bereits, die christliche Mission in Asien werde abgelöst durch eine asiatische Mission in Europa und Amerika. Und in der Tat: wem wären heutzutage Namen irgendwelcher großer christlicher Missionare in Indien geläufig, deren Ausstrahlung man mit Männern wie Rāmakrishna und Vivekānanda, mit Yogānanda, Maharshi Mahesh Yogi und Bhagwān Rājneesh vergleichen könnte? All die Anhänger dieser neuen Bewegungen (Yoga, Divine Life Mission, Shrī Aurobindo, Transcendental Meditation, Hare Krishna) als »Verführte« hinzustellen, entlastet zwar die religiös vielfach defizitären Kirchen, hat alle diese Bewegungen jedoch zu Unrecht disqualifiziert. Gewiß sind manche Werbemethoden dieser neuen asiatischen Missionare nicht sehr wählerisch; aber waren es die der alten Missionare des Christentums?

Vom mühseligen Studium der klassischen indischen Schriften (und gar des Studiums des Sanskrit und anderer alter Sprachen) halten diese neuen Indienbegeisterten freilich meist wenig. Man hält sich statt an die alten heiligen Schriften an den großen Guru als unbedingte Autorität, und statt mit Hilfe wissenschaftlichen Denkens sucht man die Wahrheit mit Hilfe oft rauschhafter Erlebnisse. Ja, die besonders in der jüngeren Generation weit verbreitete Aversion gegen Wissenschaft, Technologie und industriellen Fortschritt (mit seinen Zerstörungspotentialen, Störanfälligkeiten, Ungerechtigkeiten) bildet die dunkle Folie, vor der die neuen religiösen Bewegungen ihre Attraktivität entfalten. Man sucht – angesichts eines offenkundigen Sinndefizits, Normendefizits, Gemeinschaftsdefizits – nach *alternativen Lebenszielen, Lebensstilen, Lebensformen:* Anzeichen einer postmaterialistischen Lebensorientierung?

Die institutionalisierte christliche Religion, ihre Träger, die Kirchen, sind zugleich Verursacher und Opfer der hier offenkundig gewordenen religiösen Krise. Freilich ist Religiosität damit nicht aus der säkularen Gesellschaft verschwunden, bei vielen ist sie aus dem Zustand der *Verdrängung* sogar wieder neu ins Bewußtsein getreten. Aber aus den hochbürokratisierten, oft nur ihre Eigeninteressen vertretenden kirchlichen Großinstitutionen ist sie – kirchliche Festivals verschiedener Art können über den Ernst der Situation nicht hinwegtäuschen – in einem erschreckenden Ausmaß entwichen. Das Monopol der Großkirchen auf Religion wird von vielen in Frage gestellt, und es wird – als Konsequenz von Religionsfreiheit, Toleranz und Ökumenismus – eine eigene religiöse Gestaltung in Anspruch genommen. Wir stehen vor dem – ambivalenten – Phänomen einer *Diffusion des Religiösen:*

Die aus kirchlicher, dogmatischer, institutioneller Einbindung befreite und oft frei schwebende religiöse Substanz hat sich – je nach der individuellen und gesellschaftlichen Situation – an sehr verschiedenartigen Orten und Plätzen niedergelassen und wird nun, auf andere Werte umgepolt, in allen möglichen Formen und Gestalten verwirklicht. Die Folge ist eine zunehmende Pluralisierung des religiösen Lebens.

Was also suchen die Anhänger der neuen, neuorientalischen, insbesondere indischen Religionen? Eine Analyse der »neuen religiösen Bewegungen« (»Concilium«, 1983, Heft 1) ergibt nach dem Herausgeber, dem amerikanischen Religionssoziologen *John Coleman*, folgende drei Motivationen, die offensichtlich ineinander greifen:

- Eine Suche nach intensiver *Erfahrung* ihres Selbst und der umgestaltenden Kraft des Heiligen. Fast alle Kommentatoren der neuen religiösen Bewegungen legen großen Nachdruck auf dieses Thema der Suche nach einer berührbaren, erfahrbaren Religion.
- Die Suche nach einer tragenden *Gemeinschaft.*
- Die Suche nach dem echten *Charisma* religiöser Führer und so der Gemeinschaft mit anderen Gläubigen.

Es sind weit über die organisierten Bewegungen hinaus oft gerade die besonders sensibilisierten Menschen, die sich fragen: ob man das »alter-native«, »anders-geborene« Leben nicht besser im Raum *indischer Religiosität* finden kann? Ob man im hinduistischen Kontext nicht besser als im christlichen die gesuchte Selbsterfahrung und *Selbstverwirklichung* finden und so in völlig neuer Weise das Ich und zugleich das Absolute, Numinose, *Mystische* erfahren kann?

Was ist mystische Erfahrung?

Nicht nur Pop- und Filmstars, auch gekrönte Häupter und angesehene westliche Intellektuelle haben indische Gurus und Ashrams aufgesucht. Der deutsche Physiker und Philosoph *Carl Friedrich von Weizsäcker* – er hatte sich schon früh, seit der Lektüre der Reden Buddhas und chinesischer Klassiker, »im spirituellen Asien selbstverständlicher zu Hause gefühlt als in Europa« – bezeugt seine unbeschreibbare mystische Erfahrung am Grab des Hindu-Heiligen Shrī Rāmana Maharshi in Tiruvannamalai: »Als ich die Schuhe ausgezogen hatte und im Ashram vor das Grab des *Maharshi* trat, wußte ich im Blitz: ›Ja, das ist es.‹ Eigentlich waren schon alle Fragen beantwortet. Wir erhielten im freundlichen Kreis auf grünen großen Blättern ein wohlschmeckendes Mittagessen. Danach saß ich neben dem Grab auf dem Steinboden. Das Wissen war da, und in einer halben Stunde war alles geschehen. Ich nahm die Umwelt noch wahr, den harten Sitz, die surrenden Moskitos, das Licht auf den Steinen. Aber im Flug waren die Schichten, die Zwiebelschalen durchstoßen, die durch Worte nur anzudeuten sind: ›Du‹ – ›Ich‹ – ›Ja‹. Tränen der Seligkeit. Seligkeit ohne Tränen. – Ganz behutsam ließ die Erfahrung mich zur Erde zurück. Ich wußte nun, welche Liebe der Sinn der irdischen Liebe ist.« (»Der Garten des Menschlichen«, 1977, S. 595).

Ja, ist Religion nicht – vor aller Doktrin und Moral, vor allen Riten und Institutionen – *religiöse Erfahrung?* Unter dem Einfluß des protestantischen Theologen Friedrich Schleiermacher zu Beginn des 19. Jahrhunderts in Europa und des Religionsphilosophen William James zu Beginn des jetzigen in Amerika sind auch im Westen viele für die Priorität der religiösen Erfahrung eingetreten. Und ist die religiöse Erfahrung in ihrer höchsten Form nicht *mystische Erfahrung,* wie sie mehr als irgendwo in Indien beheimatet scheint? Im Christentum hat man die Schriften der Mystik immer wieder beargwöhnt. Große Mystiker wie Eckehart, Teresa von Avila, Johannes vom Kreuz und Fénelon wurden von der Inquisition verfolgt (aber auch von der frühen »Dialektischen Theologie« Karl Barths, Emil Brunners, Friedrich Gogartens radikal verworfen): wegen hybrider Identifizierung mit Gott (»Selbstvergottung«, »Pantheismus«, »Werkgerechtigkeit«), wegen unkirchlicher Innerlichkeit (»Subjektivismus«), wegen Geringschätzung der Schöpfung (»Manichäismus«, »Quietismus«). Dagegen hat die Mystik im Hinduismus, ja, im Zentrum orthodoxer hinduistischer Lehre, einen anerkannten Platz: Sie ist nicht nur wie im Christentum eine Bereicherung, sondern macht das innerste Wesen der Religion aus. Dies alles hat das vorausgegangene Exposé deutlich gemacht, und ich will an diesem Punkt mit der Diskussion zwischen Hinduismus und Christentum einsetzen.

Angesehene Religionsphilosophen Indiens wie Sarvepalli Rādhakrishnan, Indiens erster Staatspräsident, aber auch des Westens sind darüber hinaus der Meinung, die mystische Erfahrung (»spiritual experience«) sei ohnehin in Ost *und* West, sei überall im Grunde dieselbe, und deshalb seien denn auch alle Religionen aufgrund der gleichen mystischen Erfahrung im Tiefsten gleich. Solche Auffassung ist freilich umstritten und bedarf behutsamer Analyse. Die Frage ist zunächst: Was ist überhaupt »mystische Erfahrung«?

Die Diskussion darüber kommt nicht mehr zur Ruhe, seit *Aldous Huxley* – schon früh Kritiker einer für die Zukunft prognostizierten durchorganisierten Wohlstandsgesellschaft, einer »Schönen neuen Welt« (»Brave New World«, 1932), und Vorkämpfer einer neuen, an östlicher Weisheit orientierten universalen mystischen Religion – in seinem Buch »The Doors of Perception« (1954) von persönlichen *mystischen Erfahrungen mit Drogen* berichtet hatte, die höchsten Erfahrungs- und Vorstellungsstufen der Religionen nahekämen: der Seligen Schau der Christen, dem Sac-cid-ānanda der Hindus oder der höchsten Versenkungsstufe der Buddhisten. Gibt es also so etwas wie eine grundlegende Gleichheit aller mystischen Erfahrungen, ob sie nun aufgrund asketischer Übung und meditativer Versenkung oder aber aufgrund von Meskalin oder LSD oder auch aufgrund sexueller Praktiken erreicht werden? Dies wird im Anschluß an Huxley programmatisch – und ebenfalls mit durchgängiger Polemik gegen die christlichen Kirchen und ihre Moralvorstellungen – vorgeschlagen (und praktiziert) vom Erforscher des indischen Tantrismus, dem geborenen Wiener und vielerfahrenen Hindu-Mönch (jetzt Professor an der Syracuse University in den USA) *Āgehānanda Bhārati* in seinem Buch »The Light at the Center« (1976).

Niemand hat Huxley heftiger kritisiert (und ist deswegen auch von Bhārati ebenso heftig getadelt worden) als der Oxford-Professor der Religionswissenschaften *R. C. Zaehner* in seinem von Anfang bis Ende gegen Huxley geschriebenen Buch »Mysticism, Sacred and Profane« (1957). Zaehner bestreitet mit Vehemenz die auch von Arnold Toynbee, Frithjof Schuon, Huston Smith und anderen vertretene These, daß die mystische Erfahrung im Grund dieselbe sei, welcher Religion einer auch angehöre; daß die Mystik überall und zu allen Zeiten in mehr oder weniger identischer Form auftrete – ob bei einem Hindu-Yogin oder einem persischen Sufi-Poeten, ob bei einem neuplatonischen Philosophen, einem mittelalterlichen Mönch oder schließlich auch bei einem von westlicher Zivilisation angewiderten modernen Intellektuellen. Zaehners Gegenthese: Es gibt einen wesentlichen Unterschied zwischen sakraler Mystik, die nur mit einem moralischen Leben zu verbinden ist, und einer säkularen Mystik (»Naturmystik«), die (unter Drogeneinfluß oder wie immer herbeigeführt) auch bei unmoralischem oder amoralischem Leben möglich ist; ja, es gibt einen Unterschied auch in der sakralen Mystik zwischen monistischer Mystik (wie dem extrem nichtdualistischen Vedānta Shankaras) und theistischer Mystik, wie sie den Hauptstrom nicht nur der christlichen, sondern auch der muslimischen Mystik (Abūl-Qāsim al-Junaid, Ghazzālī) ausmacht.

Dies also ist die Frage: Gibt es eine *einzige* mystische Erfahrung, oder gibt es *mehrere*? Das heißt: gibt es nur verschiedene Varianten desselben Typus oder völlig verschiedene mystische Erfahrungen? Die zahlreichen widersprüchlichen angelsächsischen Diskussionsbeiträge aus unserem Jahrhundert, wie sie etwa Richard Woods im großen Band »Understanding Mysticism« (1980) gesammelt hat, machen die äußerst komplexe Problemlage ebenso deutlich wie die Materialien zur Mystikdiskussion in katholischer und evangelischer Theologie Deutschlands, die Fritz-Dieter Maaß unter dem Titel »Mystik im Gespräch« (1972) herausgegeben hat. Dies hängt nun freilich in einem nicht geringen Ausmaß damit zusammen, daß »Mystik« ein äußerst vager Terminus ist: »mystisch« im populären Sprachgebrauch oft gleichgesetzt mit rätselhaft, seltsam, mysteriös oder schlicht religiös, aber auch von Fachleuten sehr verschieden verstanden und nur mit Mühe eindeutig zu definieren.

Eines zumindest ist klar: »Mystik« kommt – vom ursprünglichen *Wortsinn* her verstanden – vom griechischen »mýein« = (den Mund) »verschließen«. Die »Mysterien« sind deshalb »Geheimnisse«, »Geheimlehren«, »Geheimkulte«, über die man bei Nichteingeweihten schweigt. »Mystisch« ist von daher jene Religiosität, die bezüglich ihrer verborgenen Geheimnisse vor profanen Ohren den Mund verschließt, um das Heil im eigenen Inneren zu suchen. Und Schweigen wird denen empfohlen, die sich dem Geheimnis nähern wollen. Weltabkehr, Inneneinkehr, unmittelbare Einheit mit dem Absoluten – dies hat man von daher lange Zeit als Charakteristika der Mystik angesehen. Doch hier fangen die heutigen Probleme erst an.

Man kann die mystische Erfahrung ganz allgemein definieren als eine *unmittelbar-intuitive Einheitserfahrung*: als Intuition einer großen Einheit, welche die Subjekt-Objekt-Spaltung aufhebt. Bei solch allgemeiner Definition wird man kaum bestreiten können, daß auch unter Drogenexperimenten (und möglicherweise sogar in pathologischen Zuständen Schizophrener oder Manisch-Depressiver) eine »mystische Erfahrung« möglich ist. Auch völlig Irreligiöse können mit Hilfe künstlicher Mittel (oft genügt schon der Alkohol) abnorme Bewußtseinsveränderungen und Bewußtseinserweiterungen erleben: ein diffuses Gefühl sogar, über das Ich hinauszuwachsen und ein Nicht-Selbst zu werden, wie dies Huxley anläßlich seiner Meskalinerfahrung beschrieben hat. Freilich wirft dies erst recht die Frage auf: Was haben solche Erfahrungen mit *Religion* zu tun?

Zugegeben: der Begriff *Religion* muß – damit er von den polytheistischen Naturreligionen, Theismus und Pantheismus bis hin zum a-theistischen Buddhismus alle historischen Religionen umgreife – sehr weit gefaßt werden. Aber er darf – wenn nicht die Grenzen zum Quasireligiösen und Irreligiösen ins völlig Konturlose hinein aufgelöst werden sollen – nicht beliebig ausgeweitet werden. Religion soll Religion bleiben! Religion, so versuchte ich schon in der Einleitung abzugrenzen, ist die vielschichtige Realisierung einer Beziehung zu etwas, was den Menschen und seine Welt umgreift: zu einer wie immer zu verstehenden allerletzten

Wirklichkeit, einem Absoluten (Gott, Brahman, Dharma, Leerheit, Nirvāna). Anders gesagt: »religiös« ist jeder Mensch, der erkannt hat und auch zu bezeugen bereit ist, daß nicht die »Welt« (das heißt Mensch, Geschichte, Natur, Kosmos), wie sie uns erscheint, schon das Letzte ist, sondern daß die »Welt« uns verweist auf eine umgreifende, umfassende, allesbestimmende allerletzte-allererste Wirklichkeit. Umgekehrt gilt: wo immer Menschen eine ähnliche Beziehung nicht zu etwas, das die »Welt« umgreift, nicht auf ein Letztes, ein Absolutes realisieren, wo vielmehr die »Welt«, etwas Relatives, absolut gesetzt wird, wird man zur Vermeidung von Mißverständnissen nicht von Religion sprechen, sondern besser von *Parareligion* (bei Desinteresse an Religion) oder gar *Pseudoreligion* (bei Religionssurrogaten). Was bedeutet dies nun für die mystische Einheitserfahrung?

Nicht jede unmittelbar-intuitive Einheitserfahrung, nicht jede mystische Erfahrung ist auch schon religiös; und nicht jede Mystik wahrhaft religiöse Mystik. Es kann nicht von vornherein ausgeschlossen werden, daß es Einheitserfahrungen gibt, die keinen religiösen Charakter haben, die sich nur auf das Vorfindliche beziehen, auf das Kontingente beschränken und somit das Relative nicht wirklich übersteigen. Man wird hier am besten von *parareligiöser Mystik* reden: Einheit meiner selbst mit der Natur, mit dem Kosmos, mit dem Stoff dieser Welt, mit dem »Leben«, triebhaft-vitalistisch oder visionär-kosmisch verstanden, hinter dem es nichts gibt; oder aber von *pseudoreligiöser Mystik,* die als Religionsersatz funktioniert: Einheit meiner selbst mit einer Größe wie Volk, Nation, Partei oder Führer in Akten rauschhaft-massenhysterischer Verschmelzung bei Massenversammlungen (die »völkische Mystik« des Faschismus oder Nationalsozialismus).

Zaehners Unterscheidung zwischen sakral und profan vermag hier nicht richtig zu greifen. Mystische Erfahrung ist auch im Alltag in profaner Umgebung und nicht nur in sakralem Kontext möglich. Und bei den Alleinheitserfahrungen, wie sie Huxley oder Bhārati berichten, und Grundstimmungen, wie sie auch manche Dichter (etwa R. M. Rilke), Maler (M. Chagall, E. Nolde) und Musiker (A. N. Skrjabin, A. Schönberg) künstlerisch zum Ausdruck bringen, geht es nach den Autoren selbst um mehr als das Vorfindliche, Kontingente, Relative. Hier öffnen sich die Dinge, die Töne, die Natur, die Welt in ihrer Tiefendimension auf eine allerletzte Wirklichkeit, auf das »Geheimnis«, »Mysterium«, »Licht« der Wirklichkeit, auf den kosmischen Urgrund, auf das Absolute hin. Hier macht man nicht notwendig die Dinge der Natur zu Gott (Allesvergötterung), sondern erfährt durch die Natur hindurch das Absolute, was von vielen nicht als selbstproduziert, sondern als »gewährt«, »geschenkt« verstanden wird. Man sollte solchen Erfahrungen deshalb den religiösen Charakter nicht absprechen, wie dies Zaehner (als römisch-katholischer Konvertit allzu dogmatisch argumentierend) getan hat. Hier geht es – wenngleich in monistischer und nicht in theistischer oder gar christlicher Form – um *religiöse Mystik*. Wer demnach Mystiker sein will und sich glaubwürdig auf eine derartige Erfahrung beruft, dem sollte dies nicht bestritten werden. Ökumenische Gesinnung ist an Monopolisierung des Religiösen nicht interessiert.

Das heißt nun freilich nicht, daß damit auch schon jeder Weg, jede Technik, jedes Experiment, wie man zu dieser Erfahrung kommt, gebilligt wäre und der religiöse Zweck die Mittel heiligte. Entbehrungsreiche Meditation und Drogenrausch, entsagungsvolle Askese und sexueller Libertinismus (»pleasure principle«) können hier wohl kaum, wie dies Bhārati vertritt, auf dieselbe Stufe gestellt werden. Religion soll ja nicht nur Religion bleiben, damit Gott Gott (das Absolute) bleibt; Religion soll auch nicht von Moralität abgekoppelt sein: damit der Mensch Mensch bleibt.

Trotzdem: authentische religiöse Erfahrungen etwa nur den im bürgerlich-christlichen Sinn moralisch Lebenden zuzusprechen würde eine historisch gewachsene Ausprägung von Moral ungerechtfertigt verabsolutieren. Und daß bei echten mystischen Erfahrungen die Natur, der Kosmos von vornherein ausgeschlossen sein soll, wie Zaehner es will, erscheint erst recht inakzeptabel. Ist das Absolute nicht auch nach Thomas von Aquin in jedem Sandkorn und jeder Blume präsent, und liegt in Einsteins (von Spinoza inspirierter) »kosmischer Frömmigkeit« nicht sehr viel Wahrheit? Die auf das Absolute hin offene Naturmystik soll gewiß auch nicht dogmatisch als der Mystik höchste Form deklariert, darf aber auch nicht mit einer (am wahrhaft Absoluten faktisch desinteressierten) Paramystik oder einer (das Absolute durch ein Surrogat ersetzenden) Pseudomystik gleichgesetzt werden. Auf die hier involvierten Fragen einer religiösen Kriteriologie haben wir nach Antworten zu suchen. Die Frage jedoch, ob es eine einzige mystische Erfahrung gebe oder verschiedene, ist mit alldem noch nicht beantwortet. Wie verlaufen in dieser Diskussion die Argumentationslinien?

Gibt es die eine mystische Erfahrung?

Die einen behaupten die wesensmäßige Gleichheit (aber Unaussprechlichkeit) ein und derselben mystischen Erfahrung! Die *Unterschiede* lägen allein in den verschiedenen *Interpretationen* dieser Erfahrung, und diese ließen sich auf die verschiedenen religiösen Traditionen und den verschiedenen soziokulturellen Kontext (in Indien, im Nahen Osten, in Griechenland, Deutschland) zurückführen. Es ist klar: in dieser Sicht werden die Unterschiede zwischen der Mystik in den verschiedenen Religionen wesentlich relativiert.

Die anderen behaupten die *Multiformität* grundverschiedener mystischer Erfahrungen! Die *Unterschiede* lägen *in der Erfahrung selbst* und könnten so zumindest teilweise vom soziokulturellen Kontext unabhängig sein. Von daher versteht sich: die Unterschiede zwischen der Mystik in den verschiedenen Religionen geben Anlaß, verschiedene Typen mystischer Religionen zu unterscheiden.

Auf welche Seite sich schlagen? Ich halte das Ganze für eine falsche Fragestellung: als ob religiöse Erfahrung und Interpretation sich trennen ließen! Eine gleichsam nackte Erfahrung ohne interpretative Einkleidung läßt sich doch auch in der Religionsgeschichte nicht finden. Eine mystische Erfahrung »an sich« läßt sich zwar apriorisch in einem bestimmten Sinn definieren und als universal postulieren, aber nirgendwo empirisch verifizieren. Ich behaupte also und formuliere damit nur, was sich in der neuesten hermeneutischen Diskussion immer mehr durchgesetzt hat: Die religiöse Erfahrung wird nicht erst nachträglich interpretiert, sondern ist *von vornherein* immer nur *durch menschliche Interpretation gegeben,* wenngleich dies nicht immer von vornherein auch reflektiert wird. Im Prinzip hat dies schon Thomas von Aquin in seinem

Grundsatz ausgedrückt: »Quidquid recipitur, ad modum recipientis recipitur« – »was empfangen wird, wird auf die Weise des Empfangenden empfangen«!

Ob im Hinduismus oder im Christentum: jede religiöse Erfahrung bringt also schon Interpretationselemente mit sich, wird zugleich durch weitere Interpretationselemente angereichert und schließlich (wenn auch vielleicht nur sehr umrißhaft) sprachlich zum Ausdruck gebracht: in bestimmten begrifflichen oder bildhaften Artikulationen der Interpretation (= Interpretamente), die nun ihrerseits auf die ursprüngliche Erfahrung zurückwirken können, vertiefend oder auch verflachend. Und über alle Begriffe und Vorstellungen hinaus spielt bei jeder Erfahrung immer auch schon der (mehr oder weniger bewußte) allgemeinere Interpretationsrahmen mit: das »Paradigma«, jenes theoretisch-praktische Verstehensmodell, jene Gesamtkonstellation von Überzeugungen, Werten, Verfahrensweisen einer bestimmten Gemeinschaft, von der aus die Erfahrungen zu erfassen, zu ordnen und zu einer Synthese zu bringen sind. Keine religiöse Erfahrung, auch keine mystische Erfahrung also ohne Interpretationsrahmen, ohne Verstehensmodell, ohne Paradigma. Ja, auch in heiligen Texten und ganz persönlichen Zeugnissen liegen nur *interpretierte Erfahrungen* des Absoluten vor, die in einem ganz bestimmten kulturellen Kontext, aus einer bestimmten Tradition her versprachlicht worden sind. Ob Huxley, Bhārati und andere gerade diese Art von Alleinheitserfahrung gehabt hätten, wenn sie sich nicht vorher intensiv mit indischer Weisheit vertraut gemacht hätten? Ich jedenfalls fühle mich in dieser hermeneutischen Reflexion über die mystische Erfahrung voll bestätigt durch den eben erschienenen, aus einem Symposion hervorgegangenen Sammelband von S. T. Katz, »Mysticism and Religious Traditions« (1983). Katz macht deutlich, daß »die gegenseitige Durchdringung des mystischen Ereignisses und der religiösen Tradition, aus der der Mystiker hervorgeht, sich als ein zentrales Anliegen erwiesen hat, das erneute und erneuernde Studien erfordert« (S. 5).

Der Einfluß von Erfahrung und Interpretation ist somit wechselseitig. Interpretierende Identifikation ist nicht ein Akzidens, ein Anhängsel, sondern ist inneres Moment der mystischen Erfahrung selbst. In Variation eines bekannten Kant-Wortes: Eine Erfahrung ohne Interpretation ist blind, eine Interpretation ohne Erfahrung leer. So wird man denn bezüglich der mystischen Erfahrung in den verschiedenen Religionen ein Dreifaches sagen können:

1. Zwischen den mystischen Erfahrungen in den verschiedenen Religionen gibt es zweifellos *Gemeinsames*: Mystiker verschiedener Religionen machen ähnliche Erfahrungen. Bei allen verschiedenen Formen gibt es gemeinsame Tiefenstrukturen: Einheit, Erlösung ist das Ziel; Reinigung (purificatio), Erleuchtung (illuminatio) und Einigung (unio) sind der Weg. Mystiker ganz unterschiedlicher religiöser Herkunft sind sich untereinander oft ähnlicher und näher als dem Durchschnittsgläubigen in der eigenen Religion. Zwischen den Versenkungsstufen der Yogasūtren Patanjalis und den Gebetsstufen der Teresa von Avila zum Beispiel lassen sich erstaunliche Parallelen feststellen.

2. Zwischen den mystischen Erfahrungen in den verschiedenen Religionen gibt es aber auch widersprüchliche und anscheinend unvereinbare *Gegensätze*: die Gegensätze etwa zwischen einer impersonalistisch-monistischen und einer personalistisch-theistischen Mystik. Man kann sie »Perspektiven« oder »Superstrukturen« (Frits Staal) oder »lehrmäßige Verästelungen« (Ninian Smart: »doctrinal ramifications«) oder wie immer nennen. Man kann und muß sie reflektieren, aber man kann sie nicht einfach wie übergestülpte Gitter oder Raster abheben, so daß eine »reine« mystische Erfahrung übrigbliebe. Mit keiner Methode läßt sich eine von allen Deutungsstrukturen »reine« Mystik gewinnen, wie man kein »reines« Kristall ohne Kristallstrukturen gewinnen kann. Selbst wenn man sich dafür auf eine individuelle Erfahrung beruft: es ist eine illegitim verallgemeinernde, eine dogmatische Argumentation, anzunehmen, es gäbe eine reine, uniforme, universale mystische Erfahrung und diese sei monistischer (oder nach entgegengesetzter Auffassung: nichtmonistischer) Natur. Man hat dann nicht bedacht, daß man dies aufgrund seiner eigenen monistischen (oder: nichtmonistischen) Vorprägung behauptet. Aus einer kulturell verständlichen Abneigung gegen lehrmäßige Differenzen – so macht Terrence Penelhum (im Sammelband von

R. Woods) gegenüber John Hick und Ninian Smart geltend – darf man lehrmäßige Differenzen nicht von vornherein negativ konnotiert als Hindernisse für das Verständnis der mystischen Erfahrung ansehen.

3. Es geht also bei den mystischen Erfahrungen der verschiedenen Religionen um eine *Gemeinsamkeit in Gegensätzen*:
Nicht um eine exklusive Gegensätzlichkeit, wie manche Theologen anzunehmen scheinen: nicht um völlig irreduktible verschiedene Formen mystischer Erfahrung, von denen dann nur die eigene die echte ist.
Aber auch nicht um eine undifferenzierte Einheit, wie manche Religionswissenschaftler anzunehmen scheinen: nicht – nach einem berühmten Hegel-Wort gegen Schelling – um eine mystische »Nacht, in der alle Kühe schwarz sind«, nicht um eine einzige Form mystischer Erfahrung, die in allen Strukturen und Funktionen gleich wäre.
Nein, es geht um eine *differenzierte Gemeinsamkeit* unter den innerlich verschieden strukturierten und doch einheitliche Züge aufweisenden mystischen Erfahrungen, die eine Kommunikation auch unter sehr verschiedenen Religionen möglich macht. Wir werden dem im folgenden nachgehen.

Mystische und prophetische Religion

»Mystik« im religiösen Sinn erweist sich so als ein zwar nicht äquivoker (völlig unähnliche Phänomene versammelnder), aber auch nicht als ein univoker (völlig gleiche Phänomene bezeichnender), sondern als ein *analoger* Begriff, der Ähnliches bei gleichzeitiger Unähnlichkeit umgreift. Wir werden sehen: im konkreten Leben läßt sich mystische Religiosität auch gar nicht scharf von der nichtmystischen trennen; da gibt es zahlreiche Übergänge und Mischformen. Um so wichtiger aber ist es für den Dialog zwischen Christentum und Hinduismus, zunächst den grundsätzlichen Unterschied zwischen mystischer und nichtmystischer Religion herauszuarbeiten.

Vom religionspsychologischen Gesichtspunkt her hat der Religionsphilosoph *William James* in seinem Standardwerk »The Varieties of Religious Experience« (1902) unterschieden zwischen der heiter-optimistischen Religion der »gesunden Gesinnung« (der »Einmalgeborenen«) und der düster-pessimistischen Religion der »kranken Seelen« (der »Wiedergeborenen«). Von der vergleichenden Religionsgeschichte her jedoch hat der Marburger Religionshistoriker *Friedrich Heiler* diese Unterscheidung – mit Berufung auf Nathan Söderblom, Reinhold Seeberg und Rudolf Otto – korrigiert und statt dessen in seinen umfassend dokumentierten und differenzierten Untersuchungen (»Das Gebet«, 1918; »Die buddhistische Versenkung«, 1918; »Erscheinungsformen und Wesen der Religion«, 1961) zwischen *mystischer* und *prophetischer* Religion (ähnlich dann auch Rudolf Otto: zwischen Mystik und Glaubensfrömmigkeit) unterschieden und beide Grundtypen historisch-psychologisch eingehend analysiert, ohne die Zusammenhänge und Übergänge zu vernachlässigen.

Ohne somit einer simplifizierenden Klassifizierung und falschen Alternative das Wort zu reden: es ist von höchster Bedeutung für die gesamte Diskussion zwischen Christentum, Islam, Hinduismus und Buddhismus, sich jene zwei (oder drei) selbständigen großen Entwicklungsströme unter den frühen Hochreligionen (von den primitiven Religionen sehe ich hier ab) zu vergegenwärtigen, die beide (anders als die ägyptische oder chinesische) über das Ursprungsland hinaus Weltbedeutung erhalten haben: die Religionen indischen und semitischen Ursprungs.

Da ist einerseits, entstanden in Indien in Reaktion auf die bereits entwickelte, ja überentwickelte Kultreligion des spätvedischen Opferpriestertums, die *mystische Religion,* wie sie sich – wir hörten es – zuerst in der spätvedischen Periode realisierte. Die in den Upanishaden entwickelte Einheitslehre sowie die aus unmittelbarer meditativer Praxis gewonnene Einheitserfahrung, die dem Menschen eine Selbsterlösung aus Unwissen durch Wissen ermöglichen soll, wurde Basis für die sich später auseinanderentwickelnden Hochreligionen Indiens, nicht nur für die Hindu-Religionen, sondern auch für den Buddhismus und Jainismus. Möglicherweise (bisher, so sagte ich eingangs, ist man auf Vermutungen angewiesen) gründet in Indien auch der andere breite kleinasiatisch-griechisch-hellenistische Mystikstrom: von den frühen ionischen Metaphysikern, von der Orphik und den Pythagoreern über Platon und die späthellenistischen Mysterienkulte bis zu Plotin, von dem dann jener mystische Philosoph lernte, der im 5./6. Jahrhundert, unter der Maske des Paulus-Schülers Dionysios Areopagites versteckt, seine »Mystikè theologia« (von daher unser Wort »Mystik«!) schrieb, die, später übersetzt, die mystische Frömmigkeit im Abendland wesentlich bestimmte.

Da ist andererseits, herausgewachsen aus der primitiven Religion nomadisierender Stämme, die *prophetische Religion*, wie sie im semitischen Kulturkreis entstanden ist: Etwa um 1200, als die Einwanderung der Arier in den Panjab abgeschlossen war, hat sich im Nahen Osten die mosaische Jahwe-Religion gebildet: »Wie die sog. Patriarchen ist Mose zunächst Offenbarungsempfänger, Kultstifter und inspirierter Führer einer nomadischen (oder halbnomadischen) Gruppe, die sich um ihre neue Religion zusammenschloß und die ihr gegebene Verheißung des Landbesitzes zu verwirklichen suchte. Im Zeichen der neuen Religion geschah auch die Flucht aus Ägypten. Der Jahwe zugeschriebene Erfolg des Unternehmens ist ein wesentlicher Grund dafür gewesen, daß die mosaische Jahwereligion nicht eine Spielart der Sippenreligionen geblieben ist. In der Rettung aus Ägypten, die stets eine entscheidende Rolle spielt, wenn später vom Verhältnis zwischen Jahwe und Israel die Rede ist, hat man jenes irrationale Element gespürt, das die Jahwereligion den Weg von der Religion einer nomadischen Gruppe zur Weltreligion hat gehen lassen« (G. Fohrer, »Geschichte der israelitischen Religion«, 1969, S. 59 f.). Die großen Verkörperungen fand die monotheistische Jahwereligion in den Propheten Israels und dann in einzigartiger Weise in Jesus, dem Christus, schließlich aber auch in Muhammad, dem Propheten.

Diese beiden großen Religionsströme haben sich vielfach verzweigt, haben sich erneut vermischt mit primitiver Volksfrömmigkeit und Volkskulten und sind teilweise auch ineinandergeflossen: Im Christentum ansatzweise schon bei Paulus und Johannes, dann bei den Alexandrinern Klemens und Origenes (Zeitgenossen des Plotin) und beim Nordafrikaner Augustin, aber schließlich auch im arabisch-persischen Sufismus verbindet sich die biblisch-prophetische Religion mit hellenistisch-mystischen Elementen und Tendenzen. Umgekehrt verschmelzen in Indien später die mystische Religion der Upanishaden und des Vedānta, wie wir vernahmen, mit Yogatechnik und persönlich orientierten Vishnu-, Bhagavān-, Krishna-, Rāma-Kulten; in den monotheistischen Hindu-Religionen steht die emotionale Bindung an den einen Gott im Vordergrund.

Für die theologische Debatte um das Verhältnis von mystischer und prophetischer Religion bedeutet dies:

- Weder sollte man die mystische Religion nur als eine Vorform oder Abart der prophetischen ansehen, wie das christliche Dogmatiker immer wieder zu tun geneigt sind.
- Noch sollte man die prophetische Religion auf die mystische als die »eigentliche« Religion zurückführen, wie dies vor allem Religionsphilosophen und Religionspsychologen bisweilen getan haben.

Ich kann also Leszek Kolakowski, der gegen wissenschaftliche Theologie zu polemisieren pflegt, nicht zustimmen, wenn er noch 1982 schreibt: »Die Erfahrung der mystischen Vereinigung ist ein seltenes Phänomen, aber dennoch wird man sagen dürfen, daß sie das Wesen des religiösen Lebens ausmacht« (»Falls es keinen Gott gibt«, 1982, S. 90). Denn sollte gerade das, was ein »seltenes Phänomen« ist, das »Wesen« einer Sache ausmachen? Nein, gerade damit das Mystische und das Prophetische, damit Hindu-Religionen und Christentum zu ihrem Recht kommen, muß hier scharf gesichtet werden, wie dies Friedrich Heiler (in im einzelnen gewiß anfechtbarer Weise) getan hat. Anknüpfend an seine Differenzierungen (vgl. »Das Gebet«, [5]1923, S. 255–258) möchte ich eine idealtypische Profilierung von mystischer und prophetischer Religion und damit von Hinduismus und Christentum versuchen.

Grunderfahrung der *mystischen Frömmigkeit* ist die Verneinung des Lebensdranges, ein Entsagen und Entwerden des Menschen, eine Hingabe an das Unendliche, deren Gipfel die Ekstase oder das Nirvāna bildet. Mystische Frömmigkeit ist also primär nach innen gerichtet, strebt nach der Befreiung von Begierden, nach dem Erlöschen des Affekt- und Willenslebens: ein Prozeß der Selbstverwandlung, in dem der Mystiker als Verzichtender, aber schließlich doch als Wissender erscheint. Den Höhepunkt des mystischen Frömmigkeitslebens bilden dabei außerordentliche Erlebnisse jenseits des normalen Bewußtseins: neue Dimensionen der Wahrnehmung und des Erkennens, Ekstasen und ekstaseähnliche Visionen und Auditionen, wo sich mit rein geistigen Erfahrungen Sinneserregungen verbinden und die alltägliche Trennung von Subjekt und Objekt aufgehoben ist. Doch wichtig ist gleichzeitig: mystisches Erleben, wie es im Hinduismus sich manifestiert, ist nie bloß naiv, sondern meist mit einem hohen Grad an Reflexion verbunden, einerlei, ob es sich dabei um die philosophisch-spekulative Gedankenarbeit wie in den Upanishaden handelt oder um die genaue psychologische Selbstanalyse wie im Yoga. Die mystische Frömmigkeit kennt äußerst verfeinerte Methoden der Askese und Meditation, um das Eintreten mystischer Zustände herbeizuführen und so zum Wissen und zur Erlösung zu kommen.

Die Grunderfahrung der *prophetischen Frömmigkeit* ist dagegen durch einen starken Willen zum Leben charakterisiert: einen Drang nach Behauptung, ein Ergriffensein von Werten und Aufgaben, ein leidenschaftliches Streben nach Verwirklichung bestimmter Ideale und Ziele. Prophetische Frömmigkeit ist also primär nach außen gerichtet, steht in Konfrontation mit der Welt und will sich in ihr durchsetzen; Emotionen werden nicht unterdrückt, sondern geweckt: Der Wille zum Leben behauptet sich und will selbst in äußerer Niederlage triumphieren. Insofern ist der prophetisch ausgerichtete Mensch ein Kämpfender, der sich aus dem Zweifel zur Gewißheit des Glaubens durchringt, aus der Unsicherheit zum Vertrauen, aus dem Sünderbewußtsein zum Erlangen des Heils aus Gnade. Gewiß gibt es in der prophetischen Erfahrung Berufungs- und Offenbarungserlebnisse. Aber sie sind seltener, haben aus sich mit ekstatischen Verzückungen wenig zu tun, kennen jedenfalls keine Aufhebung der Subjekt-Objekt-Spaltung. Von Jesus selber – oft fälschlich als Mystiker bezeichnet – werden nur zwei (historisch nicht gesicherte) visionäre Zustände überliefert. Für das eigentliche Frömmigkeitsleben, für die in Gebet, Glaube und sittlichem Tun sich realisierende Beziehung zu Gott haben weder außerordentliche ekstatische Erfahrungen noch grübelnde Spekulationen über Gottes Wesen noch etwa auch psychologische Selbstzergliederung konstitutive Bedeutung. Nicht die ekstatische Glossolalie, sondern Glauben, Hoffen und Lieben sind nach Paulus die höchsten Charismen. Die prophetische Frömmigkeit, wie sie Judentum, Islam und auch Christentum verkörpern, zeichnet sich sehr viel mehr durch eine Spontaneität aus, die sich wenig um Systematik und Methodik, Psychotechnik und Seelentraining kümmert, wie dies alles dann freilich auch im späteren Christentum – unter dem Einfluß östlicher Mystik – eine nicht geringe Rolle spielt.

Alle Religionen gleich?

Von dieser differenzierenden Betrachtung her läßt sich nun auch die Frage grundsätzlich beantworten: Sind wirklich alle Religionen *gleich*? Sind nicht alle Religionen gleich wahr und lehren dasselbe, wie nicht nur manche modernen, durch die westliche Welt reisenden Svāmis (ihre eigene Religion trotzdem als die beste propagierend), sondern auch manche westlichen Säkularisten (sich zu keiner Religion bekennend) meinen?

In der Geschichte Indiens hat es einmal den Versuch gegeben, den Gedanken der letzten Einheit aller Religionen politisch für die Einigung dieses riesigen Landes zu nutzen: unter dem Moghulkaiser muslimischen Glaubens *Akbar, »der Große«* genannt (1542–1605). Dem Islam begegnet man ja auf Schritt und Tritt auch in Indien, wo sich die Moghulkaiser nicht nur durch heute noch nicht vergessene Schandtaten, sondern erfreulicherweise auch durch die vielleicht schönsten Monumente islamischer Kunst überhaupt in Erinnerung halten: die Perlenmoschee im Roten Fort zu Delhi, der Taj Mahal in Agra und schließlich Fatehpur Sikri: die nach anderthalb Jahrzehnten wegen Wassermangels bereits wieder aufgegebene und noch so gut erhaltene Residenz Akbars des Großen, der von Belutschistan und Afghanistan bis beinahe in die Mitte des riesigen Subkontinents (etwa auf die Höhe von Bombay) das Reich sich erobert und zugleich durchorganisiert hatte.

Akbar, der bedeutendste aller Moghulkaiser, die Indien bis zur Eingliederung ins britische Empire (1857) beherrschten, hatte nicht nur Frauen aus verschiedenen Religionen geheiratet (unter ihnen nach unverifizierter Überlieferung auch eine portugiesische Christin namens Mirjam oder Maria). Kosmopolit, skeptischer Denker und mystischer Gottsucher, der er war, versuchte er aus Gründen sowohl der Staatsräson wie sufistischer Mystik die *Religionen zu einer Einheit zu verschmelzen*: Er verband – und drückte dies auch in der verschiedenen Architektur und in den Symbolen seiner Residenz aus – den jüdisch-christlich-islamischen Eingottglauben mit hinduistischen Elementen und dem persischen Sonnenkult zu einer Religion der »universalen Tolerierung«, die Akbar selber *»Dīn Ilāhi« = »göttlicher Glaube«* nannte. Die aufklärerische Weisheit der Ringparabel des weisen Nathan (G. E. Lessing, »Nathan der Weise«) hatte dieser Kaiser somit schon 200 Jahre früher auf seine Weise in die Praxis umgesetzt: Die drei Ringe kennend, glaubte er an keinen und goß sich dafür aus allen drei einen neuen.

Erfolg war ihm freilich nicht lange beschieden. Denn die von ihm geschaffene Universalreligion, die ganz bestimmte Aufnahmezeremonien und Riten kannte, zerfiel nach seinem Tod und bleibt – zusammen mit Pharao Echnatons Einführung des monotheistischen Sonnenkults in Ägypten 3000 Jahre zuvor – das bekannteste Beispiel dafür, daß eine alte Religion nur schwer durch eine Revolution von oben abzulösen ist und daß auch der Versuch, eine neue Einheitsreligion zu begründen, illusionär bleibt.

Nein, eine Gleichheit aller Religionen läßt sich schon von der entwickelten Grundunterscheidung zwischen mystischer und prophetischer Religion her nicht durchsetzen. Und nicht nur die prophetischen, sondern, wie wir hörten, auch die hinduistischen Religionen, die sich grundsätzlich anerkennen (aber im Kult oft gegenseitig ausschließen), postulieren keineswegs eine Einheit aller Religionen, sondern nur eine Einheit ihres Zieles; Einheit des Zieles bedeutet ja nicht Einheit des Weges und schließt auch Umwege nicht aus. Es ist bemerkenswert, daß jener Religionswissenschaftler, der mehr als andere die Einheit der religiösen Geschichte der Menschheit betont, *Wilfred Cantwell Smith*, lapidar feststellt: »Es ist keineswegs der Fall, daß alle Religionen gleich sind. Der Historiker beobachtet, daß nicht einmal eine Religion dieselbe bleibt, Jahrhundert nach Jahrhundert, oder von einem

Land zum anderen, oder vom Dorf zur Stadt« (»Towards a World Theology«, 1981, S. 4). Und welche Geschichte bezeugte dies deutlicher als gerade die der indischen Religion, die uns mit ihren so verschiedenartigen Epochen und Tendenzen in der Exposition gleichsam aus der Vogelschau in souveränem Überblick gezeigt wurde: die Geschichte jenes »Hinduismus«, der für Heinrich von Stietencron nicht eine einzige Religion, sondern ein *Kollektiv verschiedener indischer Religionen* darstellt?

In der religiösen Geschichte der Menschheit, die charakterisiert ist durch eine unermeßliche Vielfalt, hängt zwar alles zusammen, aber fällt nicht alles in eins: nicht eine Identität ohne Differenzen, sondern eine *Interdependenz mit allen möglichen Divergenzen und Konvergenzen*! Am deutlichsten wurde das durch die scharfe Profilierung der beiden Grundtypen von höherer Religion: der mystischen und der prophetischen, die aber durch mannigfache Kreuzung untereinander und mit der primitiv-volkstümlichen Religiosität die verschiedensten Mischformen hervorgebracht hat.

Gegenseitige Durchdringung

Wie soll es, fragt man, gerade zwischen den beiden Grundtypen von Religion, zwischen den prophetischen und den mystischen, zu einer gegenseitigen Durchdringung kommen können? Fehlt hier nicht von vornherein das gemeinsame Fundament? Faktisch indes hat eine solche gegenseitige Durchdringung längst stattgefunden: Im konkreten Leben, innerhalb der einen religiösen Geschichte der Menschheit, gibt es nun einmal auch alle möglichen Mischformen, die wir nach der Entgegensetzung der Idealtypen ins Auge zu fassen haben.

Harmonisierungen sind dabei freilich zu vermeiden. So hilft es nicht weiter, wenn man den zutiefst prophetischen Charakter nicht nur der alttestamentlichen, sondern auch der neutestamentlichen Religiosität verkennt und das Wesen des Christentums in einem mystischen Kern zu sehen meint. Nein, Jesus von Nazaret war so wenig ein Mystiker wie die alttestamentlichen Propheten, und das immer wieder zitierte Wort »Ich und der Vater sind eins« stammt nicht von Jesus selber, sondern ist die (auf eine Willens-,

Handlungs- und Offenbarungseinheit des Menschen Jesu mit Gott, des Sohnes mit dem Vater, hinweisende) Interpretation des Vierten Evangelisten. Und mit ebensowenig Recht nennt man typisch christliche Gestalten wie Luther, Kierkegaard und so viele andere, die sich auf Jesu Verkündigung und die paulinische Theologie berufen, »Mystiker«. *Ursprünglich* christlich ist die Mystik nun einmal nicht!

Aber auch *Exklusivitäten* führen in die Irre. Denn es ist keineswegs so, daß es in Indien nur eine persönlichkeitsverneinende Mystik und im Christentum dagegen nur eine persönlichkeitsbejahende Glaubensfrömmigkeit gäbe. Wenn es auf beiden Seiten beides gibt, so bedeutet das: Es kann in diesem Punkt nicht einfach um *Gegensätze zwischen* Christentum und Hinduismus gehen. Die Gegensätze verlaufen auch *im* Christentum und *im* Hinduismus selbst!

Denn wer könnte übersehen, daß es eine personalistisch-theistische Religiosität nicht nur im Christentum, sondern, wie wir schon gehört haben und noch näher besprechen werden, auch in den monotheistischen Hindu-Religionen (Bhakti-Bewegung) gibt. Umgekehrt gibt es eine impersonalistisch-monistische Religiosität nicht nur in Indien, sondern auch im Christentum (von Plotin her besonders beim Areopagiten, bei Eckehart und wohl auch bei Angelus Silesius). Weiter: nicht nur Christen, auch viele Hindus reden mit Gott in schlichtem Gebetsgespräch. Umgekehrt üben nicht nur indische Mystiker, sondern auch einzelne Christen (Tauler, Angelus Silesius) eine reine Versenkungsmystik ohne alle Gesprächsdramatik. Und so gibt es auf *beiden* Seiten eine vielgestaltige Mystik: im Christentum und im Hinduismus sowohl eine intensiv-affektive wie eine kühl-affektlose, sowohl eine glühend-erotische wie eine abgeklärt-geistige, sowohl eine kultisch orientierte wie eine kultlos unsinnliche, sowohl eine naiv-phantasiemäßig-dichtende wie eine reflektierend-verstandesmäßig-theoretisierende Mystik.

Also: Kreuzungen, Verschränkungen, *Durchdringungen* sowohl zwischen den beiden Grundtypen von Religion wie mit der primitiv-volkstümlichen Religion! Und man sollte von theologischer Seite alle diese historischen Prozesse nicht einfachhin als *»Synkretismus«* – eine Religionsvermischung und so Verunreinigung des

Glaubens – abqualifizieren. Man übersieht dabei leicht, daß es nicht nur in Indien, sondern auch im Westen keine einzige im strengen Sinn nichtsynkretistische Religion gibt. Denn was ist nicht alles schon im Alten Testament, aber auch im Neuen und erst recht im Koran zusammengeflossen! Und insofern geht es tatsächlich, wie Wilfred Cantwell Smith zu betonen nicht müde wird, um die »eine religiöse Geschichte der Menschheit« durch die Jahrtausende hindurch in einer ungeheuren Vielfalt der Religionen auf allen Kontinenten, mit allen möglichen phänomenologischen Ähnlichkeiten und historischen Verwandtschaften.

Es war meist ein Zeichen von Schwäche und Angst, wenn eine Religion sich abkapselte und isolierte, und umgekehrt ein Zeichen der Stärke, wenn sie, kritisch unterscheidend, von einer anderen zu lernen vermochte. Wer will, kann sogar das späte griechische Wort »Syn-kretismós« im besseren, ursprünglichen Sinn nehmen: Ob man es nämlich mit Plutarch auf den Zusammenschluß der meist verfeindeten Städte auf Kreta bezieht oder ob man es mit Erasmus von Rotterdam auf »syn-kerranýnai« = »zusammenmischen« zurückführt, damit aber die Bemühungen um ein friedliches Verhalten religiöser Gegner meint – in beiden Fällen verweist es auf das Entscheidende: Verständigung, Versöhnung, Frieden.

Unverfänglicher wird man indes lieber vom Versuch einer spannungsreichen *»Synthese«* sprechen: Weder das Zusammensetzen verschiedener Elemente aus verschiedenen Religionen in rein äußerlicher Harmonisierung noch eine Vermischung von Göttern (Theokrasie) und Verschmelzung der Religionen sind dabei das Ziel, vielmehr ein dialektisches »Aufheben« der Gegensätze in innerer Vermittlung, die zugleich Bejahung, Verneinung und Übersteigen der gegensätzlichen Positionen einschließt. Sollten die Religionen, die so viel Gemeinsames haben, in Zukunft nicht noch mehr gemeinsam haben können? Es geht nicht primär um eine politische Entscheidung geistlicher oder weltlicher Autoritäten, sondern um eine langsame Entwicklung von unten!

Voraussetzung einer solchen dialektischen Vermittlung ist freilich die Anerkennung der anderen Religionen als *gleichwertiger und gleichberechtigter Dialogpartner*. Wie es der in Indien lebende katholische Theologe Martin Kämpchen formulierte: »Bisher ist die

Theologie von einem *Schein*pluralismus der Religionen ausgegangen; sie sagt, daß alles Gute und Wahre, welches sich in anderen Religionen findet, eigentlich dem Christentum zuzurechnen sei, daß also der Hindu, insofern er moralisch rein lebt und Gott wahrhaftig sucht, ein ›anonymer Christ‹ (K. Rahner) sei; oder die Theologie behauptet mit leicht verändertem Akzent, sämtliche anderen Weltreligionen seien eine ›Vorbereitung‹ für das Christentum, welches alle anderen Religionen zur Vollendung führe. – *Echter* Pluralismus erkennt jedoch nicht nur die Existenz von mehreren Religionen und ihre Unterschiedlichkeit an, sondern eine ihnen innewohnende *Gleichwertigkeit.* Das theologische Problem formuliert der indische Theologe Ignatius Puthiadam SJ knapp so: ›Es geht darum, das Unmögliche zu leisten, den Widerspruch zwischen dem totalitären Alleinanspruch einer Religion und einer Bejahung des religiösen Pluralismus aufzuheben‹« (»Publik-Forum«, Nr. 22, 1983, S. 20 f.). Diese Überlegungen aus christlicher Perspektive wollten dazu einen Weg weisen.

II. Welt und Gottheit: Konzeptionen der Hindus

1. Heinrich von Stietencron: Hinduistische Perspektiven

Kosmische Ordnung

Die Religionen der Hindus leben zwar aus einer mehrere Jahrtausende alten Tradition, an der sie sich teilweise orientieren, aber sie haben sich in dieser Zeit auch stets gewandelt und zum Teil differierende Richtungen eingeschlagen. Man braucht sich daher nicht zu wundern, wenn sich in ihnen unterschiedliche Versuche finden, das Wesen von Welt und Gott zu erfassen und ihr Verhältnis zueinander zu bestimmen.

Diese Konzeptionen stehen nicht einfach nacheinander in zeitlicher Abfolge, so daß eine die andere endgültig abgelöst hätte. Vielmehr bewahrt der Hindu die Erkenntnisse seiner Väter meist auch dann, wenn er selbst neue Akzente setzt oder die Dinge anders sieht. Auf diese Weise entsteht ein Nebeneinander von verschiedenen Interpretationen – ein Nebeneinander, das nach Überzeugung vieler gebildeter Inder nicht sinnlos überholte Traditionen bewahrt, sondern *verschiedenen Erfahrungsebenen* der Menschen gerecht wird. Deshalb ist es in ihren Augen meist nicht so, daß unter verschiedenen Beschreibungen der Wirklichkeit die eine wahr wäre und die andere falsch, sondern jede von ihnen ist angemessen für die Wahrnehmungsfähigkeit und das Verständnis bestimmter Individuen oder bestimmter Stadien in der Entwicklung des Bewußtseins.

Noch heute gilt für viele Inder – insbesondere Inder der Unterschichten, aber nicht nur der Unterschichten – jene Welterfahrung, welche schon für die Inder der vedischen Zeit charakteristisch war. Sie erleben die Welt als vom Menschen nicht beherrscht und erfahren in ihr die Präsenz einer Vielheit von Mächten, die ordnend und erhaltend oder auch störend und zerstörerisch wirken und unser Leben dadurch beeinflussen können.

Dies sind die Mächte, mit denen der Mensch am unmittelbarsten zu tun hat. Deshalb nehmen sie in der Mythologie und in der Religion des Volkes einen relativ großen Raum ein. Da gibt es himmlische Götter *(deva)* und Unterweltsgötter *(asura)*, Kräfte des Lichts und Kräfte der Finsternis, Kräfte der Ordnung und Kräfte der Bewegung und Vitalität. Beide Gruppen stehen in Opposition zueinander, und die Menschen leben und handeln im Spannungsfeld dieser Opposition. Aber jenseits ihres Bereiches ist seit nachvedischer Zeit die Ebene der großen Götter *Brahmā, Vishnu* und *Shiva*, die jeder das Zentrum einer eigenen Religion bildeten, von denen diejenige des Brahmā ausgestorben ist. Später hat jede der großen Hindu-Religionen diese drei großen Götter in ihrer Funktion als Weltschöpfer (Brahmā), Welterhalter (Vishnu) und Weltzerstörer (Shiva) integriert. Diese Göttertrias wird wiederum nur als funktionale Differenzierung der höchsten Gottheit – sei diese nun Vishnu, Shiva oder die Große Göttin – gesehen, welche alle diese Formen überragt und umgreift. Die höchste Gottheit selbst hat viele Namen und wird darüber hinaus von den Shivaiten als »Herr« (īshvara), von den Vishnuiten als »Erhabener« (bhagavān) und von den Shāktas als »Göttin« (devī) angerufen.

Wer vom *Polytheismus* der Hindus spricht, der bezieht sich auf die im Veda noch wichtige, später aber als niedrig angesehene Ebene der himmlischen Götter, der Devas, an deren Spitze der Gott Indra steht. Man wendet sich an die Devas um Hilfe, und man fürchtet die Asuras. Aber dennoch klassifiziert man nicht generell die himmlischen Götter als gut und die Unterweltsgötter als böse. Beide haben ihre ihnen zugewiesenen Aufgaben. Beide haben auch die Tendenz, gelegentlich ihre Aufgaben zu vernachlässigen oder ihre Kompetenzen zu überschreiten. In gewisser Weise sind die Götter eben auch nur Menschen. Sie haben ähnliche Freuden und ähnliche Abenteuer. Gerade das macht sie auch so zugänglich für die Nöte und Wünsche der Menschen.

Genaugenommen sind Götter und Unterweltsgötter, Devas und Asuras nichts wesentlich anderes als Menschen. Sie sind Seelen auf anderen Stufen im Kreislauf der Geburten, haben größere Fähigkeiten und größere Macht. Und wenn man mit ihnen auch nicht ganz so verkehren kann wie mit seinesgleichen, so doch mit den Göttern etwa so wie mit wohlwollend freundlichen Königen und mit den Asuras etwa so wie mit Feinden, mit denen es ab und zu zu einem Scharmützel kommt, die man aber auch gelegentlich zum Waffenstillstand, manchmal sogar zu einem Bündnis bewegen kann.

Nur wer die Intensität der natürlichen Umwelteinflüsse erlebt hat, denen sich der Inder ausgesetzt sieht, der wird auch verstehen, warum sich in Indien *keine krasse Polarität von Gut und Böse* entwickelt hat. Es gibt nur gut und weniger gut. Die Konzeption eines Teufels hat in Indien nie eine nennenswerte Rolle gespielt. Selbst der Versucher Māra bei den Buddhisten und der große Verblender Mahāmoha in allegorischen Dramen des Mittelalters lassen sich nur sehr bedingt mit dem Teufel vergleichen. Vielmehr haben die Inder frühzeitig erfahren, daß Gutes und Böses, Angenehmes und Leidvolles aus der gleichen Quelle hervorgehen kann. Sowohl die Kräfte und Antriebe im Menschen als auch die Mächte, die in der Natur und im Kosmos wirken, sind ambivalent, können positiv oder negativ wirken.

Der Sonnengott beispielsweise ist ein Schützer und Freund der Menschen. Er bringt Licht und Leben, er vertreibt die Finsternis und die in ihr unsichtbar drohenden Gefahren. Gutes und Böses bringt er an den Tag. Auch trennt er den Tag von der Nacht und ordnet die Zeit.

Trotzdem ist die Sonne nicht nur wohlwollend. In den Monaten April, Mai und Juni quält sie mit sengenden Strahlen das Land. Ihre Hitze wird unerträglich. Die Pflanzen verdorren, Menschen und Tiere verdursten. Die Sonne stiehlt das Wasser aus den letzten brackigen Wasserstellen und wird auch heute noch in vielen Gebieten Indiens zu einer unmittelbar lebensbedrohenden Macht.

Bricht dann endlich der Monsunregen aus und erlöst die schmachtende Erde, dann grünt und blüht das Land innerhalb von wenigen Tagen. Bleibt der Monsun aber aus, verzögert er sich auch nur um wenige Wochen, so sterben Tausende von Tieren und Menschen.

Doch auch der Monsun hat seine Tücken. So sehnlich erwartet und lebensrettend er ist, so gefährlich ist er auch. Zeitungs- und Fernsehmeldungen berichten alljährlich über seine verheerenden

Folgen. Gebietsweise stürzt das Wasser in wahren Fluten vom Himmel. Es schwemmt die trockene, aufgeborstene Erde fort, sammelt sich zu reißenden Strömen, vernichtet die gerade sprießenden neuen Saaten und reißt Hütten und ganze Dörfer mit sich fort. Die Menschen werden heute mit Hubschraubern weitgehend gerettet. Zurück bleiben die Kadaver ertrunkener Haustiere, verwüstete Felder und zerstörte Brücken. Der Mensch macht in diesem Klima die Erfahrung, daß Leben spenden und Leben vernichten unmittelbar beieinander liegen, daß sie zwei Seiten der gleichen Münze sind.

Vor diesem ökologischen Hintergrund sind manche Mythen zu sehen, die vom Kampf der Devas und Asuras berichten, die vom drohenden Zusammenbruch göttlich gesetzter Ordnung und schließlich von der Wiederaufrichtung dieser Ordnung erzählen. Ordnung, das ist nichts Statisches. Es ist die Balance von Kräften, die einander ausgleichen oder ergänzen, aber in dem Moment zerstörerisch wirken, wo eine von ihnen die Oberhand über die anderen gewinnt und allein regiert. Die kosmische Ordnung ist nicht auf Diktatoren eingerichtet, auch nicht auf einen göttlichen Diktator.

Kosmische Zeit

Ordnung ist zugleich eine *zyklische Ordnung*, eine Ordnung, welche das Geschehen der Welt in einen regelmäßig sich wiederholenden zeitlichen Ablauf gliedert. Die Erfahrung lehrt, daß es keinen Anfang und kein Ende gibt, daß jeder Zerstörung ein Neubeginn folgt. Sie lehrt aber auch, daß die Zyklen in sich asymmetrisch und einem Qualitätsverfall unterworfen sind. Beim Jahr ist diese Asymmetrie deutlich zu beobachten. Die Regenzeit beginnt im Juni, und die erste große Ernte ist im November abgeschlossen. Das ist eine Zeit des Wohlstands und der religiösen Feste. Es folgt eine Periode des angenehmen Lebens, der zweiten Aussaat und der zweiten, weniger ergiebigen Ernte, die im März ihr Ende findet. Das Absterben des Vegetationszyklus ist auf die letzten zweieinhalb Monate beschränkt.

So gibt es auch im kosmischen Geschehen einander ablösende

asymmetrische Zyklen, die selbst in immer größeren Zyklen aufgehoben sind. Für uns gerade noch überschaubar sind die Weltperioden, die mit einer Schöpfung durch den Gott Brahmā beginnen und mit einer Zerstörung durch den Gott Shiva enden. Diese Perioden sind, wie bei den Griechen, in *vier Zeitalter* gegliedert.

Im ersten Zeitalter, wenn die Welt frisch von Brahmā hervorgebracht und das heilige Wissen den Menschen übermittelt worden ist, ist die kosmische Ordnung vollkommen, und das Moralgesetz steht fest und sicher wie eine Kuh auf vier Beinen. Kastenunterschiede gibt es noch nicht. Die Menschen leben lange, und Nahrung ist reichlich vorhanden. Wahrhaftigkeit, Güte, Demut und Freigebigkeit werden hochgehalten, und jedermann ist zufrieden, freundlich und milde. Doch mit zunehmendem Abstand vom reinen Ursprung beginnen sich Dekadenzerscheinungen bemerkbar zu machen. Nicht nur die Dauer der Weltalter wird immer kürzer, auch die Moral verfällt immer mehr und führt zur sozialen Differenzierung. Streitsucht und Bösartigkeit breiten sich aus. Die Götter versagen bei der Aufrechterhaltung der Ordnung, und die Asuras gewinnen zeitweilig die Oberhand.

In solchen Augenblicken der Gefahr, so sagen die Vishnuiten, greift der höchste Gott Vishnu selbst ins Geschehen ein. Hier wird das zyklisch-kosmische Geschehen abrupt durchbrochen, es wird dramatisch verändert durch einen *je einmaligen historischen göttlichen Eingriff.* Einige dieser irdischen Manifestationen (prādurbhāva) oder »Herabkünfte« (avatāra) Vishnus (und mutatis mutandis auch Shivas) haben mythisch-kosmogonischen oder kulturstiftenden Charakter. Er inkarniert sich mit einem Teil seiner selbst in der Welt, um die kosmische Ordnung wenigstens vorübergehend wiederherzustellen, oder er nimmt, wie im Falle Krishnas, in uneingeschränkter Göttlichkeit Menschengestalt an. So gab Vishnu den Menschen den Veda zurück, als die Unterweltsgötter ihn geraubt hatten, und rettete Manu, den Ahnherrn der Menschen, zur Zeit der großen Flut in einem Schiff. Er half den Göttern, die im Milchmeer verborgenen Schätze herauszuquirlen, darunter den Unsterblichkeitstrank, die Göttin des Glücks, den himmlischen Arzt und andere Kostbarkeiten. Er war es auch, der die Erde rettete, als sie, von Fürsten der Unterwelt gepackt, in die Tiefe des Ozeans hinabgezogen wurde.

Mehrfach griff er ein, wenn Herrscher der Unterwelt, durch die Kraft ihrer Askese und einen Gnadenakt Brahmās oder Shivas unbesiegbar geworden, die Götter aus der Himmelswelt vertrieben und ihnen ihre Opfer raubten. Denn Vishnu gewährt zwar auch dem gläubigen Asura bereitwillig Erlösung, doch erlaubt er ihm nicht, die Weltordnung zu durchbrechen.

Die letzten Inkarnationen aber – und dies sind für die vishnuitische Bhakti-Religiosität die wichtigsten – haben einen konkreten historischen Hintergrund. Dies gilt insbesondere für seine Inkarnation als *Krishna,* der für viele Vishnuiten die einzige vollkommen den Menschen zugängliche und zugleich absolut transzendente Form Gottes ist: ein Pūrna-Avatāra, eine volle Inkarnation des Höchsten in menschlicher Gestalt.

Neunmal hat sich Vishnu in den 3 893 086 Jahren, die seit Beginn der gegenwärtigen Weltperiode bis zum Jahr 1984 bereits vergangen sind, in der Welt verkörpert. Dennoch wird nur vorzeitiges Unheil abgewendet, wird der kosmische Verfall nur verlangsamt; aufzuhalten ist er nicht.

Für die Vishnuiten von heute war Vishnus Erscheinen als Rāma und als Krishna am wichtigsten. Der eine, *Rāma,* verkörperte das Ideal eines Herrschers und prägte die Sozialethik der Inder in manchen Aspekten bis auf den heutigen Tag. *Rām Rāj,* eine gerechte Herrschaft wie diejenige Rāmas, wieder einzuführen, das war das große Ziel der indischen Unabhängigkeitsbewegung, die aber 1947 unter schrecklichem Blutvergießen nur ein geteiltes Land brachte. Die andere Manifestation Vishnus, *Krishna,* inkarnierte sich am Ende des dritten Zeitalters, um den götterfeindlichen Herrscher Kamsa zu töten und um den Menschen für das heraufkommende dunkle Zeitalter neue Richtlinien zu geben beziehungsweise ihnen einen neuen Zugang zur Gottheit zu eröffnen.

Weder das Leben Jesu noch dasjenige Muhammads ist so im Detail und mit so vielen Ausschmückungen überliefert worden wie dasjenige Krishnas. Die Umstände seiner Geburt, die Wundertaten des göttlichen Kindes, seine Jugend, seine Streiche, seine Heldentaten und seine als Offenbarung in der Bhagavad-Gītā niedergelegte Lehre sind Gegenstand der Kontemplation zahlloser vishnuitischer Gläubiger. Für sie ist Krishna eine authentische historische und zugleich göttliche Persönlichkeit, deren Handeln auf der Erde nach Zeit und Ort präzise angegeben werden kann. Und wenn die historische Forschung auch die traditionellen Daten nicht immer anerkennt und die Züge verschiedener Persönlichkeiten im überlieferten Bilde Krishnas zu erkennen glaubt, so zweifelt doch niemand daran, daß es in der Tat einen historischen Krishna gegeben hat.

Solche Geschichtlichkeit bestimmter Inkarnationen Gottes postulieren übrigens nicht nur die Vishnuiten, obwohl der Gedanke der irdischen Verkörperung Gottes in ihrer Theologie die größte Rolle spielt und vielleicht auch im Vishnuismus zuerst voll entwickelt wurde. Aber auch die Shivaiten haben in historischen Persönlichkeiten Manifestationen ihres höchsten Gottes Shiva erkannt. So wird zum Beispiel *Lakulin* als eine Inkarnation Shivas betrachtet (und dann respektvoller *Lakulīsha* genannt). Er lebte in Broach in Gujarat, und die Ausbreitung seiner Lehre ist über die lange Kette seiner Schüler und Schülersschüler ungewöhnlich gut belegt. Auch spätere Träger shivaitischer Offenbarungen gelten als Manifestationen Shivas.

Doch kehren wir zu den Inkarnationen Vishnus zurück. Nach indischer Tradition starb Krishna kurz vor der Krönung des Königs Parīkshit im Jahr 3102 vor Christus, mit der das letzte der vier Zeitalter der gegenwärtigen Weltperiode begann. Danach trat Vishnu noch einmal auf, und zwar als *Buddha*, um, wie die Vishnuiten sagen, die Dämonen durch eine falsche Lehre zu verwirren und zu schwächen. Er hatte offensichtlich Erfolg, wenigstens aus vishnuitischer Sicht, denn die Anhänger des Buddhismus wurden in der Tat immer schwächer. Als der Islam in Indien einbrach, hatten sie ihm keine innere Kraft mehr entgegenzusetzen, so daß seither der einst mächtige Buddhismus in Indien keine Rolle mehr spielt.

Heute befinden wir uns im 6. Jahrtausend des *Kali-Yuga*, des letzten Zeitalters. Noch immer gibt es Kalender in Indien, die das Datum in Jahren des Kali-Yuga angeben. Es wird aber (ab 1984) noch 426 914 Jahre dauern, bis die gegenwärtige Weltperiode endgültig ein Ende nimmt und die Erde mit Feuer, Wind und Wasser wieder gereinigt wird.

Dann wird eine Neuschöpfung mit wiederhergestellter Ordnung folgen, und dieser Zyklus wird sich unzählige Male wiederholen, wie er sich schon vor unserer Zeit unzählige Male wiederholt hat. Götter werden entstehen und vergehen. Ihr Leben ist relativ kurz. Man rechnet mit mindestens 36 000 oder 38 880 Jahren (das sind 100 oder 108 Götterjahre) und für den Götterkönig *Indra* mit höchstens 306 720 000 Jahren – wenn nämlich die Dauer seines Lebens 71 große Weltzyklen umfaßt, wie dies im Brahmavaivartta-Purāna (4, 47, 100–160) angegeben wird. Letzteres aber ist – nach vishnuitischer Rechnung – nicht mehr als 48 Minuten im Leben eines *Brahmā* oder *Shiva*. Wenn dann ein *Tag des Brahmā* vorbei ist, folgt eine vorübergehende Auflösung der Welt und eine Neuschöpfung am nächsten Morgen. So geht es fort, bis auch Brahmās Lebenszeit zu Ende geht. Brahmā ist dann 120 Jahre alt und tritt wieder ein in den Kreislauf der Geburten, während gleichzeitig ein *Tag des Vishnu* endet und eine Nacht des Vishnu beginnt. Nach unserer Zeitrechnung sind dann mehr als 795 Billionen Jahre vergangen. Und es gibt Texte, die sagen, das sei nur ein Augenzwinkern des ewigen Vishnu.

Es sind dies Zahlen, mit denen die Gelehrten unter den Hindus mühelos umgehen. Für uns haben sie wenig Bedeutung. Wichtiger ist das Zeitgefühl, das sich hinter diesen Zahlen verbirgt.

Der einzelne Mensch lebt in unendlicher Wiederholung in diese Zeitdimension hinein, bis er zur höchsten Gottheit aufsteigt. Auch der ihm zur Verfügung stehende Raum ist unendlich; denn er weiß, daß der Schöpfergott nicht nur unsere Erde, Sonne, Mond und Sterne, also unsere Welt, hervorbringt, sondern unzählige parallele Welten. Wie Lotosblätter schwimmen sie auf den unendlichen Wassern, auf denen der kosmische Gott Vishnu ruht, wie Lotosblüten öffnen und schließen sie sich, entstehen und vergehen sie.

Wie ist diese Welt, oder genauer, wie ist diese Vielfalt von Welten entstanden?

Die Entstehung der Welt

Der vedische Sänger benutzte verschiedene Bilder, um das Entstehen der Welt zu beschreiben. Er sah die Welt als Emanation, als Zeugung und als Opfer. Er sah sie auch als Werk eines Ordners, der Himmel und Erde auseinandergestemmt, den Himmel zwischen den Bäumen ausgespannt und die Gestirne am Himmel befestigt hatte. Oder er sah sie als Werk eines Bildners, so wie die Genesis Gott unter anderem als einen Bildner sieht. Die Frage ist dann aber – und sie war es auch in Indien –, woher nimmt der Ordner oder der Bildner das Material für sein Werk? War es schon neben ihm anfangslos da? Gab es zum Beispiel eine – ebenfalls anfangslose – Urmaterie, aus der die Welt geschaffen werden konnte? Oder stimmt es, wenn im Veda gesagt wird, daß es am Anfang nur das Eine gab und daneben nichts anderes vorhanden war (Rigveda X, 129,2)?

Beide Ansätze sind weiterverfolgt worden und haben eine wichtige Rolle gespielt, wenn es um die Frage ging, was Welt eigentlich ist. Der eine Ansatz führt zu einem *Dualismus* von Gott oder Seelen und Welt, von Bewußtsein und Materie. Das philosophische System des Sāmkhya hat die wesentliche Grundlage für solche dualistischen Ansätze geliefert. Der andere Ansatz führt entweder zu einer *Identität* von Gott und Welt oder zu einer Teilhabe der Welt und aller Geschöpfe am Wesen Gottes. Denn dann ist die Welt von dem Einen nicht geschaffen, sondern das Eine hat die Vielheit durch Selbstentfaltung hervorgebracht, und es gibt nichts in der Welt, kein Tier, keine Pflanze, keinen Stein, das nicht diese Beziehung zu seinem Ursprung bewahrte und folglich nicht teilhätte an dem einen absoluten Sein.

Vor der Entstehung monotheistischer und henotheistischer Religionen war die dualistische Lehre nicht problematisch. Erst wenn man den Schöpfergott als erste und einzige Ursache und als Fülle der Macht denken möchte, der sich nichts entzieht, wird die Frage relevant, ob denn ein solches Schöpfungsmaterial außerhalb Gottes überhaupt vorhanden sein kann. Die Frage muß dann verneint werden. Schon die Schöpfungshymne des Rigveda stellt fest, daß außer dem Einen nichts anderes vorhanden war. Es kann auch nichts zweites Uranfängliches neben einem Gott geben, wenn er wirklich ein Einziger ist, ohne ein Zweites.

Man kann nun die These aufstellen, Gott müsse die Welt aus dem Nichts erschaffen haben. Dadurch ist die Schwierigkeit aber keineswegs beseitigt. Die Frage lautet nun: Kann es neben einem absoluten Einen ein Nichts geben, also einen Bereich, den seine alles umfassende Fülle nicht durchdringt? Das wäre eine Begrenzung, eine Einschränkung und damit ein Gegenargument gegen den Absolutheitsanspruch Gottes.

Die Christen hatten mit diesem Problem zu kämpfen. Die Hindus konnten es vermeiden, weil sie bei Aufkommen monotheistischer Bewegungen konsequent auf jene Stellen des Veda zurückgriffen, in denen die Entstehung der Welt letztlich nicht als Schöpfung, sondern als Entfaltung gedacht wird, und weil sie damit von vornherein die Wesensgleichheit eines Bruchteils Gottes und der Welt akzeptierten. Gott ist der Andere, aber nicht der ganz Andere. Die Identität von individuellem und absolutem Bewußtsein ist nur verborgen, verdunkelt durch Unwissenheit und verstellt durch menschliche Begierden, mit denen wir an den Erscheinungen der Welt haften.

Brahman und Ātman

Dies war ja die große Botschaft der älteren Upanishaden, daß das *individuelle Selbst,* Ātman genannt, identisch sei mit dem *universalen Bewußtsein,* dem Brahman, dem uranfänglichen absoluten Einen. Es galt nur, diese Einheit zu erkennen; es galt zu begreifen, daß jedes Einzelwesen Teil des Absoluten ist, aus ihm seine Lebenskraft bezieht und das Absolute unsichtbar in sich trägt. Diese Erkenntnis sollte dann zur Verschmelzung von Ātman und Brahman führen, zur Überwindung der Trennung des Individuums von seinem ewigen Ursprung.

Es ist dies, religionsgeschichtlich gesehen, die abstrakteste Vorstellung des Göttlichen, die je konzipiert worden ist. Sie ist von anthropomorphen Bildern und von funktionalen Bezügen völlig gelöst. Brahman ist ein Neutrum, weder Gott noch Göttin, ohne Attribute, ohne Gestalt, ohne Aufgabe – allgegenwärtig und doch unerkennbar. Es ist ein transzendentes Sein, das die Welt durchdringt, belebt und trägt. Ein unvergängliches Prinzip innerhalb und jenseits einer Welt, die vergänglich ist.

Die Meister der Upanishaden hatten es nicht leicht, in einer an lebensnahe Götter gewöhnten Zeit über das Absolute zu sprechen. Man konnte vor allem negative Aussagen machen, konnte sagen, was es nicht ist, und jeden konkreten Bezug auf weltliches Dasein verneinen. In dieser Beziehung besteht Ähnlichkeit zum buddhistischen Nirvāna, über das auch jede Aussage verweigert wird.

Aber die Seher der Upanishaden waren doch weniger rigoros in ihrer Zurückhaltung als die Buddhisten. Sie machten erstens die positive Aussage, daß Ātman = Brahman sei. Zweitens versuchten sie durch Gleichnisse seine Wirksamkeit und Omnipräsenz zu illustrieren.

So ließ zum Beispiel Uddālaka Āruni seinen lernbegierigen Sohn Shvetaketu eine Feige holen und öffnen. Innen waren viele Samenkörner zu sehen. Er hieß ihn, einen dieser Samen zu öffnen, um nachzuforschen, was darin sei. Es war aber gar nichts darin. Da sagte der Vater zu ihm »Mein Lieber, diese Winzigkeit, die Du nicht wahrnimmst, – wegen eben dieser Winzigkeit steht jener Feigenbaum so groß da. Glaube, mein Lieber, diese Winzigkeit ist das Selbst des Universums. Das ist das (eigentlich) Reale, das ist das (individuelle) Selbst, das bist Du, Shvetaketu« (Chāndogya Upanishad 6, 12, 2-3).

Das Unsichtbare und doch Wirkende ist also das Wesentliche, die Essenz, das Selbst. Und es verbindet den Menschen, in diesem Fall Shvetaketu, sowohl mit dem Selbst des Universums als auch mit dem Selbst aller anderen Wesen, zum Beispiel dem des Feigenbaumes. Ein Teil dieses Gedankens hat gewisse Parallelen in taoistischen Lehren, ist aber wohl in China später aufgetreten als in Indien.

Shvetaketu begriff noch nicht ganz, und so versuchte es Uddālaka Āruni mit einem zweiten Gleichnis. Er sagte zu seinem Sohn:

»›Lege dieses (Stück) Salz ins Wasser. Dann setz Dich morgen früh zu meinen Füßen (zur Belehrung).‹ Das tat er so. Da sprach er zu ihm: ›Das (Stück) Salz, das Du gestern abend ins Wasser gelegt hast, mein Guter, das bring her!‹ Da fühlte er danach und fand es nicht. Wie veschwunden, so war es.

›Mein Guter, schlürfe vom Rand dieses Wassers! Wie ist es?‹ – ›Salzig.‹ – ›Schlürfe von der Mitte! Wie ist es?‹ – ›Salzig.‹ – ›Schlürfe vom anderen Rand! Wie ist es?‹ – ›Salzig.‹ – ›Iß etwas darauf, dann setz Dich wieder zu meinen Füßen.‹

Das tat er so mit den Worten: ›Dieses (Salzige) kommt immer wieder.‹ Da sprach er zu ihm: ›Wahrlich, was hier (vorhanden ist), mein Lieber, siehst Du nicht und doch ist es da. Diese Winzigkeit ist das Selbst des Universums. Das ist das (eigentlich) Reale. Das ist das (individuelle) Selbst. Das bist Du, Shvetaketu!« (Chāndogya Upanishad 6, 13, 1-3).

Wieder dieses berühmte »Das bist Du«, welches individuelles und absolutes Sein miteinander verbindet. Bis heute bestimmt es einen wichtigen Teil der indischen Erlösungslehren. Aber von denen wollen wir erst später sprechen.

Übrigens beschränken sich die Aussagen über Brahman nicht auf Gleichnisse. Schlußfolgerungen bahnen sich schon in den Upanishaden an und werden in der späteren Vedānta-Lehre explizit: Brahman, das stand ja schon in dem zitierten Upanishadentext, ist ein *Seiendes* (sat), wir würden vielleicht sagen: reines Sein; denn aus Nichts entsteht nichts: Nur aus Seiendem kann Seiendes hervorgehen (Chāndogya Upanishad 6, 2, 1–2).

Zweitens ist Brahman *Bewußtsein* (cit), denn Bewußtsein ist die Voraussetzung jeglichen Erkennens, Wollens und Erschaffens. Auch Ātman, das individuelle Selbst, ist Bewußtsein, und folglich stellt Bewußtsein im Menschen die Verbindung zur Gottheit beziehungsweise zum Absoluten her. Aus Unbewußtem aber könnte kein Bewußtsein entstehen. – Dieser These haben sich die Materialisten frühzeitig und heftig widersetzt, aber sie haben sich mit ihrem Protest nicht durchsetzen können.

Schließlich läßt sich als Drittes von Brahman sagen, daß es *Glückseligkeit* (ānanda) besitzt oder vielmehr Glückseligkeit ist. Glückseligkeit wird verstanden als Erfüllung aller Wünsche, da es nichts gibt, was das Absolute nicht in sich trüge. Es ist keine stumpfe Wunschlosigkeit, keine Apathie, sondern ausstrahlende Freude, so wie das absolute Bewußtsein strahlendes Licht der Erkenntnis ist.

Sein, Bewußtsein und Glückseligkeit – auf Sanskrit *sat, cit* und *ānanda* –, das sind die drei Seinsmodi des Brahman. Es sind auch die drei Seinsmodi Vishnus und Shivas in der späteren monotheistischen Theologie.

Man könnte nun denken: Wenn Brahman das höchste Seiende ist, dann hat der Schöpfergott ausgespielt, dann muß er abtreten von der Tribüne. Aber so ist es nicht. Vielmehr hat sich mit veränderter Perspektive eine andere Fragestellung ergeben, und die Erkenntnis hat sich erweitert. Sie reicht nun über den Rückbezug der Schöpfung auf einen Schöpfer hinaus und wendet sich dem Wesen des Höchsten Einen, des Absoluten, zu. Dieses kann sich nicht durch die Funktion des Schöpfers bestimmen lassen, sondern weist ganz offensichtlich darüber hinaus. Denn das absolute Eine existierte schon *vor* der Schöpfung, *vor* der Welt, und muß auch da schon vollkommen gewesen sein. Das Schöpfer-Sein ist demnach ein Teilaspekt, der erst bei der Selbstentfaltung des Einen zum Vielen auftritt. Auf diese Stufe gehört folglich auch die Personalisierung des Schöpferaspekts als »Schöpfergott«. Man vermag nun seinen ihm eigenen Ort in der Hierarchie des Daseins zu erkennen, ohne seine Funktion und deren Bedeutung zu bestreiten.

Die Vorstellung eines Schöpfergottes wird also einer bestimmten Stufe im Prozeß der Selbstentfaltung des Absoluten zugewiesen. Da gibt es Götter, die handeln, die erschaffen und wieder vernichten, was sie zuvor geschaffen hatten. Aber das Uranfängliche, der letzte Grund allen Daseins, das absolute Sein handelt nicht, gestaltet nicht, hat kein Gegenüber irgendeiner Art und nichts Existentes außerhalb seiner selbst, nicht einmal ein Nichts.

Das Eine und die Vielheit

Wie aber kommt es dann zur Entstehung der Welt? Der Anstoß zur Schöpfung muß – darin stimmen die indischen Denker mit denen des Okzidents überein – eine Willensregung des Absoluten gewesen sein. Das Eine wollte zum Vielen werden. Aber ein solcher auf die Schöpfung gerichteter Willensimpuls setzt Reflexion voraus, und Reflexion kann im Falle des absoluten Bewußtseins, außerhalb dessen es nichts gibt, nur Reflexion auf sich selbst sein.

Die *erste Reflexion* ist also das eigentliche Mysterium. Das absolute Bewußtsein richtet sich auf sich selbst, es macht sich selbst zum Objekt und wird dadurch zugleich erstmalig zum Subjekt. So spaltet es sich selbst in zwei Teile. Dann stellt es sich dem so entstandenen Zweiten in sich selbst als Partner gegenüber.

Es handelt sich also um ein Phänomen der Selbstverfremdung, und diese Selbstverfremdung des absoluten Einen bildet den Ausgangspunkt des Schöpfungsgeschehens. Ist nämlich die erste Teilung und Objektivierung vollzogen, dann können weitere Teilung, Differenzierung und Spiegelung oder auch Vereinigung, Durchdringung, Befruchtung und Reproduktion stattfinden.

Nun liegt es natürlich nahe, die gedachte Urteilung und den Beginn des Konkretisierungsprozesses zu sehen als Aufspaltung in eine männliche und eine weibliche Hälfte. Das ist auch geschehen. Aus diesem Ansatz entstehen alle Mythen, die von einem androgynen Wesen ausgehen, das sich in Mann und Weib aufteilt und damit eine Zweiheit schafft. Kaum voneinander getrennt, vereinigen sich diese zwei Hälften wieder, aber nicht so wie zuvor zu einem undifferenzierten Ganzen, sondern unter Beibehaltung der entstandenen *Polarität* und der neuen trennenden *Individualität.* So entsteht aus der Vereinigung nicht eine Einheit, sondern Befruchtung, Reproduktion und Vielheit.

Diese Konzeption von der männlich-weiblichen Polarität spielt bei den Shivaiten eine entscheidende Rolle. Ihre gesamte spätere Theologie beruht auf diesem Prinzip. Deshalb haben sie auch die Lehre von der bewegenden Kraft des weiblichen Prinzips und damit die Bedeutung der Muttergottheit so sehr betont. Die Religion der Shāktas ist in dieser Hinsicht noch einen Schritt weitergegangen.

Die Vishnuiten haben in dieser Deutung immer eine Schwäche des Shivaismus gesehen. Denn das Bild von Mann und Weib eignet sich zwar für die Entstehung von Lebewesen, die geboren werden. Schon bei der Frage nach der Entstehung von Materie versagt es. Außerdem verstellt es den Blick auf die Einheit des Absoluten. Denn dieses teilt sich ja nicht wirklich. Es schafft nur durch Fixierung seines Bewußtseins auf sich selbst einen inneren Abstand zu sich selbst – jenen Abstand, der im Bewußtsein trennend zwischen Subjekt und Objekt tritt, obwohl beide nach wie vor eine Einheit bilden.

Die Potenzen Gottes und die Welt als Spiel

Es ist typisch für den Verlauf der indischen Religionsgeschichte, daß die abstrakte Konzeption des Brahman nicht nur in der vedischen Tradition des Vedānta erhalten blieb, sondern auch in die monotheistischen Religionen des Vishnuismus, des Shivaismus und des Shāktismus eingegangen ist. Das verleiht diesen Religionen einen eigenen Reiz. Sie besitzen die Möglichkeit, die höchste Gottheit sowohl personal als auch abstrakt zu konzipieren. Dabei hat die abstrakte Form bei einer *ontologischen* Betrachtung über das Wesen Gottes Priorität, während der personale Bezug im *Erlösungsgeschehen* des einzelnen Menschen im Vordergrund steht.

Die höchste Gottheit ist nichts grundsätzlich anderes als Brahman. Indem dieses aber im Wunsch, sich zu entfalten, sein Bewußtseinslicht auf sich selbst richtet, wird es zum Subjekt, und von da an durchzieht ein personaler Aspekt die gesamte weitere Selbstentfaltung Gottes.

Dabei kommt den *Potenzen* Gottes besondere Bedeutung zu, nämlich seiner Fähigkeit zu wollen, seiner Fähigkeit zu erkennen und seiner Fähigkeit zu handeln. Alle drei sind unbegrenzt, so daß die Gottheit charakterisiert ist durch unbegrenzt freien Willen, durch Allmacht und durch Allwissenheit.

Potenz heißt auf Sanskrit *Shakti*, ein feminines Wort, so daß die Summe aller Fähigkeiten Gottes, sich zu entfalten, im Mythos der Shivaiten als große Göttin, als weibliche Partnerin Shivas aufgefaßt wird. Ohne seine Potenzen, so kann man dann aber schließen, das heißt ohne die Göttin, wäre Shiva handlungsunfähig. So wollen es die Shivaiten zwar nicht verstanden wissen, denn Shiva und Shakti sind ja von Anbeginn aufeinander bezogen und letztlich Eines. Aber dennoch gibt es als Wortspiel den polemischen Satz, ohne Shakti sei Shiva nichts als ein Leichnam (shava). Und dies ist in der Tat eine der folgenreichsten Thesen der mit dem Shivaismus verwandten, aber doch deutlich divergierenden Theologie der Shāktas, in welcher die Göttin im Mittelpunkt steht, weil sie allein das bewegende und wirkende Prinzip ist.

Bei den Vishnuiten haben sich die Potenzen Gottes nicht in der Weise verselbständigt wie bei den Anhängern Shivas oder der Göttin. Sie bleiben immer Teil Vishnus, dessen Allmacht sich in keiner Weise einschränken läßt. Vishnu besitzt eine besondere Fähigkeit: die Fähigkeit zu verwandeln, zu verhüllen, zu verzaubern. Sie ist Teil seiner Allmacht, und ihr Name ist *Māyā*, die Illusion. Vishnu hat Phantasie, er ist ein göttlicher Spieler, und Māyā ist seine Partnerin in diesem Spiel.

Der Begriff Māyā hat sich in unserer Sprache schon eingebürgert. Oft wird er mit Schein übersetzt. Die ganze Welt sei nur Schein, so sagen die Denker des monistischen Vedānta, der *Alleinheitslehre,* die aus der Philosophie der Upanishaden weiterentwikkelt wurde und in der zweiten Hälfte des 1. Jahrtausends nach Christus ihre höchste Blüte entfaltete.

Die Welt ist Schein, insofern sie die Realität des Brahman verdeckt. Statt Brahman zu erkennen, sieht der Mensch nur die Vielheit der Dinge und klammert sich an diese. Wie eine Fata Morgana spiegelt Māyā ihm eine Wirklichkeit vor, der er nachjagt und die er doch nie erreicht oder, wenn er sie gerade zu haben glaubt, nicht festhalten kann, weil sie vergänglich ist. Kaum hofft er sie zu fassen, so ist sie schon wieder fort, verschwunden, vergangen, zerronnen wie ein Traum. Dann steht der Mensch allein da. Was er liebte, ist ihm entglitten. Den Halt, den er suchte, hat er nicht gefunden. Nur Kummer ist ihm geblieben, und um ihn zu vergessen, klammert er sich von neuem an ein Produkt der Māyā, an eine neue Illusion. Doch nur Brahman ist unvergänglich, nur dort findet man ewigen Halt, nur dort ist letzte Realität.

Die Vishnuiten sehen das etwas anders. Gewiß, nur Brahman ist ewig, und das heißt: nur Vishnu ist ewig. Aber Vishnu ist auch der Einzige, und Māyā als Teil von ihm hat selbstverständlich auch teil an seiner Wirklichkeit. Vishnu spielt mittels Māyā, und sein Spiel – sei es nun Lustspiel oder Drama – ist das Weltgeschehen. Man kann es Illusion nennen. Aber diese Illusion ist göttlichen Ursprungs, und ihre Vergänglichkeit ist eingebettet in die Unvergänglichkeit Vishnus.

Die Welt, die Vishnus Māyā erschafft, enthält Götter und Geister, Tiere und Menschen sowie Pflanzen und Dinge aller Art. Der Gott Brahmā tritt darin als Schöpfer und Shiva als Zerstörer der Welt auf, während Vishnu selbst für ihre Erhaltung sorgt. Dennoch wankt die kosmische und moralische Ordnung, welche Götter und Menschen vergebens aufrechtzuerhalten suchen. Krisen sind eingebaut, um Spannung zu erzeugen, und der Einfallsreichtum Vishnus und seiner Māyā findet keine Grenzen.

In diesem Spiel entsteht alle weltliche Realität, die physische und die psychische, aus unterschiedlichen Kombinationen von drei Qualitäten der Māyā, welche zugleich drei Qualitäten der Urmaterie sind, denn Māyā ist Urmaterie. Der individuelle Geist aber verstrickt sich in das Spiel, er identifiziert sich mit dem Geschehen und wandert von Geburt zu Geburt. Erst wenn er schließlich erkennt, daß er nur einem Schauspiel beiwohnt, daß er gar nicht berührt ist von allem Handeln, Sichfreuen und Leiden der Geschöpfe dieser Erde, erst dann befreit er sich von den Begrenzungen der Illusion. Er vereinigt sich dann wieder mit dem ungetrübten Bewußtsein des höchsten Gottes, der die ganze Zeit von außen, gewissermaßen als Zeuge, sowohl die Schauspielerin als auch die Zuschauer beobachtete und an dem ganzen Geschehen teilnahm, ohne davon berührt zu sein.

Vom Wesen Gottes

Ich habe mit diesem Beispiel das Verhältnis von Gott und Welt zu schildern versucht. Das gleiche Beispiel kommt mit wenigen Abweichungen auch im Shivaismus vor. Dennoch gibt es deutliche *Unterschiede* zwischen Vishnuismus und Shivaismus.

Vishnu ist interessiert an dem eben geschilderten Spiel. Er spielt mit, er greift ein. In seiner Allmacht durchbricht er die Regeln des Spiels, wenn es ihm so gefällt, oder er wendet es in eine andere Richtung. Vishnu ist immer anwesend, der Welt zugewendet; sie ist ihm in allen Details überall und jederzeit verfügbar. Deshalb ist er auch stets zur Stelle, wenn das Spiel der Māyā in scheinbar ausweglose Situationen führt. Seine Inkarnationen sind spontane Eingriffe in die Welt der Māyā. Und noch eins: Vishnu liebt seine Geschöpfe. Er kommt auf sie zu, er ist ein gütiger, manchmal schalkhafter, im allgemeinen aber ausgeglichener Gott.

Anders *Shiva*. Er ist ein Gott der Extreme, ein Gott, dessen Spannungen diese Welt bewegen. Einerseits ist er ein Gott von Asketen – und selbst Asket. In Yoga versunken verharrt er Jahrtausende in völliger Selbstgenügsamkeit. Er schaltet ab. Die Welt, unwichtig wie sie ist, vergißt er. Und nur in größter Not und unter Lebensgefahr ist es möglich, Shiva aus seiner Meditation wachzurütteln; doch wer das wagt, wie einst der Liebesgott Kāma, der läuft Gefahr, vom Zornesblick des großen Asketen sogleich zu Asche verbrannt zu werden.

Ist Shiva aber einmal wach – und man muß natürlich sehen, daß dies kein zeitliches Nacheinander, sondern eine andere Ebene von Shivas Wirksamkeit bedeutet –, so strotzt er von Energie. Seine Zeugungskraft ist ebenso grenzenlos wie seine Askese. Sein vibrierender, rhythmischer Tanz formt die Welt und hält sie in Bewegung, bis er sie schließlich in immer wilderen Rhythmen wieder zerstampft. Sein Zorn ist tödlich für seine Feinde.

Shiva ist in dieser Beziehung ein Gott, der dem Gott des Alten Testamentes weit näher steht als der ewig gleichmütige oder schelmische Vishnu. Shiva fordert Anerkennung, fordert Unterwerfung und verfolgt mit Haß und Vernichtung denjenigen, der ihn mißachtet. Die Furcht vor dem Zorn Gottes, die im Judentum, Christentum und Islam eine so beachtliche Rolle spielt, gibt es auch im Shivaismus und Shāktismus, aber nur selten im Vishnuismus.

Die Konzeption des rächenden und eifersüchtigen Gottes ist zum Teil zu erklären aus der Frühgeschichte bestimmter Religionen und den gesellschaftlichen Bedingungen, unter denen sie entstanden. Sie alle waren Religionen, die sich gegen starke Widerstände ihre Eigenständigkeit und Anerkennung erkämpfen mußten. Aber das ist es nicht allein. Shivas Temperament ist von vornherein ganz anders als dasjenige Vishnus. Beide vereinigen in sich alle Gegensätze und umgreifen sie: der eine in Form von *Ausgleich und Ordnung*, der andere jedoch in Form von *Spannung und Synthese.*

Vishnu ist ein kosmischer Gott. Unzählige Welten gehen aus ihm hervor und versinken wieder in ihm. Seine Inkarnationen gelten stets dem Wohl der ganzen Welt, der Rettung ihrer kosmischen und moralischen Ordnung und der Erlösung der ganzen Menschheit.

Anders ist es mit *Shiva*. Auch bei ihm gibt es kosmische Aktivität, doch tritt sie nicht in den Vordergrund. Wenn er Dämonen vernichtet, so sind sie *im* Menschen: Begierde, geistige Blindheit oder Unwissenheit. Als Ekstatiker und als großer Yogin zeigt er den Menschen den Weg zur Weltüberwindung, und weder kosmische noch gesellschaftliche oder moralische Ordnung können dabei berücksichtigt werden. Er durchbricht alle Ordnung.

Shiva ist in mancher Hinsicht radikal. Er schockiert die etablierte Gesellschaft, verlacht alle Normen, läßt keinerlei Werte bestehen mit Ausnahme eines einzigen dominierenden Wertes, nämlich der individuellen Erlösung.

Erlösung, das ist für die meisten Shivaiten Einswerdung mit Shiva. Sie kann sich in der Meditation oder in der Ekstase vollziehen – beides Zustände, die in den Mythen um Shiva auf das deutlichste illustriert werden. In beiden Zuständen wird die Welt für das individuelle Bewußtsein ausgelöscht, verbrannt, vernichtet. Daher steht für die Shivaiten nicht die Schöpfung, sondern die Zerstörung der Welt im Vordergrund und ist Shivas wichtigste heilbringende Aktivität. Denn *Zerstörung ist Erlösung.* Zerstörung ist Befreiung der Seele von den Fesseln des Daseins. Und Zerstörung ist immer nur Zerstörung des Vergänglichen. Das Unvergängliche geht in Shiva ein.

Der *Shivaismus* ist demnach eine radikal *individualistische Erlösungsreligion.* Er erfährt jedoch da, wo sich diese Religion der Aussteiger, der Asketen, der Weltabsonderer mit vedischer Tradition verbindet – und das ist schon in vorchristlicher Zeit der Fall –, eine besondere Umformung. Denn die vedische Tradition hat Erlösung mit dem Wort, dem Wissen, dem Veda verbunden. So wird Shiva als Herr der Erlösten auch Herr des Wissens – nicht nur des höchsten Wissens, sondern auch der Logik, der Wissenschaften und der Künste. Shiva ist es, der den Menschen den Tanz, die Musik, die bildende Kunst und die Dichtkunst verlieh. Ausgerechnet er, dem Äußerliches nichts gilt, der nackt und mit Asche beschmiert die Eitelkeit der Welt verachtet, ausgerechnet er ist der Schutzherr der Ästhetik und der Meister der Künste!

Die Historiker wüßten gern, woher die besondere Beziehung Shivas zu den Künsten kam. Für den Shivaiten jedoch sind Gegensätze im Wesen Shivas eine Selbstverständlichkeit. Der Mond, den er in Form einer Mondsichel als Schmuck im Haar trägt, symbolisiert Tod und Leben, sein Dreizack ist Vernichtungswaffe und Merkmal der Erkenntnis zugleich.

Es ist bei der geschilderten Konzeption von Gott und Welt verständlich, wenn die höchste Gottheit, das absolute Brahman, nicht als *Vater* bezeichnet wird. Der Mensch ist Teil des Absoluten, aber nicht Sohn oder Tochter. Auch Krishna ist nicht Sohn Gottes, sondern er ist Gott selbst. Der Mensch ist im Entfaltungsprozeß von Gottheit und Welt teilweise so weit von seinem Ursprung entfernt, daß er sich auch nicht als Sohn empfindet. Er empfindet sich als Schützling, als sehnsüchtig liebender Partner oder auch als hingebungsvoll dienender Sklave. Wenn daher Vishnu und Shiva gelegentlich als Vater angerufen werden, so bezieht sich das nicht auf ihre Beziehung zum Menschen durch Zeugung oder Schöpfung, sondern nur auf ihre Rolle als Schützer und Lehrer der Menschen – zwei Funktionen, die in der indischen Tradition mit der Figur des Vaters verknüpft sind. Im Sinne der Abstammung wird nur der Schöpfergott Brahmā liebevoll als Großvater bezeichnet, denn seine geistgeborenen Söhne haben zu Beginn der gegenwärtigen Welt alle Lebewesen hervorgebracht.

Nur in der *Shākta-Religion* ist das anders. Dort wird die große Göttin emotional als liebende, lebenspendende Mutter verehrt. Das ist der Fall, obwohl sie sich gelegentlich, ja meistens, in eine erzürnte und züchtigende Mutter verwandelt. Gerade darin besteht die Ambivalenz im Wesen der Mütter, die sich zum Beispiel deutlich spiegelt im erfahrbaren Wesen der Mutter Erde: Sie gebiert ihre Geschöpfe und verschlingt sie wieder. Der Mensch ist gänzlich in ihrer Hand und angewiesen auf ihre Güte und Gnade.

Der Gott, dem sich Vishnuiten oder Shivaiten in liebender Hingabe zuwenden, ist auch nicht *Richter.* Das ist wahrscheinlich der krasseste Unterschied zu Judentum, Christentum und Islam. Zwar gab es in Indien auch die Vorstellung vom gerechten Herrscher des Totenreiches, der den Sündern verschiedene Höllenstrafen zuweist, während sich die Guten am paradiesischen Leben in den Palästen seiner Stadt erfreuen. Aber diese Vorstellung lebte nur in der religiösen Volkstradition als Ansporn zu ethischem Verhalten weiter, während die Theologie der großen theistischen Religionen auf die Figur des Totenrichters nicht mehr angewiesen war. In der Sicht der monistischen Theologie wäre ein Gericht widersinnig; denn wenn der Mensch Teil des Absoluten, also Teil Gottes ist, wenn zweitens die Welt ein Spiel Gottes und wenn überdies Gott allmächtig ist, dann könnte ein solches Gericht nur eine Selbstverurteilung Gottes beschließen, es sei denn, er suchte seine eigenen Fehler auf Sündenböcke abzuladen.

Aber ein Gericht ist nicht nur widersinnig, es ist auch überflüssig – und hierin stimmen auch die nichtmonistischen Theologien zu. Die Gottheit hat dem Menschen Normen des Verhaltens gesetzt, und sie weiß auch, daß diese Normen nicht selten verletzt werden. Sie hat aber zugleich dafür gesorgt, daß Normverletzung sich selbst bestraft. Das geschieht schon auf den niederen Ebenen der Manifestation durch die Wiedergeburt, die auch in Würmer und Höllen führen kann. Sie folgt dem Gesetz des Karman, über das wir im nächsten Kapitel ausführlicher sprechen werden. Doch auch die Wiedergeburt stellt nicht eigentlich eine Strafe dar, sondern sie ist immer Selbsterfahrung in dem Zustand, in den man sich durch frühere Taten versetzt hat. Der höchste Gott hat mit dem unbefriedigenden Geschäft des Richters nichts zu tun.

Und wie steht es mit der *Liebe* Gottes? Sie steht im Zentrum der Bhakti-Religiosität, die als Erlösungsweg in den großen Hindu-Religionen eine überragende Rolle spielt. Darüber aber werden wir noch ausführlicher sprechen.

2. Hans Küng: Eine christliche Antwort

»Mythos« meint wörtlich »Erzählung«. »Mythen« sind, strenggenommen, »heilige Geschichten«, »Göttergeschichten«. Der westlich Gebildete, der an den Denkweisen der Naturwissenschaft und der kritischen Geschichtswissenschaft geschult ist, hat immense Schwierigkeiten, ihre Bedeutung für die indische Gesellschaft zu verstehen. Das *mythologische Denken,* das mit dem ständigen Eingreifen von übernatürlichen Mächten, von Göttern und Halbgöttern, Heroen und Dämonen, in den Lauf der Natur und der Geschichte rechnet, unterscheidet sich nun einmal fundamental von dem (schon im klassischen Griechenland grundgelegten) *wissenschaftlichen Denken,* das nicht mit einem solchen Eingreifen rechnet, sondern das den Lauf der Natur und der Geschichte als ein nach Eigengesetzlichkeiten funktionierendes, kontinuierliches Ganzes betrachtet.

Auch die westliche Wissenschaft tat sich lange Zeit schwer, insbesondere, da sie sich weithin auf die Untersuchung von kontextlosen, gleichsam mumifizierten Texten von (insbesondere griechischen) Mythen beschränkte und ihren »Sitz im Leben« und ihre tiefere Bedeutung vernachlässigte. Eine auch nur annähernd adäquate Auseinandersetzung mit allen den so verschiedenen Mythostheorien in Ethnologie, Soziologie, Psychoanalyse, Strukturalismus, Literaturwissenschaft und Theologie kann in diesem Rahmen nicht geleistet werden. Axel Horstmann hat in seiner detaillierten begriffsgeschichtlichen Abhandlung über den »Mythosbegriff vom frühen Christentum bis zur Gegenwart« von vornherein jedem die »Hoffnung auf allgemein akzeptierte Definitionen und Theorien« hinsichtlich der terminologischen Bestimmung der Begriffe Mythos und Mythologie geraubt (»Archiv für Begriffsgeschichte«, Bd. XXIII, 1979, S. 7–54 und 197–245). Das Problem von Mythos und Mythologie (als der Gesamtheit der von einer Gruppe, einem Volk, einer Gesellschaft tradierten Mythen) wird uns durch die ganze Auseinandersetzung mit dem Hinduismus hindurch beschäftigen.

Die Rolle des Mythos im Leben

Wichtig ist für unseren Zusammenhang, daß *erstens* christliche Theologie heute eine strukturelle Beziehung zwischen mythischer und eigener Rede von der »Wirklichkeit Gottes« durchaus anerkennt, ohne länger Mythos und Logos, Mythologie und Offenbarung im Schema von Lüge und Wahrheit gegeneinander auszuspielen, ohne aber auch hinter die Postulate des Entmythologisierungsprogramms Rudolf Bultmanns zurückzufallen. Ernst Troeltschs Wort von 1913, daß »ohne Logos ... eine große religiöse Lebenswelt ebensowenig bestehen (kann) wie ohne Mythos« (»Gesammelte Schriften«, 1962, Bd. II, 817), ist wohl heute ebenso zuzustimmen wie den Gedanken von Karl Jaspers, mit denen er die Einseitigkeiten der damaligen Entmythologisierungsdebatte korrigieren wollte: »Die Herrlichkeit und das Wunder der mythischen Anschauung muß gereinigt, aber nicht abgeschafft werden«, sagte er 1954, denn die Aufgabe gegenüber der »Chiffersprache des Mythischen« sei es gerade, »das mythische Denken in der Vergewisserung der Wirklichkeit rein zu gewinnen, in dieser Denkform anzueignen die wundersamen mythischen Gehalte, die uns sittlich vertiefen, menschlich erweitern, indirekt aber uns der Hoheit des von ihnen niemals erfüllten, sie alle übersteigenden Gottesgedankens bildloser Transzendenz näherzubringen« (»Kerygma und Mythos«, 1954, Bd. III, S. 19 f.).

Wichtig ist *zweitens*, daß christliche Theologie mit den Arbeiten von Ethnologen wie James Frazer, Psychologen wie Wilhelm Wundt und Soziologen wie Emile Durkheim den engen Zusammenhang von Mythos und Ritus einerseits sowie der Gesellschaftsstruktur andererseits anerkennen kann. Gerade die intensiven langjährigen Feldforschungen unter primitiven Völkern, wie sie exemplarisch der britische Ethnologe Bronislaw Malinowski getrieben hat, um die ursprüngliche Rolle des Mythos im konkreten Leben des Volkes zu analysieren, haben dies deutlich gemacht.

Heute weiß man, daß die Mythen – als »heilige Geschichten«, deren Hauptakteure die Götter sind, sowohl von den Märchen wie den historischen Berichten, Legenden und Sagen wohl zu unterscheiden – für Alter, Weisheit und Heiligkeit bestimmter Riten und Zeremonien, sittliche und gesellschaftliche Regeln bürgen und gerade so im Kontext lebendigen Glaubens äußerst effektiv das sittliche und soziale Verhalten eines Volkes prägen und regeln. So sind nach Malinowski Funktion und Macht des Mythos zu verstehen: »Der Mythos, wenn man ihn noch lebendig erforscht, ist ... nicht symbolisch, sondern ein direkter Ausdruck seines Gegenstandes. Er ist keine Erklärung zur Befriedigung eines wissenschaftlichen Interesses, sondern eine erzählerische Wiederbelebung der ursprünglichen Wirklichkeit, und er wird erzählt zur Befriedigung tiefer religiöser Sehnsüchte, sittlicher Bedürfnisse, zur Erklärung sozialer Unterwerfung oder Ansprüche, sogar praktischer Erfordernisse. Der Mythos erfüllt in der primitiven Kultur eine unerläßliche Funktion: Er gibt dem Glauben Ausdruck, Erhöhung und Gesetz; er sichert und stärkt die Sitte; er bürgt für die Wirksamkeit des Ritus und enthält praktische Regeln für das menschliche Verhalten. Der Mythos ist also ein lebenswichtiges Element der menschlichen Zivilisation; er ist nicht eine müßige Geschichte, sondern eine ausgearbeitete, wirksame Kraft; er ist keine intellektuelle Erklärung oder künstlerische Phantasie, sondern für den Primitiven ein Grundgesetz des Glaubens und der Sittlichkeit« (»Myth in Primitive Psychology«, 1926, Neudruck 1971, S. 19).

Ob diese »heiligen Geschichten« von der Entstehung der Götter oder der Welt, ob sie vom Heil des Menschen oder der Welt oder von deren Ende erzählen, ob es also um theologische oder kosmogonische, soteriologische oder eschatologische Mythen geht: der Mythos will nicht wie ein Märchen unterhalten, will nicht wie ein historischer Bericht informieren; die Götter des hinduistischen Pantheons sind also nicht als Märchen- und Phantasiefiguren zu verharmlosen, aber auch nicht als historische Gestalten zu objektivieren. Nein, der Mythos will eine ursprünglichere, größere, wichtigere Wirklichkeit zur Sprache bringen, durch die des Menschen ganzes Leben, Wirken und Schicksal bestimmt ist. Diese Wirklichkeit will der Mythos jedoch nicht etwa schlüssig erklären oder bloß poetisch interpretieren; auch psychologische und psychoanalytische Deutungen, die die Mythen als individuelle und kollektive Erfahrungen des religiösen Bewußtseins betrachten, greifen meist zu kurz. Vielmehr will er – in nichtgeschichtlicher, nichtbegrifflicher, anschaulich-personalisierender Form – diese größere Wirklichkeit existentiell erschließen und so eine *Lebensorientierung* vermitteln und – durch rituellen Vollzug – einen Anteil an ihrer *Heilsmacht* geben.

Die Mythen sind ungeheuer wichtig zum Verständnis indischer Literatur, Skulptur, Malerei, Musik und natürlich auch der persönlichen Frömmigkeit. Trotzdem sind sie nicht – wie im Christentum und im Islam der Glaube an Gott und seinen Gesandten – zum Glauben »vorgeschrieben«. Das ist wichtig: sie können Glaubensinhalte bewahren, aber sie sind nicht die Glaubensbekenntnisse der Hindus. Die Vielzahl der Mächte der Götter, verbunden mit der Phantastik der Erzählungen und der Buntheit der niederen Kulte, gaben schon früh Fragen auf – in Indien wie in Griechenland.

Monismus oder Dualismus?

Auch im *Griechenland* der Antike waren die Mythen tief ins Leben der Menschen, in Ritual, Sitte und Gesellschaftsordnung eingedrungen: Göttererzählungen in verwirrender Vielfalt und Widersprüchlichkeit. Bereits die vorsokratischen Denker stießen sich an diesen menschlich-allzumenschlichen Göttergestalten. Sollten Götter wie Menschen sein, zugleich gut und böse? Ist Gott nicht gut, *das* Gute? Ist im Ursprung aller Dinge nicht ein Einziges?

Bekanntlich hat schon um die Wende vom 6. zum 5. Jahrhundert vor Christus der Komödiendichter und Satiriker *Xenophanes* die Götterfiguren Homers zum erstenmal dem Projektionsverdacht und der Lächerlichkeit ausgesetzt. Mehr als ein Jahrhundert später hat dann *Platon* die launischen, ebenso gut- wie bösartigen Götter Homers entmythologisiert und hinter den vielen Göttern die eine und einzige ewige göttliche Idee des Guten als Urprinzip, als geistige Sonne, erkannt. Im 3. nachchristlichen Jahrhundert schließlich hat der große Alexandriner *Plotin,* Platons Gedanken in Richtung auf religiös-mystisches Erleben weiterdenkend, als einzige höchste Wirklichkeit »das Eine« angenommen, das alle Begriffe übersteigt: jene ewige Sonne, welche die Ideenwelt, die Weltenseele und schließlich auch jene Sinnenwelt aus sich entließ, aus der sich die dort eingeschlossenen geistigen Einzelseelen wiederum befreien sollten, um durch Askese und Erkenntnis zur Wiedervereinigung mit dem göttlichen Einen zu gelangen.

Das göttliche Eine: Weisen in der darüber meditierenden Reflexion europäisch-griechisches und asiatisch-indisches Denken nicht erstaunliche Parallelen auf? Denn wie in Griechenland, so ist auch in Indien die Mythologie nur der eine Aspekt der indischen Religion. Zugleich gibt es die philosophisch-religiöse Vertiefung, gibt es die mystische Erfahrung des einen Göttlichen. Schon in den Veden, hörten wir, findet sich die Rede von dem Einen, neben dem am Anfang nichts war, das man sich in den Upanishaden als göttlichen Urgrund, als Quelle und Ziel aller Wesen vorstellt: das *Brahman.*

Das *Verhältnis des Brahman zur Welt* läßt sich grundsätzlich auf drei Weisen denken. Alle drei Denkweisen sind schon in der vedischen *»Offenbarung«* (Sanskrit »shruti«) der frühen »Seher« grundgelegt und verstehen sich somit in ihrer Offenbarungsstruktur nicht einfach als »natürliche Theologie«. Sie blieben, obwohl tendenziell schon vorher gegeben, mit drei in der Exposition genannten großen Namen und Schulen der religiösen Geschichte Indiens verbunden, die – gegen Buddhismus und Jainismus an der Autorität des Veda festhaltend – bis zum heutigen Tage viele Anhänger haben und klassische Positionen genannt werden können: nicht philosophische Spekulation, Metaphysik, sondern Theologie, Heilslehre, Religion. Welches also sind sie?

Eine *erste* Position: *Brahman und Welt sind völlig eins:* Im 7./8. Jahrhundert wirkte in Indien im Dienst der brahmanischen Restauration der berühmteste aller indischen Denker, der aber keineswegs nur Philosoph war, sondern ein tief religiöser Mystiker, Reformator, Ordensgründer und (antibuddhistischer, wenngleich stark buddhistisch beeinflußter) Vorkämpfer der hinduistischen Einheit: *Shankara* (angeblich 788–820), der bis heute eine große Gefolgschaft besonders unter den indischen Intellektuellen hat und dessen allumfassendes, einfaches System im Westen oft fälschlicherweise als die indische Theologie schlechthin präsentiert wurde. In Shankaras Denken stehen ganz wesentlich die Möglichkeit und Wirklichkeit der Erlösung des unwissenden Menschen durch Wissen im Zentrum: Erlösung durch Erkenntnis des Einen, der Einheit der menschlichen Seele (ātman) mit dem Brahman. Mystik par excellence: Shankara interpretiert die Upanishaden, die Bhagavadgītā und die Brahmasūtras – also die hinduistischen Grundtexte – im Sinne einer »reinen«, konsequenten, absoluten »Einheitslehre« (a-dvaitam = die Nicht-Zweiheit, das Zweitlose).

Für die wahre Erkenntnis ist nach Shankara die Unterscheidung zweier Wahrheitsebenen Voraussetzung: Auf der Ebene der gewöhnlichen, empirischen Wahrheit gibt es natürlich viele Dinge und viele unterschiedene Selbst. Doch diese naive Erkenntnis täuscht. Auf der Ebene der höheren metaphysischen Wahrheit sind alle die verschiedenen Selbst eins mit dem absoluten Selbst: »Das bist du!« Wirklich existiert da nur das Eine, das wahrhaft Reale, außer dem kein wahrhaft Reales ist, das ewige, unendliche Brahman, das zugleich reines Sein (sat), erkennendes Bewußtsein (cit) und alleserfüllende Glückseligkeit (ānanda) ist, das aber nur durch ganzheitliche mystische Erfahrung erkannt werden kann. In der mystischen Einheitserfahrung wird nämlich unser individuelles Selbst, der Ātman, erfahren als das, was es ist: als nur ein anderer Aspekt des absoluten Selbst, des Brahman. Und die Welt insgesamt wird durchschaut: als Scheinwirklichkeit, als große kosmische Illusion, als Māyā, die der Mensch nur im unerlösten Stand der Unwissenheit und Begehrlichkeit als wirklich nimmt. In dieser Schein-Welt (und nur hier) offenbart sich das Brahman als ein persönlicher Gott mit Eigenschaften: als der *»Herr«* (»Īshvara«), der als reines Licht in der Finsternis die Welt periodisch aus sich entläßt, sie erhält und regiert und schließlich wieder zurücknimmt. Dieser Gott kann – da jede Vielheit ohnehin nur Schein ist – unter verschiedenen Namen verehrt werden: als Vishnu, Shiva ... Und so verfaßte Shankara auch religiöse Hymnen. Es gibt nun einmal verschiedene Stufen der Wahrheit. Aber nur durch die höhere Erkenntnis des All-Einen (nicht durch rituelle oder ethische Werke) gewinnt der Mensch Erlösung.

Eine *zweite* Position: *Brahman und Welt sind völlig getrennt:* Shankaras fanatischer Gegner, scharfsinniger Interpret der hinduistischen Grundtexte in völlig entgegengesetztem (und oft willkürlichem) Sinn und guter Organisator auch er: *Madhva* (1199–1278), auf den die bis heute bestehende religiöse Bewegung der Madhvas zurückgeht. Für Madhva ist die Welt durchaus wirklich: geschaffen, erhalten, regiert und auch wieder vernichtet von Gott, von Vishnu, der der eine und einzige Gott ist, auch er Sein, Bewußtsein und Seligkeit in einem. Gott ist so der Weltbaumeister: Wirkursache und nicht mehr. Er hat sich nicht, wie Shankara annimmt, in diese so mangelhafte, unvollkommene Welt hinein verwandelt (als gleichsam auch ihre Materialursache). Nein, ganz und gar real ist der Unterschied zwischen Gott und Welt, zwischen Gott und individueller Seele, zwischen den Seelen untereinander und zwischen den Seelen und dem Unbeseelten. So vertritt Madhva gegen Shankaras Monismus (a-dvaita) einen radikalen Dualismus (dvaita = Zweiheit).

Aber nicht nur dem Monismus, auch dem Dualismus gegenüber liegen die Einwände auf der Hand. Lassen sich die Schwierigkeiten dieser Extrempositionen nicht vermeiden? Gibt es nicht eine dritte Möglichkeit, eine Via media, einen Weg der Mitte?

Einheit in Unterschiedenheit – indisch verstanden

Es gibt in der Tat eine *dritte* Position: *Brahman und Welt sind eins in Unterschiedenheit!* Mehr als von Madhva und jedem anderen vishnuitischen Theologen wurde Indiens gesamtes Geistesleben beeinflußt von Shankaras gleichrangigem Gegenpart, der sich jedoch anders als Madhva vom Vedānta, von der aus der Philosophie der Upanishaden entwickelten Einheitslehre, nicht lossagte, sie nur differenzierter verstand als Shankara, in dessen System er erzogen worden war: *Rāmānuja* (ca. 1056–1137), ebenfalls ein genialer mystischer Denker und Reformator, Gründer von Klöstern, von Tempeln und eines Ordens für Unberührbare, der ebenfalls noch heute besteht. Auch ihm geht es primär um Erlösung. Aber er interpretiert die Upanishaden, die Bhagavadgītā und die Brahmasūtras als Realist und widerlegt auf der ganzen Linie den Idealisten Shankara: Unsere gesamte menschliche Wahrnehmung kann wegen gelegentlicher Fehler doch nicht einfach für illusorisch erklärt werden! Es kann nicht alles, was wir im gewöhnlichen Leben für wirklich nehmen, es kann nicht die ganze Welt Illusion sein! In der Tat findet solche Auffassung in den älteren Upanishaden keine Bestätigung.

Gewiß, wie für Shankara, so ist auch für Rāmānuja das Brahman »zweitlos« (a-dvaitam), aber es ist nicht eigenschaftslos, ist nicht ohne Attribute, Qualitäten, Charakter, nicht unpersönlich. Nein, es ist *mit dem persönlichen Gott identisch.* Das ist Rāmānujas entscheidende Einsicht. Gegen Shankara, für den alle guten Werke, Anbetung und Gottesdienst Teil der illusionären Scheinwelt sind, sieht Rāmānuja schon in den Upanishaden die Verehrung eines persönlichen Gottes und die mystische Vereinigung mit ihm klar ausgesprochen, und von daher begründet er neu die *Bhakti,* das Trauen, Lieben, Verehren, die Hingabe an Gott. Das Brahman ist nichts anderes als der persönliche Gott, der von Ewigkeit her die Welt aus sich entläßt und erhält, von innen leitet und wieder zurücknimmt.

Aber gerade so ist Brahman (Gott) wesentlich unterschieden von der Materie und von der individuellen Seele: Brahman und Ātman, Brahman und Welt sind, anders als Shankara meint, zu unterscheiden; undifferenzierte Identitätsaussagen der Upanishaden (»Das bist du, Shvetaketu!«; Brahman = Ātman; Brahman = Welt) sind differenziert zu interpretieren: als Einheit in Unterschiedenheit! Gott und Welt sind eines, jawohl; aber wie Seele und Leib eins sind. Und in unbedingtem Gegensatz steht dieser mit allen guten Eigenschaften ausgezeichnete Gott vor allem zum Übel: nicht nur zum Endlichen und Leidvollen, sondern zum Bösen. Ist er doch nicht jenseits von Gut und Böse, sondern das höchste Gut und höchste Ziel aller menschlichen Frömmigkeit. Gegenüber Shankaras Pantheismus, seiner absoluten, »reinen Zweitlosigkeit«, vertritt Rāmānuja deshalb eine ebenfalls allumfassende, aber zugleich differenzierte, theistisch »qualifizierte Einheitslehre«, so daß seine Schule auch »vishishtādvaita« = »charakterisierte« oder »qualifizierte Zweitlosigkeit« genannt wird.

Damit haben wir nun so knapp wie möglich drei Möglichkeiten des Verhältnisses des Absoluten zur Welt umschrieben, für die es gewisse Parallelen auch im Westen gibt.

Schöpfung aus Nichts?

Auch im Westen ist die denkerische Position eines *Monismus* von Gott und Welt vertreten worden. Seitdem die hier schon öfters genannten frühen griechischen Naturphilosophen an der kleinasiatischen Küste begonnen hatten, die Welt aus einem einzigen Prinzip (Urstoff) zu erklären, und Parmenides (ähnlich wie Shankara) gar nur ein einziges unveränderliches Sein angenommen hatte, demgegenüber alles Werden und Vergehen von Einzeldingen reiner Schein ist, hat das Streben nach Einheit, das dem Menschengeist immanent zu sein scheint, immer wieder monistische Systeme hervorgebracht. Manche von ihnen sind materialistische (von den alten Atomisten bis zu den modernen Materialismen), die Mehrzahl aber, wie in Indien auch, spiritualistische Systeme: so im christlichen Mittelalter die Lehren Amalrichs von Bena, Davids von Dinant und sehr viel einflußreicher dann in der Neuzeit die ganze monistische Strömung von Giordano Bruno und Spinoza bis hin zum deutschen Idealismus und darüber hinaus. Ein Monismus, dessen religiöse Form der Pantheismus und dessen Frömmigkeit die Mystik war.

Während auch im Westen das Klima der mystischen Religiosität im allgemeinen monistische Tendenzen begünstigte, so förderte das der prophetischen Religion den *Dualismus*: Wenngleich man im frühen Judentum und im frühen Christentum nie, wie im persischen Mazdaismus oder im Manichäismus, zur Erklärung des Guten und Bösen in der Welt zwei Urprinzipien, ein gutes und ein böses, angenommen hatte, so gab es da (besonders im Zusammenhang mit dem Dämonenglauben) doch Tendenzen, die den Gegensatz von Gott und Satan, Gott und Welt außerordentlich betonten und, damit verbunden, meist auch den Gegensatz von Geist und Materie, Seele und Leib, Gut und Böse, Licht und

Finsternis. Im frühen Judentum ging dieser Dualismus vor allem auf persischen, im frühen Christentum auf jüdischen und griechischen Einfluß zurück.

Die griechische Philosophie als Ganzes neigte deutlich zum Dualismus und wirkte damit bis in die Neuzeit hinein (auf Descartes, Kant, aber auch auf Kierkegaard und den jungen Karl Barth). Das kann man vom *Christentum* als Ganzem nicht behaupten. Im Gegenteil: unter dem Einfluß sowohl des Alten wie des Neuen Testaments hat die christliche Theologie von Anfang an *gegen den Dualismus der klassischen griechischen Metaphysik* reagiert, die nach Auffassung der Kirchenväter zwar zu Recht die menschenähnliche Götterwelt der homerischen Mythen überwunden, dabei aber die Differenz von Gott und Welt, Göttlichem und Menschlichem doch zu extrem betont hatte. Christliches Denken hatte deshalb *Platons* folgenschwere dualistische Aufteilung zwischen der unwahren, materiellen Welt des Werdens und der wahren, geistigen Welt des Seins ebenso einer Kritik zu unterziehen wie dann insbesondere den Gott des *Aristoteles,* der als der erste unbewegte Beweger neben der Welt her lebt, ohne realen Bezug zu ihr nur sich selber denkt und so die Welt weder kennt noch liebt. Zu korrigieren war schließlich dann auch die Vorstellung von dem göttlichen Einen des Neuplatonikers *Plotin,* das ebenfalls völlig getrennt ist von jener Welt, die – und hier dürften sich in Alexandrien Einflüsse aus dem Osten, vielleicht gar aus Indien, ausgewirkt haben – aus der Fülle des Ur-Einen übergeflossen und ausgeflossen ist: die Welt verstanden als Hinabfallen von Gott; die Materie, der Leib als das Schlechte, aus dem die Geistseele des Menschen sich wieder befreien muß.

Christliche Theologie hat in ihrem Hauptstrom sowohl vom Schöpfungsgedanken her (»Siehe, es war alles gut«) als auch von der Christologie und Soteriologie her (Gott hat sich in Christus auf diese Welt radikal eingelassen) immer eine dualistische Weltdeutung abzuwehren verstanden. Gerade die Idee der *Erschaffung der Welt durch Gott* ließ es nicht zu, die Welt, die Materie, den Leib von vornherein abzuwerten. Freilich ist die Schöpfung, nach Genesis 1,1 wie auch in den Veden, aus einer Art Urstoff erfolgt und nicht etwa aus dem Nichts. Auch in der Bibel ist die Schöpfung *»aus nichts«* (ex nihilo) eine relativ späte und dann allerdings von der christlichen Theologie hoch reflektierte Vorstellung. Die klassische christliche Theologie wird hier indischen Kritikern durchaus zustimmen: Außer Gott war nichts anderes vorhanden, nichts zweites Uranfängliches, kein »Bereich«, den Gott zu durchdringen hätte, kein »Raum«, der Gott begrenzte, wie mit Recht schon in der Schöpfungshymne des Rigveda festgestellt wird.

Nein, das »Nichts« darf nicht als etwas Existentes, Seiendes gedacht werden! Das Nichts ist kein »Bereich« wie etwa die Dunkelheit, kein »Etwas«, welches das Absolute je beschränken könnte. Schöpfung »aus nichts« bedeutet deshalb gerade keine Verselbständigung des Nichts, kein konkurrierendes Prinzip neben Gott, sondern ist theologische Umschreibung dafür, daß sich Welt und Mensch samt Raum und Zeit Gott allein und keiner anderen Ursache verdanken. Und insofern Gott Ursprung von allem und jedem ist, steht er auch – anders als in mazdaistisch-manichäischen Systemen – in keiner Konkurrenz mit einem bösen oder dämonischen Gegenprinzip: Die Welt im ganzen und im einzelnen, auch Materie, Menschenleib und Geschlechtlichkeit, sind nach dem biblischen Schöpfungsbericht grundsätzlich gut.

Auch die christliche Theologie nimmt also wie alle drei klassischen hinduistischen Schulen eine erste und einzige Ursache von allem an, was ist. Und sie dürfte mit ihrer Position in der Mitte zwischen dem Monismus Shankaras und dem Dualismus Madhvas liegen, also auf der Linie Rāmānujas, der mit Shankara Indiens bedeutendster Theologe ist. Diese mittlere Linie läßt sich nun thesenhaft verdichten:

- Die Welt darf nicht so als Gottes *Emanation,* als Ausfluß aus und als Selbstentfaltung der Gottheit verstanden werden, daß man von einer *Identität* von Gott und Welt sprechen muß, wie dies in prononcierter Form in der Alleinheitslehre Shankaras und im westlichen Pantheismus zum Ausdruck gekommen ist. Rāmānujas Kritik an Shankara ist ernst zu nehmen.
- Die Welt darf auch nicht so als *Kreation,* als Geschöpf der Gottheit verstanden werden, daß man von einer strikten *Dualität* von Welt und Mensch (Geist und Materie) ausgehen muß, wie dies in der Lehre Madhvas (aber auch im westlichen Dualismus) angenommen wird.

- Vielmehr schreibt die christliche Theologie Gott einen fundamentalen Weltbezug und der Welt eine fundamentale *Teilhabe am göttlichen Sein* zu, am dynamischen Sein-Selbst, das Gott ist: Gott ist gerade deshalb weltimmanent, weil er welttranszendent ist. Die Welt hat keine unabhängige, allerdings auch keine nur scheinbare, sondern eine relative Realität! Identität in Dualität (im Sinne Rāmānujas).

Wenn sich auch im Christentum – aus der in Ost wie West verbreiteten Angst vor der Befleckung durch Materie, Leib und Sinnlichkeit – immer wieder dualistisch-negative Tendenzen durchsetzen konnten, so hat man die Welt grundsätzlich doch stets als Gottes gute Welt angesehen: Welt und Mensch, die als Seiende überhaupt nur existieren können, insofern sie am Sein-Selbst (= ipsum esse), das Gott ist, partizipieren, wie dies dann die *Scholastik* lehrte, indem sie korrigierend platonisch-neuplatonisch-augustinische Gedankengänge aufnahm.

Schöpfung in Entfaltung

Andere christliche Denker gingen noch weiter und berühren sich hier offensichtlich noch mehr mit indischen Gedankengängen: Nach dem christlichen Mystiker *Meister Eckehart* etwa schafft Gott Welt und Mensch *in sich selbst*, und Gottes eigenes Sein breitet sich in den Dingen aus, so daß sich im »Seelengrund« die tiefe Einheit alles Seienden mit Gott erfahren läßt. Und nach *Nikolaus von Kues* schließt Gottes Überfülle *alle Gegensätze in sich*, so daß Gott zugleich das Größte und das Kleinste, Zentrum und Peripherie, Vergangenheit und Zukunft, Licht und Finsternis, ja selbst Sein und Nichtsein ist. Gegensätze, die in Gott eins sind, in der Welt aber auseinandertreten: in jener Welt, die als »Explicatio Dei«, als *Entfaltung* jenes *Gottes*, zu verstehen ist, der selber das Viele ohne Vielheit und der Gegensatz in der Identität ist. Dies ist ein Denken, das geradewegs zum deutschen Idealismus, zu Hegel, aber auch zu Whitehead und Teilhard de Chardin führt.

Doch auch der christliche Theologe, der nicht so weit auf dem Weg der Mystik zu gehen bereit ist und der insbesondere gegen

Hegels Identifikation von Gott und Welt, Glauben und Wissen seine berechtigten Bedenken hat, wird heute von einem *einheitlichen Wirklichkeitsverständnis* ausgehen und sagen:
Wenngleich Gott nicht die Welt ist und die Welt nicht Gott, so ist doch Gott *in* dieser Welt und diese Welt *in* Gott.
Gott darf keinesfalls nur als Teil der Wirklichkeit verstanden werden, als (höchstes) Endliches neben Endlichem.
Vielmehr ist er das Eine im Vielen, das Unendliche im Endlichen, die Transzendenz in der Immanenz, das Absolute im Relativen.

Anders als in Paradoxen, in einer »coincidentia oppositorum«, kann man hier nicht reden! »Gott ist mitten in unserem Leben jenseitig«, so lautet Bonhoeffers berühmtes Wort. Und dies scheint mir ein neuzeitlich weltliches Gottesverständnis zu sein, das nicht nur dem heutigen einheitlichen naturwissenschaftlichen Weltbild entspricht, sondern das auch dem mehr einheitlichen indischen Denken entgegenzukommen scheint: eine *weltimmanente Weltüberlegenheit Gottes,* der als der Welttragende, Welthaltende und Weltgeleitende zugleich Tiefe, Mitte und Höhe – alles Bilder! – von Welt und Mensch ist. Gerade weil Gott so ist, kann er mit Fug und Recht Schöpfer, Erhalter und Vollender der Welt genannt werden. Christliches Denken hat deshalb das Schöpfersein Gottes als Gottes Lebendigkeit und Seinsmächtigkeit verstanden, als Fülle des Sichverschenkens an das andere, die Welt: ein Prozeß, der christlich im Tiefsten als Liebe verstanden wird.

Auf diese Weise, scheint mir, ließe sich ein Verständnis der Gott-Welt-Beziehung erreichen,
wo weder mythologisch-anthropomorph noch abstrakt-reflexiv gedacht wird;
wo sich Religion und Philosophie – in Indien wie im Westen vom Auseinanderfallen bedroht – vereinen;
wo ein *Monismus,* der die Welt nur als Illusion, Flüchtigkeit und Schein gelten läßt, ebenso *vermieden* wird wie ein *Dualismus,* der die Welt allzu selbständig, losgelöst von Gott betrachtet. Positiv:

- Die *Welt* ist als *Schöpfung Gottes* so zu denken, daß der Schöpfer seinem Werk nicht äußerlich bleibt, daß die Schöpfung vielmehr als *Entfaltung Gottes* in der Welt begriffen werden kann, ohne daß die Welt sich an Gott oder Gott sich an die Welt verlöre, ohne daß die Welt ihre Selbständigkeit preisgäbe oder Gott sich in die Welt auflöste. Also Schöpfung in Entfaltung oder Entfaltung durch Schöpfung: kein Seiendes zu Gott gemacht, aber auch kein Seiendes außerhalb Gottes und zu Gott hinzugefügt.

- Und *Gott* ist zu verstehen als das allgegenwärtige, unsagbare *Geheimnis dieser Welt,* des Ursprungs ihres Seins, ihres Werdens, ihrer Ordnung, ihres Zieles, und zwar so, daß Mensch und Welt weder unabhängig von Gott existieren noch nur als Schein und Illusion, sondern als relative Wirklichkeit. Weder differenzlose Identität noch bleibende Differenz von Gott und individuellem Selbst, sondern die Differenz dialektisch »aufgehoben« in Identität.

Ich frage mich, ob von dieser Basis her ein Gespräch mit dem hinduistischen Gottesverständnis nicht möglich wäre, ja, ob es nicht weithin dem der klassischen indischen Via media Rāmānujas, heute wohl die Hauptströmung der vishnuitischen Religion innerhalb des Hinduismus, entspricht. Dies läßt sich verdeutlichen im Blick auf eine besonders schwierige Frage:

Personales oder apersonales Gottesverständnis?

Auch die Grundunterscheidung zwischen mystischer und prophetischer Religion darf nicht übersehen lassen: Sowohl im Hinduismus wie im Christentum gibt es eine Spannung zwischen dem Apersonalen und dem Personalen im Gottesverständnis.

Sosehr die *hinduistischen Religionen* seit der Zeit der Upanishaden das eine umfassende Brahman als die letzte Wirklichkeit annehmen, zu dem der Mensch nur auf dem Weg mystischer Versenkung Zugang hat, sosehr blieb dieser Glaube doch mit einer Überfülle anthropomorpher, personalistischer Mythen verbunden. Und sosehr dann auch in den monotheistischen Religionen des Vishnuismus, Shivaismus und Shāktismus das Brahman für die ontologische Betrachtung über das Wesen Gottes Priorität hat, sosehr haben doch gerade diese Religionen im Erlösungsgeschehen die personale Beziehung Gottes zu den Menschen betont.

Umgekehrt reduziert ja auch christliche Theologie ihre Rede von Gott nicht auf Anthropomorphismen aller Art, wie sie sich in der Bibel reichlich finden. Auch sie weiß von Gott als dem Verborgenen (latens deitas), von Gott als der sich entziehenden Gottheit (divinitas), dem höchsten Gut (summum bonum), dem Sein-Selbst (ipsum esse), der Wahrheit, Gutheit, Schönheit selbst (veritas, bonitas, pulchritudo ipsa). Auch sie weiß vom Unsagbaren (ineffabile), dem Geheimnis (mysterium), das sie mit Gleichnissen, Metaphern, Bildern wie Meer, Ozean, Wüste oder Sonne, Licht und Feuer symbolisch zu fassen versucht. Auch christliche Theologie beantwortet die Frage nach der Personalität Gottes ganz und gar dialektisch, um krude Objektivation zu vermeiden, und das, was ich hier in drei Schritten zu sagen habe, könnte doch wohl auch die Zustimmung von Hindus finden:

1. Der eine Gott ist *kein Maskulinum oder Femininum*, er ist *nicht Person*, wie der Mensch Person ist: Das allesumfassende und allesdurchdringende Eine ist kein Objekt, »über« das der Mensch in überlegener Distanz Aussagen zu machen vermöchte. Es gibt keinen Standpunkt »jenseits« von Gott, von dem aus der Mensch über das Eine und Umfassende zu urteilen vermöchte. Was wir Urgrund, Urhalt, Urziel aller Wirklichkeit nennen, kann nicht als »ein Gott« oder »eine Göttin« unter (oder über) anderen vorgestellt werden, kann überhaupt nicht eine Einzelperson unter anderen Personen sein, aber auch kein Über-Mensch oder Über-Ich. Auch der Personbegriff, auch der Vater- oder Muttername ist bloß eine chiffrenhafte Annäherung an die höchste-tiefste Wirklichkeit, die in der Tat eine Nicht-Zweiheit ist.

2. Kann der eine Gott, der Personalität begründet, selber völlig *apersonal* gedacht werden? Nein, Gott ist auch *kein Neutrum*. Gerade weil der Sinn-Grund aller Wirklichkeit keine »Sache« ist, gerade weil er nicht durchschaubar, verfügbar, manipulierbar ist, kann er *nicht unpersönlich*, gar *unterpersonal* sein. Das heißt, Gott sprengt auch den Begriff des Unpersönlichen: Er ist auch nicht weniger als Person! Auch nach hinduistischem Verständnis ist das uranfängliche Eine oder das Brahman zugleich universelles Bewußtsein, dem Potenzen zugeschrieben werden: unbegrenzte Fähigkeit zu erkennen (Allwissenheit), zu wollen (absolute Freiheit), zu handeln (Allmacht).

3. Gott als die Ur-Wirklichkeit *umgreift* also das Männliche und das Weibliche und das Neutrische, das Personale und das Apersonale. Das heißt: in ihm sind *alle Gegensätze* des Menschlich-Welt-lich-Geschaffenen im dreifach Hegelschen Sinne *»aufgehoben«*: bejaht (konserviert), verneint (relativiert) und »hinaufgehoben«, überstiegen (transzendiert). So ist Gott in der Tat *der Andere,* und *nicht der ganz Andere,* was auch Karl Barth in seiner späteren Theologie immer stärker erkannte, als er mehr von der »Menschlichkeit Gottes« zu reden begann.

Einig scheinen mir Christentum (in seiner Tradition der Negativen Theologie) und Hinduismus darin, daß diese allerletzte-allererste Wirklichkeit zunächst negativ umschrieben werden muß, aber doch durchaus nicht nur negativ! Geht es doch um jene allesdurchdringend-allesbelebende göttliche Wirklichkeit, also die *wirklichste Wirklichkeit* (»satyasya satyam« = »das Wirkliche des Wirklichen« = »ens realissimum«), die man auch nach indischer Auffassung zu Recht als reines Sein (sat), erkennendes Bewußtsein (cit), ja, ausstrahlendes Glückseligsein (ānanda) beschreibt (drei Wesensprädikate, nicht drei Personen wie in der nachbiblischen Trinitätslehre): kurz, das reine Selbst, das unserem individuellen Selbst einwohnt und alles andere Seiende letztlich konstituiert. Besser als personal oder apersonal, als geschlechtlich oder ungeschlechtlich wird man diese wirklichste Wirklichkeit – falls einem an einem Wort gelegen ist – mit Paul Tillich *»transpersonal«* beziehungsweise *»transsexuell«* nennen. Gott gleichsam die »Personifizierung« des Göttlichen.

Die Welt als Spiel Gottes?

Damit ist freilich die Frage nach Mythos und Entmythologisierung noch nicht erledigt. Wir werden auf sie zurückkommen müssen, wenn wir nach dem Problemfeld Welt–Gottheit auch dem Problemfeld Mensch–Erlösung die gebührende Aufmerksamkeit geschenkt haben. Doch sei hier zum Schluß – nachdem wir so viel in mythologischer Sprache vom Spiel Vishnus mit der Welt als Māyā gehört haben – angedeutet, wie auch in einem zeitgenössischen Paradigma von christlicher (und möglicherweise auch hinduistischer) Theologie, das die Ergebnisse der Moderne, der Naturwissenschaft ernst nimmt und sie doch in einer postmodernen »zweiten Naivität« (Paul Ricœur) überschreitet, durchaus *unmythologisch* vom Spiel Gottes mit der Welt geredet werden kann.

Damit ist schon angemerkt, daß *Ent-Mythologisierung keinesfalls Ent-Bilderung* der Sprache meinen kann, weder im Christentum noch im Hinduismus. Bilder, Sinn-Bilder, Symbole, Metaphern für Gottes Handeln in der Welt brauchen ja keineswegs Mythen zu sein. Ein Bild kann ich grundsätzlich mythologisch oder unmythologisch gebrauchen. Wann verstehe ich – wir kommen damit auf die Unterscheidungen des Anfangs zurück – das Bild oder die Metapher von Gottes »Spiel« mit der Welt *mythologisch*? Wenn ich damit ein objektiv beobachtbares »Intervenieren«, »Dazwischenkommen« Gottes behaupte, das sich mirakelhaft *zwischen* den weltlichen Ereignissen abspielt. Und wann verstehe ich dasselbe Bild, dieselbe Metapher *unmythologisch*? Wenn ich darunter Gottes reales, aber verborgenes Handeln meine, das sich in wunderbarer Weise *in* den weltlichen Ereignissen abspielt, so daß es nur vom Glaubenden wahrgenommen werden kann, dem objektiven Beobachter jedoch verborgen bleibt. In diesem zweiten Sinn also möchte ich hier das Bild, die Metapher vom Spiel Gottes mit der Welt verstanden haben.

Zunächst gilt es zu sehen, daß heutigem *naturwissenschaftlichen Denken* die Deutung der Welt und ihrer Gesetze als »Spiel« keineswegs fremd ist. Der Nobelpreisträger für Biologie Manfred Eigen hat mit Ruthild Winkler im Buch »Das Spiel« (1975) in allen möglichen Variationen die vielen Spielarten sichtbar gemacht, nach denen Natur- und Menschheitsgeschichte ablaufen, und zugleich gezeigt: Nicht der Mensch ist es, der das Spiel erfand. Das Spiel ist ein Naturphänomen, das schon von Anbeginn den Prozeß der Welt gelenkt hat: bereits die Gestaltung der Materie, erst recht ihre Organisation zu lebenden Strukturen bis hin zum sozialen Verhalten der Menschen. Die Grundelemente des Spiels »Zufall und Notwendigkeit« (Jacques Monod) bestimmen jegliches Geschehen im Universum, ohne daß es eines an irgendeinem Punkt der Entwicklung in den natürlichen Lauf der Dinge eingreifenden Gottes bedurft hätte. Gleichgewicht, Wachstum und Evolution sind das Ergebnis von Zufall und Gesetz: »Alles Geschehen in unserer Welt gleicht einem großen Spiel, in dem von vornherein nichts als die Regeln festliegen« (M. Eigen/R. Winkler, »Das Spiel. Naturgesetze steuern den Zufall«, S. 11).

Wissenschaftler geben heute aber auch zu, daß naturwissenschaftliches Erkennen nur eine bestimmte Schicht der Wirklichkeit von Welt und Mensch erreicht und die Wirklichkeit Gottes aus sich weder bejahen noch verneinen kann. Wer sich aber (auch als Naturwissenschaftler) im Glauben auf diese Wirklichkeit einläßt, kann erkennen, daß im Spiel der Natur- und Geschichtskräfte die Wirklichkeit Gottes mit im Spiel ist. Auch *christlicher Theologie* ist die Kategorie Spiel als Weltsymbol keineswegs unbekannt. Der Patrologe Hugo Rahner hat – angeregt von Thomas von Aquin und dem bahnbrechenden Buch »Homo ludens« (1938) des holländischen Kulturphilosophen Johan Huizinga – dem theologischen Gedanken vom »Deus ludens« in seiner Schrift »Der spielende Mensch« (1952) ein eindrückliches Kapitelchen im Geist der Griechen und der Kirchenväter gewidmet (schon Platon hatte den Menschen ein »paígnion theoũ«, ein »Spielzeug Gottes«, genannt). In der neueren theologischen Diskussion hat etwa der protestantische Theologe Jürgen Moltmann dieses Symbol wieder aufgegriffen. Ausgehend von der theologischen Bestimmung der Welt als »Schöpfung Gottes« und der unveräußerlichen Freiheit Gottes gegenüber der Welt bestimmt er die Beziehung Gottes zu dieser seiner Schöpfung als Spiel aus »Wohlgefallen« (weder aus Notwendigkeit noch aus Willkür): »Darum ist die Schöpfung ein Spiel Gottes, ein Spiel seiner grundlosen und unergründlichen Weisheit. Sie ist selber der Spielraum für Gottes Prachtentfaltung« (»Die ersten Freigelassenen der Schöpfung«, 1971, S. 24).

Denkt man den naturwissenschaftlichen und den theologischen Grundgedanken zusammen, muß theologisch folgendes gelten: Das ganz große Spiel ist *Gottes Spiel mit und um die Welt,* mit und um den Menschen, das er selbst in Gang gebracht hat und für das er von vornherein nichts als die Regeln festgelegt hat: Die Welt soll, ohne mit Gott ihr Spiel zu treiben, doch von ihm gehalten und durchwaltet, ihr eigenes Spiel in Zufall und Notwendigkeit spielen dürfen, der Mensch aber nicht Gottes Spielzeug, sondern freier Spielpartner sein.

Ob man das Spiel Gottes nicht auch in hinduistischer Theologie derart unmythologisch verstehen könnte? Auch das Bild vom

Spiel des Gottes Vishnu mit der Welt wäre dann ein Beispiel für eine eindrücklich bildhafte und gleichnishafte Aussage über die ungebundene und doch intensive, heiter-ernsthafte, aktive Zuwendung Gottes zur Welt. Wie immer: eine unmythologische christliche Bestimmung der Welt als Spiel setzt jedenfalls einen Gott voraus, der den Menschen und die Schöpfung nicht als Spielmaterial benutzt, sondern als Spielpartner akzeptiert. Gott kann auch ohne jegliches den Kausalzusammenhang sprengendes Mirakel sein Ziel erreichen: den Menschen (analog ausgedrückt) »ansprechen« und in diesem (nicht »übernatürlichen«, sondern »innernatürlichen«) Sinn auch »eingreifen«.

Die christliche Bestimmung der Welt als Spiel setzt gleichzeitig eine Schöpfung voraus, die nicht bloße Illusion ist, und einen Menschen, der nicht, grober Täuschung verfallen, erst am Ende von den Begrenzungen der Illusion befreit wird. Gewiß, auch christlichem Denken ist bewußt: Der Mensch war oft genug nicht nur freier Spielpartner, sondern unfreiwilliges Spielopfer; oft genug hat nicht er selbst gespielt, sondern ist ihm übel mitgespielt worden. Und gerade das Grundgesetz der Evolution – die Auslese des Starken, der überlebt, auf Kosten des Schwachen, der untergeht – ist ein grausames Spiel, das uns Staunen und Schaudern zugleich lehren kann und dessen Unbarmherzigkeit so tiefgläubige christliche Denker wie Reinhold Schneider (»Winter in Wien«, 1958) zu Zweiflern an dem gütigen Gott werden ließ. Aber christlicher Glaube gründet auf der in Jesus von Nazaret verbürgten Gewißheit, daß Gott kein launischer Spieler ist »oben im Himmel«, der mit Mensch und Welt sein Spiel treibt, sondern der menschenfreundliche mit-leidende Gott, der Mensch und Welt bejaht und sich so an Gesetze gebunden hat, die, alles begründend, in ihm selbst begründet sind. Doch: die Frage nach des Menschen Leid und Gottes Gerechtigkeit, die Theodizeefrage, bleibt hier offen. Wir werden darauf zurückkommen müssen.

III. Mensch und Erlösung in Religionen der Hindus

1. Heinrich von Stietencron: Hinduistische Perspektiven

Woher kommt die Ungleichheit der Menschen?

Man kann unterschiedlicher Meinung darüber sein, was das Wesen des Menschen sei, was den Menschen von anderen Wesen unterscheidet. Die älteste indische Definition des Menschen, die mir bekannt ist, stammt aus der spätvedischen Zeit der Brāhmanas und lautet: »Der Mensch ist das einzige Tier, das opfert.«

Das ist eine interessante Aussage. Nicht der aufrechte Gang, nicht die Bildung der Kieferknochen, nicht einmal überlegene Intelligenz oder der Besitz von Machtmitteln wie Waffen und Feuer wird als entscheidende Differenz gegenüber anderen irdischen Lebewesen gesehen, sondern ein spezifisches Tun, nämlich die aktive, partnerschaftliche *Kommunikation mit Gott* oder mit Göttern. Diese Akzentsetzung ist im Prinzip erhalten geblieben. Der Mensch unterscheidet sich nicht in seinem Wesen, sondern in seiner Gottesbeziehung von der übrigen Welt des Lebendigen.

Wir sprachen schon von der Entfaltung des Einen zum Vielen und von der letztlichen Identität zwischen individuellem und absolutem Bewußtsein. Diese Identität betrifft alles Bewußtsein, nicht nur beim Menschen, sondern auch bei Tieren und Pflanzen. Wie aber lassen sich dann die Begrenzungen des individuellen Bewußtseins erklären? Wodurch wird das individuelle Bewußtsein so behindert, daß es die Einheit allen Seins normalerweise nicht erkennt?

Um eine Antwort auf diese Frage zu finden, muß man zunächst feststellen, wie die menschliche Wahrnehmung funktioniert. Und dabei wird man sogleich auf das nächste Problem gestoßen: Wie kommt es überhaupt, daß die Menschen so verschieden sind?

Denn daran besteht kein Zweifel: sie sind von ihrer Konstitution her von vornherein ungleich. Sie sind verschieden in ihren geistigen und körperlichen Fähigkeiten, verschieden in ihren Interessen, verschieden in ihren Charakteren, verschieden in Aussehen, Gesundheit, Kontaktfähigkeit, Reaktionsvermögen usw. Und selbst wo sie einander in ihren Anlagen ähnlich erscheinen, werden sie doch in unterschiedliche Lebensbedingungen, Kasten und Familien geboren, haben nicht die gleichen Chancen, erhalten verschiedene Ausbildung, sind arm oder reich, haben Glück oder Unglück im Leben.

Die indischen Denker haben nicht einfach fraglos hingenommen, daß diese Unterschiede gottgeschaffen und gottgewollt sind. Sie wollten verstehen, warum der Mensch so ist, wie er ist. Denn wenn wirklich alle Wesen das gleiche absolute Bewußtsein in sich tragen, wenn das eine universale Brahman in allen Wesen als Ātman präsent ist und alle in gleicher Weise an göttlichem Sein teilhaben, dann muß man auch erklären, woher die Unterschiede kommen. Und diese Fragen gelten erst recht, wenn man nicht nur die Menschheit, sondern auch Tiere und Pflanzen mit einbezieht.

Weder Umwelteinflüsse noch Vererbungslehre bieten eine ausreichende Erklärung für das Phänomen der individuellen Unterschiede. Denn selbst wenn man unterstellt, daß sie die Abhängigkeiten zutreffend schildern, *so beantworten sie doch die Sinnfrage überhaupt nicht.*

Warum trifft es denn den einen Menschen, daß er blind, taub oder verkrüppelt ist von Geburt an oder daß er sich, von den Mitmenschen gemieden, in einem leprakranken Körper quälen muß? Warum genießen andere das Leben in Gesundheit und Wohlstand? Nach welchem Prinzip werden den einzelnen Wesen Glück oder Leid, Begabung oder Dummheit, Geburt in eine arme oder reiche Familie, in eine menschliche oder tierische Existenz zugeteilt? Waltet hier Vorsehung oder blindes Schicksal?

Beide Möglichkeiten sind versuchsweise gedacht worden. Aber neben einem allumfassenden Bewußtsein, neben der Allmacht und Allwissenheit eines höchsten Gottes findet ein blindes Schicksal auf die Dauer keinen Platz. Und wenn diese Gottheit als reines Sein (sat), als unbegrenztes Bewußtsein (cit) und als Glückseligkeit (ānanda) konzipiert wird, dann läßt sich aus ihr schwerlich eine Vorsehung ableiten, die grausam und zynisch die Wesen in qualvolle Existenzen zwingt.

Für die gebildeten Oberschichten in allen großen Hindu-Religionen steht deshalb fest, daß sich die qualitativen Unterschiede der einzelnen menschlichen Schicksale mit allem darin enthaltenen Leid, aller Ungerechtigkeit, aller physischen, psychischen und sozialen Ungleichheit nicht der Gottheit anlasten lassen. In ihr ist kein Platz für so viel Bosheit. Die qualitativen Unterschiede können nur von den Lebewesen selbst erworben worden sein.

Deutlich ist aber auch, daß sie nicht erst nach der Geburt, etwa durch äußere Einflüsse, entstehen. Sie sind vielmehr schon bei der Zeugung des Kindes weitgehend vorgegeben, sowohl durch die Erbanlagen als auch durch die soziale Umwelt, in die das Kind hineingeboren wird. Wenn also die Einzelseele ihr Schicksal selbst beeinflußt, dann kann dies nur in einem früheren Leben geschehen sein. Was sie dort erlebt und erlitten, aber auch, was sie dort getan und anderen angetan hat, wirkt sich im neuen Leben aus. Und was sie jetzt tut oder unterläßt, wird wiederum die Qualität ihres nächsten Daseins bestimmen.

Die Hindus sprechen in diesem Zusammenhang von *Karman.* In früheren Leben entstandenes Karman, so sagen sie, bestimmt sowohl die psychischen und physischen Qualitäten des Einzelwesens als auch die Wahl der Umweltbedingungen, denen es sich mit der neuen Geburt aussetzt. Das Wort Karman ist von einer Verbwurzel für »tun, handeln« abgeleitet und bezeichnet ganz allgemein dasjenige, was aus dem Tun resultiert: die Tat, das Werk, ganz besonders das Opferwerk, aber auch die noch unsichtbaren, erst in Zukunft sich zeigenden innerpsychischen Folgen einer Tat.

Verschiedene Stufen in der Entwicklung dieser Konzeption lassen sich nachweisen, doch kann ich hier nur eine vorführen. Das Karman-Gesetz besagt, daß jede Tat und jede Unterlassung – sofern sie auf Unwissenheit, auf Ichbezogenheit, Begierde oder Trägheit beruht – neben ihrer äußeren Wirkung auch eine innere Wirkung hat. Sie hinterläßt eine psychische Veränderung beziehungsweise einen Eindruck, der künftiges Erleben programmiert. Wie das geschieht, darüber bestehen zum Teil unterschiedliche Auffassungen. Und das liegt in unterschiedlichen Auffassungen über die menschliche Seele begründet.

Die gebildeten Hindus glauben an die Existenz einer von Leben zu Leben wandernden feinstofflichen Substanz, die sie Jīva oder Jīvātman nennen. Falls wir dies Wort mit *»Lebensseele«* übersetzen, müssen wir dabei bedenken, daß es sich nicht um etwas Geistiges, sondern um etwas Feinstofflich-Leibliches handelt. Geistig ist nur der *Ātman*, das *individuelle Bewußtsein*, welches sich allerdings mit dem Jīva verbindet, solange er im Kreislauf der Geburten verharrt.

Buddhisten und Materialisten bezweifelten, daß ein solcher Jīva den Tod des Leibes überlebt. In den großen Religionen der Hindus aber hält man die Existenz des Jīva aus mehreren Gründen für erwiesen.

- Erstens läßt er sich in der meditativen Schau wahrnehmen.
- Zweitens kann sich der weit fortgeschrittene Yogin an seine früheren Geburten erinnern, so daß es etwas in ihm geben muß, welches die Erfahrungen früherer Leben bewahrt.
- Drittens hat die Wiedergeburtslehre als Begründung für die Unterschiede der Menschen nur dann einen moralischen, göttliche Normen bestätigenden und göttliche Gerechtigkeit ermöglichenden Sinn, wenn es eine Kontinuität und damit auch eine Entwicklungsmöglichkeit des Individuums in mehreren Leben gibt.

Der Jīva enthält – hier zitiere ich als Beispiel eine auf Ideen des Sāmkhya aufbauende shivaitische Konzeption – unter anderem ein feinstoffliches Aggregat von Wahrnehmungsbedingungen, das sogenannte *Innere Instrument* (antahkarana). Dieses Instrument speichert sämtliche Wahrnehmungen und Empfindungen, die bewußten und die unbewußten. Es speichert nicht nur die Eindrücke der Sinne und des Denkens, sondern auch diejenigen, die aus eigenen Handlungen resultieren, also Karman.

Darüber hinaus aber beschränken und verändern die strukturellen Bedingungen des »Inneren Instruments« unsere Wahrnehmung in entscheidender Weise.

Sie bewirken erstens, daß alle Wahrnehmungen punktuell registriert und als Sinnes*objekte* dem Bewußtsein als erkennendem *Subjekt* gegenübergestellt werden. Dadurch vollzieht sich auf individueller Ebene dasselbe, was ich bereits als Grundprinzip der Entfaltung des Einen schilderte, nämlich die Trennung von Subjekt und Objekt.

Zweitens ordnen sie die Objekte nach den Kategorien *Zeit* (kāla) und *Kausalität* (niyati), so daß im Bewußtsein statt einer umfassenden Schau der Eindruck eines Nacheinander entsteht und die Einheit des Daseins sich auf eine Sequenz von Abhängigkeiten reduziert. Das Nacheinander der Objekte überträgt sich natürlich auf die Erkenntnisfähigkeit und Handlungsfähigkeit des erkennenden Subjekts. Statt *umfassenden Wissens* registriert es nur *partielle Erkenntnisse* (vidyā), und statt uneingeschränkter Handlungsfähigkeit besitzt es nur *begrenzte Aktionsbereiche* (kalā).

Drittens schließlich werden die Objekte durch Zuordnung *emotionaler Qualitäten* (rāga) gefärbt, so daß Bindung oder Ablehnung, Liebe oder Haß entsteht.

Die eben geschilderten Erkenntnisbedingungen der Lebensseele verursachen die Ich-Erfahrung des Menschen und werden daher meist unter dem Begriff *Ahamkāra*, »der Ich-Macher«, zusammengefaßt. Sie bewirken, daß wir unterscheiden zwischen uns selbst und unserer Umwelt, zwischen Ich und Du und allen Wesen und einzelnen Dingen, die uns umgeben. Da wir unterscheiden und die Dinge mit emotionalen Qualitäten belegen, sehen wir Schönes und Häßliches, Begehrenswertes und Abstoßendes. Es entsteht Begierde in uns, das Schöne und Angenehme zu besitzen und uns mit ihm zu vereinigen. Es entsteht Abscheu, Ekel, Haß vor dem, was uns nicht gefällt. Das Bewußtsein von Mein und Dein führt zu Habgier und Neid. Wir begehren das, was wir nicht haben; haften an dem, was wir besitzen; handeln, um zu erlangen, was uns fehlt. Wir leiden, wenn wir nicht bekommen, was wir uns wünschen; kämpfen, um einen Besitz zu erwerben oder zu verteidigen; und leiden abermals, wenn wir nicht festhalten können, was wir haben, weil aller Besitz sich als vergänglich erweist und zwischen unseren Händen zerrinnt.

Aus dem Ego hat sich Egoismus entwickelt. Gäbe es keinen Ahamkāra, keinen Ich-Macher in unserem psychischen Instrument, so gäbe es nicht die Trennung von Subjekt und Objekt und damit überhaupt keine von uns distanzierten Objekte. Gäbe es keine distanzierten Objekte, so gäbe es keine Begierden; gäbe es keine Begierden, so würden wir nicht an den Dingen haften, nicht nach Macht streben und uns nicht emotional und intellektuell verstricken in die Welt der materiellen Erscheinungen. Ahamkāra ist also schuld daran, daß ich Dinge und Menschen mir zuordne, so daß ich sage: »mein« Kind, »meine« Frau, »meine« Freunde; oder: »mein« Esel, »mein« Geld, »meine« Rolle in der Gesellschaft.

Wenn man nun, wie die meisten indischen Denker, an die Existenz einer feinstofflichen Seelensubstanz glaubt, welche von Geburt zu Geburt wandert, bis sie sich schließlich auflöst, dann kann man sich die psychische Wirkung der Tat (karman) vorstellen als einen Faktor, der die *Qualität* dieser feinen Substanz und der in ihr angelegten psychischen Organe verändert. Die Materie besitzt ja – nach der Lehre des Sāmkhya, die sich in dieser Hinsicht weithin durchgesetzt hat – *drei Qualitäten* (guna): das Feine oder Lichte (sattva), das Unruhige oder Bewegte (rajas) und das Grobe oder Dunkle (tamas). Karman verändert das Verhältnis dieser Qualitäten in den psychischen Organen. Sie können durch gute Taten feiner, subtiler, durch schlechte Taten gröber, undifferenzierter werden. Sie können beweglicher oder unbeweglicher, reaktionsschneller oder träger werden. Das für unsere Bewußtseinsfähigkeiten so wesentliche »Innere Instrument« wird durch Karman verändert. Deshalb wird die im Laufe eines Lebens durch eigene Taten geschaffene psychische Qualität bestimmend für die Existenzform, in die man sich im nächsten Leben inkarniert.

Für die Inkarnation steht einem dann *nicht nur die menschliche Existenz,* sondern die ganze Vielfalt der in den Kreislauf des Werdens und Vergehens gebundenen Lebewesen – von den Bewohnern der Unterwelten über die Tiere und Menschen bis zu den himmlischen Göttern – zur Verfügung. (Es gibt sogar Gruppen, die auch die Pflanzen als erlebnisfähig und folglich beseelt ansehen, so daß nach ihrer Meinung die Wiedergeburt auch in das Pflanzenreich führen kann.) Je feiner und lichter die Substanz des psychischen Organs wird, desto größer wird die Erkenntnisfähigkeit und desto höher steigt man auf in der Hierarchie des Lebendigen. Je gröber und dunkler es wird, desto tiefer sinkt man hinab.

Der Tatfaktor Karman bestimmt aber nicht nur den allgemeinen Zustand des psychischen Organs. Er bewirkt auch, daß man – sofern das Karman nicht durch Askese, Erkenntnis oder Gnade Gottes gelöscht wurde – *erleben muß*, was man durch seine Tat verursacht, aber nicht selber ausgekostet hat. Infolgedessen gerät man im Laufe der Wiedergeburten zwangsläufig in äußere Lebensumstände, die einem das Erleben und Durchleben solcher Erfahrung ermöglichen. Jeder Einzelne genießt also mit Sicherheit die Früchte der eigenen Taten, wenn nicht in diesem Leben, so in einem der künftigen Leben. Alle individuellen und sozialen Unterschiede sind auf diese Weise selbst erworben und selbst gewählt. Doch Karman wird dadurch gelöscht, daß man seine Wirkung erlebt. Wer also durch gute Werke sogar in den Götterhimmel gelangt, wird dort den Lohn dieser Werke nur so lange genießen, bis sein gutes Karman verbraucht ist. Wer aber die Folgen schlechter Taten in einer niedrigeren oder leidvolleren Existenz abbüßt, vernichtet damit auch sein schlechtes Karman.

Ob allerdings mit gutem oder schlechtem Karman behaftet, die Seele bleibt in beiden Fällen vorläufig in den Kreislauf der Geburten gebunden. Die Wesen mit schlechtem Karman werden spätestens daraus befreit, wenn die höchste Gottheit in einem sich periodisch vollziehenden *Akt universaler Erlösung* alle Geschöpfe ohne Ausnahme gnädig in sich zurücknimmt. Nach dem Vishnu-Purāna und verwandten Texten ist dies *immer am Ende eines Lebens des Gottes Brahmā* der Fall.

Die Wesen mit gutem Karman, die sich in der Atmosphäre (bhuvarloka) und im Himmel befinden – die Weisen (munis), die Vollendeten (siddhas), die Götter und sonstigen Bewohner des Himmels –, haben dagegen schon *an jedem Ende eines Tages von Brahmā* Gelegenheit, den Kreislauf der Geburten zu verlassen und in höhere, der Wiedergeburt nicht mehr unterworfene Regionen aufzusteigen.

Schlechtes Karman führt also zu tieferer Verstrickung in die Welt und in die Materie, während die Anhäufung guten Karmans zu immer höheren Positionen in der Welt führt. *Auch wird jedem Wesen ohne Ausnahme eines Tages Erlösung zuteil.* Wer aber den fernen Abend eines Brahmā-Tages und das noch fernere Ende eines Brahmā-Lebens nicht erwarten will, der kann schon hier und jetzt ein endgültiges Aussteigen aus dem Zyklus des Werdens und Vergehens versuchen. Dazu ist es erforderlich, gar kein Karman mehr anzuhäufen und das vorhandene Karman zu vernichten, denn auf diese Weise löst man alle Bindungen an die Welt.

Erkennt man diese Zusammenhänge – und bringt man den nötigen Willen auf –, dann kann man sich *aus eigener Kraft* aus dem Kreislauf der Geburten lösen, indem man bestehende karmische Bindungen mittels Askese und Meditation auflöst und neue Bindungen vermeidet. Das gleiche Ziel wird aber auch *durch göttliche Gnade* erreicht, die auf individueller Ebene jederzeit eingreifen, Karman »verbrennen« und den Gläubigen dem Kreislauf der Geburten entziehen kann.

Die *Wiedergeburtslehre* hat viele Vorzüge. Sie gibt eine rationale Erklärung für die tatsächliche Ungleichheit der Menschen und ihrer Daseinsbedingungen. Die Menschen waren – wir sahen das schon – zu Beginn des gegenwärtigen Weltalter-Zyklus von Brahmā ohne Makel und – nach einer Quelle – auch ohne Kastenunterschiede geschaffen worden. Aber er schuf sie nicht als Automaten, die sich nicht verändern, sondern *als Wesen, welche Freiheit besitzen* und die Fähigkeit haben, zu lernen und auch zu vergessen. So entstanden durch unterschiedlich sich bildendes Karman nach und nach die Unterschiede der Menschen im Verlauf von unzähligen Geburten.

Die Wiedergeburtslehre befreit die Gottheit aus der unmittelbaren Verantwortung für alles Elend in der Welt, ohne einen Teufel zu benötigen und ohne das erfahrbare Elend zu beschönigen. Zugleich gibt sie dem Menschen Hoffnung auf eine bessere Zukunft in künftigen Leben und eine starke Motivation, an sich selbst zu arbeiten, damit solche Besserung eintritt. Damit bietet sie den *zentralen Ansatzpunkt* für alle wichtigen südasiatischen Erlösungslehren. Mit einigen Aspekten von diesen wollen wir uns jetzt noch näher befassen.

Wege zur Erlösung

Wenn Angehörige indischer Religionen von Erlösung sprechen, so nennen sie manchmal zwei, manchmal vier, am häufigsten aber drei Wege: den *Weg des Handelns* (karma-mārga), den *Weg des Wissens* (jñāna-mārga) und den *Weg der Gottesliebe* (bhakti-mārga). Diese Wege sind jedoch nicht so streng voneinander geschieden, wie es den Anschein hat. Mit ihnen wurden verschiedene Techniken des Zugangs zur Erlösung entwickelt, die man miteinander kombinieren kann und meist auch kombiniert hat.

Die Inder unterscheiden ferner zwischen zwei Grundhaltungen des Menschen in seinem Erlösungsstreben: dem *Affenweg* und dem *Katzenweg*. Der Unterschied ist folgender: Das Affenjunge ist von Anfang an aktiv. Es klammert sich aus eigener Kraft am Fell der Mutter fest und gelangt so in Sicherheit. Das kleine Katzenjunge hingegen ist passiv. Es miaut kläglich und jammert, rührt sich aber nicht. Die Katzenmutter muß es im Maul forttragen, wenn sie es vor einer Gefahr erretten will.

Diesen Unterschied gibt es auch bei den Menschen. Die einen versuchen, die Erlösung aus eigener Kraft zu erreichen, die anderen rufen nur und hoffen auf die Errettung.

Zum Affenweg gehören bei den Hindus die Askese, der Weg der Tat (vor allem die Erfüllung der eigenen Pflichten, Opfer an Ahnen und Götter und Hilfeleistung durch Gaben und »gute Werke«) und der Weg des Wissens, der auch den Yoga umfaßt. Zum Katzenweg gehört die Gottesliebe. Nur: mit der Zeit werden auch die kleinen Katzen aktiv, und so ist auch die Gottesliebe nicht passiv geblieben.

Einer der ältesten aktiven Versuche einer Selbstvervollkommnung besteht in dem, was die Inder *Tapas* nennen und was wir gewöhnlich mit *Askese* übersetzen. Es handelt sich um das Erzeugen von schöpferischer Hitze auf dem Wege einer Schulung des Willens. Dieser wird durch physische Entbehrungen und geistige Anspannung derartig trainiert, daß der Asket die normalen Begrenzungen leiblichen Daseins schließlich überschreiten und übermenschliche Kräfte der Wahrnehmung und des Handelns entwikkeln kann. Wenn es ihm gelingt, in der Glut seines Willens die Fesseln seines Leibes zu verbrennen, dann verwandelt sich sein Wille in Macht: die Macht, verschiedene Wunder zu tun, die Macht, zu heilen und zu fluchen, und auch die Macht, zu erkennen. Aber Macht ist eine Versuchung. Und so sind es häufig innerweltliche Ziele, welche die Asketen zu erreichen suchen. Sie üben Askese, um einen Sohn zu gewinnen, um unbesiegbar zu werden, um den Rang eines Königs oder Weltbeherrschers oder gar den eines Königs unter den Göttern zu erringen.

Das mag alles erstrebenswert sein. Doch mit Aufkommen der Wiedergeburtslehre verloren diese Ziele ein wenig an Attraktivität. Sie sind nur *in* der Welt zu verwirklichen und zu genießen, führen aber aus dem Kreislauf der Wiedergeburten nicht hinaus. Macht der Askese führt nur zu Erlösung, wenn sie sich auf Erkenntnis richtet beziehungsweise einen Gott veranlaßt, erlösendes Wissen zu gewähren. Nur im *Shivaismus*, der in Shiva selbst das große asketische Vorbild sieht, bewahrte dieser archaische Typus der Selbstvervollkommnung seine volle Bedeutung als Weg zur Erkenntnis und zur Erlösung. *Vishnuismus* und *Shāktismus* dagegen haben sich im allgemeinen vom Weg der strengen Askese (tapas) abgewendet, wobei der Vishnuismus meist eine gemäßigte Enthaltsamkeit propagierte, der Shāktismus jedoch dazu neigte, auch stark differierende Formen menschlicher Lebensgestaltung für die Selbstvervollkommnung zu nutzen.

Ein zweiter, ebenfalls sehr alter Weg ist der Weg der rituellen Handlung, der *Weg der Tat*. In der vedischen Tradition war das Opfer die wichtigste Handlung, nämlich diejenige Handlung, mit deren Hilfe der Mensch die Verbindung mit den Himmlischen aufnahm. Das Opfer gab ihm die Möglichkeit, seinen Beitrag zum Ordnungsgefüge des Kosmos zu leisten, seinen Dank für gewährte Hilfe zu zeigen und seine Bitte um erneuten Beistand auszusprechen. Die Art des Opferns hat sich inzwischen in manchen Hindu-Religionen geändert, aber seine Bedeutung als Zugang zur Gottheit besteht noch immer.

Nicht nur der Priester, sondern jeder Hausvater der drei oberen sozialen Schichten opfert, und auch die Speisung der Hungrigen und der unerwarteten Gäste gilt als ein Opfer an die Gottheit. Aber das Opfer, das einst ein selbständiger Weg zum Erreichen der Himmelswelt war, ist heute weitgehend eingebettet in ein komplexeres System, in dem es sich mit dem Weg der Gottesliebe und dem Weg des Wissens verbunden hat.

Von diesen beiden ist der Weg des Wissens der ältere. Er trat nach dem Aufkommen der Wiedergeburtslehre in den Vordergrund, als es darum ging, die Ursachen des leidvollen Daseinskreislaufs zu durchschauen und einen Ausweg aus ihm zu suchen.

Der Weg des Wissens (jñāna-mārga)

Es ist leicht zu sagen, Ātman und Brahman seien identisch. Aber es ist schwer, diese Erkenntnis existentiell zu erfahren, die Einheit mit dem Absoluten voll zu realisieren. Denn dies erfordert zunächst die *Überwindung der Unwissenheit,* die Überwindung der Faktoren, welche die Welt als Vielheit erscheinen lassen, und die Überwindung aller Bindungen an diese Vielheit. Es gibt mehrere Möglichkeiten, dies zu erreichen. Eine der bekanntesten erfordert, den ganzen Prozeß der Weltentfaltung voll zu durchschauen und ihn dann Schritt für Schritt rückwärts zu verfolgen, bis die Vielheit im eigenen Bewußtsein wieder aufgelöst wird: So gelangt man zur Einheit zurück.

Aber Erkenntnis ist kein intellektuelles Spiel. Erkenntnis ist etwas, das *einen Wandel menschlichen Bewußtseins voraussetzt.* Sie erfordert, wie wir gesehen haben, eine Überwindung der Strukturen unseres »Inneren Instruments«. Und so greift man, wenn man den Weg der Erkenntnis beschreiten will, auf Askese und auf Yoga zurück. Die Askese wird gemäßigt. Es geht nicht mehr um das Erreichen unbegrenzter Macht, sondern nur noch um so viel Läuterung, wie nötig ist, damit Denken und Meditation von körperlichen Funktionen ungestört verlaufen können. Und man übt die Techniken des Yoga, um sie in den Dienst der Erkenntnis zu stellen. Denn Erkenntnis, die zum reinen Bewußtsein zurückführt oder das Absolute im Zustand der Entfaltung zu erfahren vermag, realisiert sich nicht in diskursivem Denken, sondern letztlich immer in der *Meditation oder Vision.*

Man kann das Ziel des Weges der Erkenntnis auch in einem anderen Bild ausdrücken, das der vedischen Tradition entnommen ist. Da heißt es in einer Hymne des Rigveda, die Welt sei aus einem Opfer entstanden. Der eine kosmische Mensch (purusha) wurde geopfert, und aus seinen Teilen entstand die Welt.

Dieses Bild vermittelt vor allem zwei Gedanken. Erstens ist die Fülle aller Erscheinungen nichts anderes als *das Eine in veränderter Form.* Zweitens bedeutet die *Vielheit ein Opfer der Einheit.* Diese beiden Gedanken durchziehen die Erlösungstheologie und Erlösungstechnik im sogenannten Weg des Wissens. Das Eine ist *im* Vielen zu finden. Jeder kann es in sich selbst entdecken. Und wenn die Selbstaufgabe der Einheit zur Vielheit geführt hat, so läßt sich dieser Prozeß auch umkehren: Durch restlose Aufgabe der Vielheit in der konzentrierten Meditation kann die Einheit wiedererfahren werden. Jedes Individuum ist Teil der Vielheit. Indem es sich gewissermaßen selbst opfert, seiner Eigenständigkeit als Individuum entsagt und zugleich die Vielheit anderer Dinge und Wesen aus seinem Bewußtsein löscht, gelangt es wieder in das Eine zurück.

Der Weg des Wissens oder der Erkenntnis genießt das höchste Ansehen aller Erlösungswege in Indien. Er hat aber zwei Nachteile. Ihn aus eigener Kraft zu gehen ist schwer. Er erfordert Voraussetzungen der inneren Reinheit und der geistigen Schulung, die nicht jedermann ohne weiteres erfüllen kann. Zahllose Inkarnationen sind notwendig, um den Zustand zu erreichen, von dem aus der Weg der Erkenntnis zur endgültigen Erleuchtung führt.

Der zweite Nachteil ist ein sozialer. Wo käme man hin, wenn sich jedermann dem Weg der Erkenntnis und der Meditation widmete? Nicht nur Jainas und Buddhisten, sondern auch zahlreiche Angehörige der Hindu-Religionen waren fasziniert von diesem Weg. Viele waren bereit, der Welt den Rücken zu kehren und sich ausschließlich der Selbstvervollkommnung zu widmen. Wir wissen auch, daß es vor allem Brahmanen, Krieger und Bürger der wohlhabenden Mittelschicht waren, Kaufmannssöhne zum Beispiel, die sich diesem Weg verschrieben. Aber sie taten es nicht nur, wie dies in der älteren Zeit vorgesehen war, *nach* Erfüllung ihrer sozialen Pflichten, *nach* der Versorgung ihrer Familie, wenn eigene Kinder großgezogen und auch die Versorgung der Enkel gesichert war. Vielmehr gab es auch solche, die sich ihren gesellschaftlichen Verpflichtungen schon früher entzogen. Sie ließen Vater und Mutter, Frau und Kind zurück. Die Hoffnung auf eine Überwindung des Kreislaufs der Geburten trieb sie von anderen Aufgaben, den Aufgaben innerhalb der Gesellschaft, fort.

Der Weg des Handelns (karma-mārga)

In dieser Situation wurde der Weltentsagung ein anderes Ideal entgegengesetzt, wie es zum Beispiel in der *Bhagavadgītā* deutlich zum Ausdruck kommt. Dieser Text bietet eine Alternative zur Weltabkehr. Zwar blieb auch ihm das Erlangen von Wissen höchstes Ziel, aber als Voraussetzung dafür verwies er auf den *Weg des Handelns* zurück, der als Weg der Opfer und rituellen Handlungen seit alters bekannt war. Zugleich gab er diesem Weg eine neue Dimension, indem er dem rituellen Handeln das soziale Handeln als wesentliche Aufgabe hinzufügte. Erfülle deine Pflicht *in der Welt,* so versucht dieser Text zu sagen, aber binde dich dabei nicht *an die Welt.* Verrichte deine Aufgaben ohne Selbstsucht. Denn es ist nur die Selbstsucht, die Begierde, das Haften an den Dingen, welches beim Ausüben einer Tat *Karman* erzeugt und damit einen zur Wiedergeburt zwingenden psychischen Eindruck hinterläßt. Die selbstlose Tat hingegen bleibt ohne negative Auswirkung. Und es ist das Handeln in der Welt, das Handeln entsprechend den je eigenen Pflichten und Normen, welches dem Menschen aufgegeben ist. Auch überschätzt der Einzelne sich selbst, wenn er meint, er sei es, der handelt, er sei der Täter seines Tuns. Denn letztlich ist – wir hatten das schon gesehen – die Gottheit allein der Ursprung allen Tuns.

In der Bhagavadgītā wird der Weltverneinung eine Absage erteilt. Der Mensch kann sich *in der Welt* üben, um sich *von der Welt* zu lösen. Er kann sich lösen, indem er Begierde und Selbstsucht und alles, was sich daraus ergibt, wie Wollust und Leidenschaft, Haß und Zorn, Angst und Unachtsamkeit usw., überwindet und von sich abstreift.

Nun ist auch das leichter gesagt als getan. Der Christ kann es nachempfinden, denn auch er ist zur Selbstlosigkeit aufgerufen und scheitert meist an diesem schlichten Gebot. Selbstlos zu sein in dem Maße, daß keinerlei Bindung mehr erfolgt – und das heißt auch, daß kein Karman mehr erzeugt wird, nicht einmal gutes Karman –, das ist eine radikale Forderung. In letzter Konsequenz würde eine solche Selbstlosigkeit sogar den Verzicht auf den Wunsch nach eigener Erlösung erfordern. Doch nur die Buddhisten haben auf der Basis des Mitleidsideals einen expliziten

Schritt in diese Richtung getan. Für das Volk, für den einfachen Mann auf der Straße, ist der Weg des selbstlosen Handelns noch immer zu schwer.

Der Weg der Gottesliebe (bhakti-mārga)

So bleibt denn der Erlösungsweg der Gottesliebe *(bhakti)*, welcher wirklich jedermann zugänglich zu sein verspricht: den Weisen und den Toren, den Reichen und den Armen, den Menschen von hoher Kaste und denen, die am untersten Rand menschlicher Gesellschaft leben. Bhakti, die Hingabe an Gott, die Liebe zu Gott und das Geliebtwerden von Gott, steht im Zentrum dieses Erlösungsweges.

Das Wort kommt von der Verbwurzel *bhaj*, die in den transitiven Bedeutungen »teilen, zuteilen« und »liebend dienen« gebraucht wird. Entsprechend hat das Wort Bhakti eine doppelte Bedeutung. Es heißt sowohl »Zuteilung« als auch »liebender Dienst« (an Gott). Das deutsche Wort Gottesliebe muß also im Sinne des lateinischen *amor dei* verstanden werden, so daß es die Liebe zu Gott, die sich im Gottesdienst ausdrückt, ebenso umfaßt wie die Liebe Gottes zum Menschen. Der Mensch wird der Gnade Gottes teilhaftig durch bedingungslose, dienende Hingabe an ihn und durch eine alle Distanz überwindende Liebe zu ihm. Aber diese Liebe verwirklicht er nicht ausschließlich aus eigener Kraft. Entsprechend seiner eigenen Bemühung kommt auch Gott auf ihn zu und teilt ihm in seiner Gnade das zu, was der Mensch zu verwirklichen strebt, nämlich abermals Bhakti, die Gottesliebe, die Erlösung bringt.

So ist es denn in der Bhakti-Literatur meist der erste und wichtigste Wunsch des Gläubigen und das zentrale Gebet an die Gottheit, daß diese ihm Bhakti schenken möge beziehungsweise daß der Gläubige fähig werde, Bhakti zu verwirklichen.

Bhakti ist also eine reziproke Bewegung, ein *Aufeinander-Zugehen von Mensch und Gott*. Es ist ein anderer Versuch, die Trennung von individuellem Selbst und absolutem Selbst, von Ātman und Brahman zu überwinden. Diesmal nicht im Feuer der Erkenntnis, sondern in der Glut der Liebe, die eine personale Beziehung voraussetzt.

Das ist in der Tat leichter als der entsagungsvolle Weg der Erkenntnis; denn hier werden die emotionalen Kräfte des Menschen, dieselben Kräfte, die auch die Bindung an die Welt bewirken, für das Erlösungsstreben des Gläubigen genutzt.

Drei Dinge, sagen die *Pāshupata-Shivaiten,* kennzeichnen das Verhältnis von Mensch und Gott: *pashu* (= das Tier), *pati* (= der Herr) und *pāsha* (= die Fessel). Das Tier ist ein Opfertier, die Fessel bindet es an den Opferpfahl, und dem Herrn soll es geopfert werden. Erst das Opfer selbst befreit es aus dieser Lage.

So ist es auch mit dem Menschen. Der individuelle Mensch ist das Opfertier, seine Bindungen an den Kreislauf des Daseins sind die Fessel. Nur wer sich Shiva dem Herrn in Selbsthingabe opfert, erlangt Erlösung.

Wie aber vollzieht sich dieses Opfer, diese Selbsthingabe an Gott? Nur *reine* Opfertiere sind opferwürdig. Daher ist die erste Voraussetzung ein *reiner Lebenswandel* (caryā). Die weitere Läuterung besteht in *gottbezogenem Handeln* (kriyā), das vor allem das Spenden von Gaben, das Gebet und Ritual zu Hause und im Tempel sowie das Studium beim spirituellen Lehrer umfaßt. Nach langer Übung in solcher Selbstreinigung folgen dann *Meditation* (yoga) und schließlich die erlösende *Erkenntnis* (jñāna).

Die Gottheit offenbart sich dem Menschen, der sie preist. Sie hilft ihm, zeigt sich ihm im Bild, in der Vorstellung und in allen Wesen. Die *Liebe zu Gott* provoziert *Dienst an Gott,* der sich in allem Denken und Handeln ausdrücken soll. Dabei werden auch die anderen Erlösungswege wieder teilweise integriert. Das Opfer wird aufgegriffen und in den Gottesdienst einbezogen. Das Studium heiliger Texte und das Bemühen um Wissen werden Teil der hingebungsvollen Konzentration auf die Gottheit. Askese und Meditation dienen der Selbstläuterung, um der Gnade Gottes würdig zu werden und um sich selbst in einen reinen Platz für die Präsenz Gottes zu verwandeln. Die Erfüllung der sozialen Pflichten oder, wie bei Gandhi und anderen, die Zuwendung zu den Armen und Unterdrückten wird ebenfalls Bestandteil des Dienstes an Gott.

Bei alledem ist das *Erlösungsideal* im wesentlichen die Verschmelzung des Individuums mit dem Absoluten, mit der Gottheit geblieben. Das Eingehen ins höchste Bewußtsein und damit die Aufgabe der Gottferne und der Individualität zugleich blieben das vorherrschende Ziel.

Nur zwei charakteristische sektarische Strömungen sind zu erwähnen, die von diesem Ziel abweichen:

Eine davon war eine intensive *Liebesmystik,* die sich vor allem im Krishna-Kult Bengalens und im südindischen Shivaismus entfaltete. Die Gottheit wurde als Bräutigam, die menschliche Seele als Braut konzipiert, die sich in Sehnsucht nach dem Geliebten verzehrt und erst in der Vereinigung Erfüllung finden wird. Eine reiche, christliche Theologen vielleicht in ihrer Sinnlichkeit verblüffende erotisch-mystische Dichtung ist aus dieser Liebesmystik entstanden. Vor allem aber änderte sich die Intention der Gläubigen: Nicht Identität mit der Gottheit, sondern Vereinigung mit ihr unter Beibehaltung der Individualität wurde hier zum höchsten Ziel.

Die zweite Richtung entstammt einer alten Tradition der Bhakti-Bewegung. Denn sowohl der vishnuitische als auch der shivaitische Gläubige empfindet mit zunehmender Intensität seiner Gottesliebe seine eigene *Unzulänglichkeit und Unwürdigkeit* immer stärker. Er weiß, daß er unfähig ist, seinen Gott adäquat zu preisen, und versucht es dennoch. Er empfindet sich als Sklaven (dāsa) und Gott als den Erhabenen (bhagavān) oder den Herrn (Īshvara). Schon die Füße Gottes zu verehren erscheint ihm als das höchste Ziel.

Aus dieser Haltung ergibt sich zuerst bei shivaitischen, dann auch bei vishnuitischen Gruppen eine neue Zielsetzung, die ebenfalls von der Einswerdung mit Gott abweicht. Nicht das Eingehen in Shiva wird erstrebt, sondern sein gnädiger Blick. Folgerichtig haben zum Beispiel Theologen des *Shaiva-Siddhānta* die Konsequenz gezogen: Die Seele des Menschen ist göttlich; aber nicht, weil sie mit Gott identisch wäre, sondern weil sie ständig mit Gottes Gnade verbunden ist.

Diese Bewegung hat auch auf einen Teil der Vishnuiten übergegriffen und zum Beispiel den Theologen *Rāmānuja* zu seiner Lehre vom qualifizierten Monismus geführt. Danach wirkt Gott als »innerer Lenker« (antaryāmin) in zahllosen individuellen Seelen (ātman) und in der Materie (prakriti). Beide stellen gewissermaßen einen Leib Gottes dar, bilden zusammen mit ihm eine Einheit (advaita), die in sich differenziert (vishishta) ist. Gott ist mit Seelen und Materie zwar eng verbunden, aber nicht mit ihnen identisch und auch nicht von ihnen abhängig. »Erlösung« des Individuums erfolgt nach dieser Lehre über die Erkenntnis der Differenz von Ātman (Seele) und Prakriti (Materie) und führt zu ausschließlicher Zuwendung zu Gott und engster Verbindung mit Ihm.

Die grundsätzliche Differenz zwischen Gott und den menschlichen Seelen ist dann in der dualistischen Lehre des *Madhva* (13. Jahrhundert) und seiner Schule systematisch dargelegt worden. Diese Schule besteht, wie wir hörten, auf dem völligen Unterschied zwischen individuellem Selbst und höchster Gottheit. Zugleich stellt sie das Ziel, in die Nähe Gottes zu gelangen und seiner ansichtig zu werden, höher als das Ziel, mit Gott eins zu werden.

Wenn ich nach Zucker strebe, so argumentiert Madhva, dann tue ich dies doch vor allem, um seine Süße zu schmecken und mich daran zu erfreuen, nicht aber, um selber Zucker zu werden. Ebenso ist es mit Gott. Ich will Gott sehen und preisen, nicht selber Gott werden.

Die Konsequenz dieser Zielvorstellung ist die bleibende Differenz von Seele und Gottheit und folglich auch die Existenz einer grenzenlosen Zahl von Einzelseelen im Sinne von unabhängigen, bewußten Einheiten. Solche Pluralität von Einzelseelen gab es schon im Sāmkhya, doch standen sie dort in einem dualistischen Verhältnis zur Urmaterie. Bei Madhva besteht der Dualismus in der letztlichen Gegenüberstellung von Einzelseelen und Gottheit.

Madhva aber und seine Schule haben übersehen oder zuwenig beachtet, daß die höchste Gottheit unbegrenztes Sein, unbegrenztes Bewußtsein und unbegrenzte Glückseligkeit ist. Dem Eingehen in diesen Zustand scheint ein bloßer Anblick Gottes deutlich unterlegen, denn er setzt eine partielle Freude an die Stelle der unendlichen und allumfassenden. Das Ideal der paradiesischen Schau, die »visio beatifica«, hat sich daher nur in Teilen des Vishnuismus und Shivaismus durchsetzen können.

2. Hans Küng: Eine christliche Antwort

Reinkarnation und Erlösung waren die beiden Themenschwerpunkte der voraufgegangenen Exposition, und christliche Theologie ist herausgefordert, ebenfalls in aller Kürze Grundsätzliches zu diesen Komplexen zu sagen. Ich werde den bisher eingeschlagenen Weg auch hier weitergehen und im Hinduismus wie im Christentum sowohl den Extremen (Monismus und Dualismus, mythologischer Anthropomorphismus und abstrakter Apersonalismus ...) wie der klassischen Via media Beachtung schenken. Erstaunliche Gemeinsamkeiten zwischen Christentum und Hindu-Religionen zeigten sich bezüglich des Gottes- und Weltverständnisses; sie sind auch bezüglich des Menschen- und Heilsverständnisses aufweisbar, ohne daß bestehende Differenzen unterschlagen werden. Zunächst zur Frage der Erlösung:

Sehnsucht nach Erlösung

Eines ist klar: Christentum wie hinduistische Religionen wollen nicht nur *theoretische Antwort* sein auf die ewigen Fragen des großen Woher und Wozu von Mensch und Welt, die sich auf eine Wirklichkeit »hinter« oder besser »in« dem Sichtbar-Greifbaren, »nach« und schon »vor« der eigenen Lebensspanne beziehen. Beide wollen über alle Welt- und Gottesdeutung hinaus einen *praktischen Weg* ermöglichen: aus der Not und Qual des Daseins zu einem irgendwie gearteten Heil. Erlösung also – wovon und wozu? Bei allen Differenzen im einzelnen zeichnet sich hier zunächst eine doppelte Grundübereinstimmung ab:

- Christentum *und* hinduistische Religionen kennen die Entfremdung, Verfallenheit, *Erlösungsbedürftigkeit* der Welt. Beide wissen in irgendeiner Form um die Unwissenheit und Verblendung, Einsamkeit und Vergänglichkeit des Menschen, um seine Triebhaftigkeit, Trägheit und Angst, kurz: seine übergroße Ichbezogenheit. Beide sind bekümmert um das unsägliche *Leid,* das aus des Menschen eigenen Taten und ihren Wirkungen entsteht, aber auch über das Elend dieser unheilen Welt überhaupt.
- Christentum *und* hinduistische Religionen hoffen auf die Erlösung durch ein *Absolutes:*
  Beide sehnen sich nach Erkenntnis, Verwandlung, Erleuchtung, Befreiung, Erlösung des Menschen und seiner Welt.
  Beide erhoffen sich dies durch ein Eingehen in ein Letztes, Unbedingtes, Höchstes: die wie immer genannte und wie immer verstandene wirklichste Wirklichkeit.
  Beide wissen, daß diese wirklichste Wirklichkeit bei aller Nähe verborgen ist, daß das Letzte nicht von vornherein objektivierbar, zugänglich, verfügbar ist, daß das Absolute selbst Erleuchtung, Offenbarung, Aufhebung des Leidens vermitteln muß.

Parallelen also in Ausgangslage und Zielsetzung, Parallelen aber bei näherem Zusehen auch auf den Wegen zum Heil.

Parallele Wege

Wie in den Hindu-Religionen, so gibt es auch im Christentum – sieht man das ganze Spektrum christlicher Theologie und Frömmigkeit – *verschiedene Heilswege.* Sie sind auch hier nicht unbedingt streng voneinander geschieden, sondern durch verschiedene Akzentsetzungen charakterisiert. Wollte man sehr stark vergröbern, könnte man sogar gewisse Ähnlichkeiten – mehr nicht – der *drei Heilswege* im Hinduismus mit den drei großen christlichen Konfessionen feststellen:
Karma-Mārga: der Weg des Handelns, der Taten, der Werke – sei es im Sinne von asketischen oder kultisch-rituellen Leistungen – könnte der römisch-katholische Weg genannt werden.

Jñāna-Mārga: der Weg des Wissens, der Erkenntnis, der Gnosis – auch hier durchaus im Sinne existentieller Erfahrung und oft verbunden mit der Forderung nach Elite und Askese – könnte mehr mit dem griechisch-alexandrinischen Weg verglichen werden.
Bhakti-Mārga: der Weg der bedingungslosen Hingabe (bhakti = Zuteilung und Teilhabe), des Vertrauens, des Glaubens, der Liebe könnte – trotz aller Unterschiede – Analogien mit dem augustinisch-lutherisch-reformatorischen Weg zeigen, der weder auf die Werke noch auf das Wissen setzen möchte.

Aber dieses Schema, sosehr es das Spektrum illustriert, ist natürlich auf beiden Seiten zu schablonenhaft an den Extremen orientiert. In Wirklichkeit ist
weder der katholische Weg identisch mit frommer Werkgerechtigkeit (das wäre schierer Legalismus),
noch der protestantische mit vertrauender Hingabe allein (das wäre purer Quietismus),
noch der griechisch-orthodoxe mit bloßem Erkenntnisstreben (das wäre reiner Gnostizismus).
Wie sich diese drei Wege in Indien in einem komplexen System miteinander verbinden, so auch im Christentum, wo man in *jeder* christlichen Konfession – wenngleich eben mit verschiedenen Akzentsetzungen – von einem komplexen Ineinander von Erkennen, Handeln und Hingabe ausgehen kann. Der intellektuelle, der praktische und der emotionale Faktor spielen also immer zusammen.

Dies wird noch deutlicher, wenn wir auf die *beiden Grundhaltungen* im Erlösungsstreben achten: auf das, was die Inder so einleuchtend den Affen- und Katzenweg nennen. Ist nicht auch für alle christlichen Konfessionen theoretisch wie praktisch die Gleichzeitigkeit des Prinzips von *Passivität und Aktivität* charakteristisch? In der Tat: christliche Grundüberzeugung ist, daß bei der Bestimmung des Erlösungsverhältnisses Gott-Mensch Passivität und Aktivität zugleich zu affirmieren sind:
1. Wie die kleine Katze sich von ihrer Mutter tragen läßt, so soll der Mensch sich tragen lassen vom bedingungslosen Vertrauen auf seinen Gott: Die Rechtfertigung geschieht christlich nicht aufgrund frommer Leistungen, sondern aufgrund des vertrauenden Glaubens allein. Also Passivität vor Aktivität!

2. Und wie der kleine Affe selber seine Kräfte aktiv zur Anwendung bringt, so soll auch der gerechtfertigte Mensch seinen Glauben christlich durch Werke der Liebe bestätigen. Also Aktivität aus Passivität!

Hier wird nun auch deutlich, daß es sich wie im Christentum, so auch in den Hindu-Religionen, nicht wie im Buddhismus, von vornherein um eine mönchisch-weltabgewandte Religion handelt. Nirgendwo wird es deutlicher als in jenem »Lied des Erhabenen« (= Krishnas, Inkarnation des einen Gottes Vishnu) um zirka 300 vor Christus (um 800 nach Christus in der heutigen Gestalt bezeugt), wo, wie wir in der Exposition hörten, eine durchaus weltliche Frömmigkeit empfohlen wird: in der »Bhagavadgītā«.

Weltliche Frömmigkeit

Es ist gewiß zu bedenken, was schon Helmuth von Glasenapp herausgestellt hat: daß in der Bhagavadgītā, diesem großen Lehrgedicht aus dem Epos Mahābhārata, dem vielleicht meistgelesenen klassischen Text Indiens, eine umfassende Welt- und Lebensanschauung entwickelt wird, die jedoch entgegengesetzte Tendenzen umfaßt: wo Gott bald theistisch, bald panentheistisch verstanden, wo bald die selbständig erworbene Erkenntnis, bald die gläubige Gottergebenheit (bhakti) als Heilsweg empfohlen wird. Es ist jedoch gerade die Frage, ob sich diese Gegensätze bei tieferem Verständnis nicht gegenseitig einschließen können.

Als Grunddevise der Bhagavadgītā drängt sich jedenfalls auf, was durchaus auch christlich verstanden werden kann: Erfülle deine *Pflicht in der Welt,* aber *binde dich nicht* an sie! Denn ursprünglich bedeutete auch die Nachfolge Christi nicht Weltabkehr und Weltentsagung (Jesus war, das wird im Zusammenhang des Buddhismus noch deutlicher werden, kein Asket), sondern die Erfüllung des Willens Gottes in Glaube und Liebe hier und jetzt. In der Welt zu wirken, ohne sich an die Dinge zu binden, sich an die Aufgaben zu verlieren und sich selber zu suchen! Was Paulus mit dem Satz »Macht euch der Welt nicht gleichförmig« umschreibt, ist hier gemeint. Bindungslosigkeit der Welt gegenüber nicht als

Alibi für Nichtstun, sondern als Freiheit zur Praxis ohne Selbstsucht: Freiheit zu selbstlosen Taten! Hinduismus wie Christentum haben freilich beide im Verlauf ihrer Geschichte die Erfahrung gemacht, wie schwierig diese Selbstlosigkeit in Freiheit zu leben ist. Dort wie hier aber ist die Erkenntnis bewahrt, daß der Mensch sein Selbst nur loslassen und die Bindungen an die Welt nur lösen kann, wenn er sich an das »reine Selbst«, an Gott, an das Absolute, hält.

Dieser Weg ist also für die Menschen nur möglich, wenn er von Gott selbst eröffnet, geschenkt wird: ermöglicht von seiner »Zuteilung«, seiner *»Bhakti«*, wie die Hindus sagen; von seiner »Zuneigung«, seiner »Charis«, seiner *»Gnade«*, wie die Christen es ausdrücken. Reziprozität von Aktivität und Passivität gewiß, aber in einer Bewegung, die vom absoluten Selbst zum individuellen Selbst, vom Brahman zum Ātman geht. Was vom Menschen erwartet wird, ist bedingungslose Hingabe – als *Grundhaltung* seines Lebens. Diese auf Hingabe beruhende gläubige Liebe zu Gott wird im Hinduismus wiederum Bhakti genannt, im Christentum wie im Judentum aber Glaube (unbedingtes Vertrauen) und Liebe (rückhaltloses Sichschenken), im Islam – und hier schließt sich der Kreis – eben Islam! Das heißt: das in persönlicher Gotteserfahrung gewonnene »Wissen« im hinduistischen Sinn und die auf geschichtliche Offenbarung und Verkündigung gegründete »Heilsgewißheit« schließen sich keineswegs aus.

Seit der Gītā steht die Bhakti im Mittelpunkt zumindest der vishnuitischen Theologie, und einer der großen Vertreter der Bhakti-Religion war – so hörten wir in der Exposition – jener Theologe, von dem wir schon einmal gesprochen haben: Shankaras großer Gegner *Rāmānuja*, dem Rudolf Otto schon 1930 eine Monographie (die durch die Darstellungen von Olivier Lacombe [1938] oder Adam Hohenberger [1960] weitergeführt wurde) unter dem Titel »Die Gnadenreligion Indiens und das Christentum« gewidmet hat.

Der Mystiker *Rāmānuja* wird nur richtig verstanden, wenn er als *Schrifttheologe* verstanden wird. Menschliche Vernunft ist nach ihm der Heilserkenntnis nicht fähig; theologische Erkenntnisquelle haben die heiligen Schriften zu sein, die Rāmānuja freilich (oft mehr hinein- als herauslesend) existentiell ganz von seinem hermeneutischen Vorverständnis her interpretiert, auf sein System der »qualifizierten Zweitlosigkeit« hin, wie wir es bereits kennengelernt haben. So gelingt es ihm, das traditionelle mystische Einheitsdenken mit der personal ausgerichteten Bhakti-Frömmigkeit in origineller Weise zu verbinden. Er kann dabei manche in den Upanishaden von anderen Theologen vernachlässigte oder vergewaltigte Passagen für seine Lehre in Anspruch nehmen und kann, aufs Ganze gesehen, der Gītā und den Brahmasūtras besser gerecht werden als die Monisten und die Dualisten. Und insofern ist es für ihn nicht schwer, die Erlösungshoffnung statt auf die selbstgewonnene Erkenntnis im Sinne Shankaras auf das Vertrauen in Gottes (= Vishnus) rettende Gnade zu setzen: Die Erkenntnis wird von Rāmānuja der Bhakti, der liebenden Hingabe, untergeordnet, aber keineswegs einem billigen »Devotionalismus« geopfert.

Durch das Wort der Offenbarung, wie es in den Heiligen Schriften niedergelegt ist, wird des Menschen Glaube geweckt. Durch Gottes, des Herrn, *Gnade* (prasāda) wird der – durch Unwissenheit verdunkelten und durch Leib, Sinne, Begierden in die trügerische (aber reale) Māyā-Welt verstrickten – Geistseele die Heilserkenntnis geschenkt, um den Heilsweg zum Heilsziel, zur Erlösung, zu finden. Dieses Ziel ist weder in diesem Leben noch nach dem Tod ein Auslöschen des Ich, wie es Shankara annimmt. Es ist ein persönlicher Dienst gegenüber dem Herrn, sowohl hier auf Erden wie auf ewig im Himmel. Der von Gott ganz und gar durchdrungene und durchwaltete und von ihm verschiedene Mensch strebt nicht nach Identität, sondern nach *Vereinigung* mit Gott.

Das Heilsmittel ist die *Erkenntnis,* die zugleich *Bhakti* ist. Dieses glaubend-vertrauende und liebende Anhangen am Herrn grenzt Rāmānuja sowohl von den leidenschaftlich-erotischen Kulten des

Tantrismus wie von der intellektuell kühlen Mystik Shankaras ab. Ihm geht es um eine Herzenserkenntnis und ein inniges personales Verhalten gegenüber dem rettenden und liebenden Gott, der zur persönlichen Gemeinschaft in Einheit mit ihm beruft. Und hier haben auch die *Werke*, der Kult und das hohe Ethos, wie es in der Gītā gefordert wird, ihren Platz wie andererseits auch die regelmäßig nach der Weisung des Yoga zu übende *Kontemplation*: Durch Abstraktion von der Sinnenwelt kann der Mensch schon jetzt zur Schau des Herrn kommen und jenes »advaita«, jener »Ungetrenntheit« von Gott innewerden, die nicht in einer einfachen Identität mit Gott (Shankara), sondern in einer innigen Wesensverbundenheit mit Gott durch Einwohnen des »Inneren Lenkers« besteht. Einheit mit Gott also und zugleich Abhängigkeit von Gott.

So schuf Rāmānuja eine große Synthese von Karma-Mārga, Jñāna-Mārga und Bhakti-Mārga und wollte sich dabei selber nicht wie später seine Schüler entweder für einen Katzen- oder einen Affenweg entscheiden. Frage: macht nicht schon eine kurze Umschreibung dieser Synthese offenkundig, wie groß die Verwandtschaft solcher indischer Gnadenreligion mit der christlichen ist? Doch wird man behutsam sein: denn diese Gnadenreligion steht in einem anderen, nun eben doch spezifisch indischen Kontext, wo sich trotz aller erstaunlichen Gemeinsamkeiten gewichtige Unterschiede feststellen lassen. Denn auch nach Rāmānuja wie nach der ganzen indischen Tradition steht der Mensch unter einem schwer lastenden Verhängnis: Die Geistseele (ātman), gefangen im Elend des Samsāra, des ständigen *Kreislaufes*, muß gemäß dem Gesetz des Karman immer wieder neu wandern, von Geburt zu Geburt, von Leben zu Leben, hundertmal, tausendmal vielleicht.

Die *Differenz* ist deutlich: Die jüdisch-christlich-islamische Tradition kennt nur ein *einziges Leben* des Menschen, in dem sich für die Ewigkeit alles entscheidet. Die hinduistische Tradition dagegen kennt *mehrere Leben*, in denen der Mensch sich immer wieder reinigen und vervollkommnen kann.

Ein einziges oder mehrere Leben?

Christliche Theologen nehmen eine solche Frage gewöhnlich kaum ernst. Mehr als einmal leben, Re-Inkarnation (Wieder-Verkörperung, Wieder-Geburt) oder Seelenwanderung (Metempsychose, Transmigration): das gilt weithin als kurios und skurril, als Aberglauben schlechthin. Dabei übersieht man freilich zweierlei:

1. Nicht nur die Hindus, sondern ein *großer Teil der Menschheit* glaubt seit Jahrtausenden an Reinkarnation oder Wiedergeburt. Dies glauben nicht nur die zahlreichen Naturvölker, bei denen dieser Glaube viel mit Animismus und Totemismus zu tun hat. Dies glauben neben den 600 Millionen Hindus auch gegen 300 Millionen Buddhisten in China, Japan und ganz Südostasien. Indischer Einfluß auf die frühen griechischen Denker in Kleinasien und Griechenland ist zwar nicht erwiesen, ist aber durchaus wahrscheinlich. Sicher ist jedenfalls, daß als erster im Westen Pherekydes von Syros schon im 6. Jahrhundert, dann die Orphiker, Pythagoras und Empedokles, schließlich auch Platon, Plotin und die Neuplatoniker (ebenso römische Dichter wie Vergil in seiner »Äneis«) diese jedoch schon längst vorher in Indien klar formulierte Lehre vertreten haben, was Einfluß hatte auf die christliche Gnosis ebenso wie den Manichäismus bis hin zu mittelalterlichen Sekten wie den Katharern.

2. Auch im *Europa* und *Amerika* von heute gibt es ungezählte Menschen, die die indische Lehre von der Reinkarnation religiös durchaus überzeugend finden. Dazu zählen nicht nur alle möglichen Gruppen von Spiritisten und Spiritualisten, sondern auch, mit vielen Anhängern von Neuoffenbarungen, die Theosophie (von H. P. Blavatsky und Annie Besant) und heutzutage besonders die Anhänger der Anthroposophie Rudolf Steiners. Gerade sie zählen auch bedeutende Denker der deutschen Klassik und Romantik zu ihren Kronzeugen: Dichter und Philosophen wie Kant, Lessing, Lichtenberg, Lavater, Herder, Goethe und Schopenhauer haben zumindest zeitweise der Reinkarnationslehre angehangen. Selbst ein so kritischer Geist wie Lessing, der die historisch-kritische Leben-Jesu-Forschung mit den aufsehenerregen-

den Fragmenten des Reimarus über Jesus und seine Auferstehung in Gang setzte, konnte in seiner »Erziehung des Menschengeschlechts« (1780) schreiben: »Warum sollte ich nicht so oft wiederkommen, als ich neue Kenntnisse, neue Fertigkeiten zu erlangen geschickt bin? Bringe ich auf Einmal so viel weg, daß es der Mühe wieder zu kommen etwa nicht lohnet? ... Die Erinnerung meiner vorigen Zustände, würde mir nur einen schlechten Gebrauch des gegenwärtigen zu machen erlauben. Und was ich auf jetzt vergessen *muß*, habe ich denn das auf ewig vergessen?« (§ 98 f.).

Wer könnte übersehen, daß auch für viele Menschen im Westen die Reinkarnationslehre ein geistig-religiöses Vakuum füllt und ihnen Fragen beantwortet, auf die sie sonst keine Antwort finden. Statt eine solche Lehre gleich als Aberglauben abzutun, gilt es hier, sachlich zu argumentieren und die Argumente pro und kontra abzuwägen. Die indischen Religionen nehmen diese Lehre freilich ohne viel kritische Reflexion weithin als Selbstverständlichkeit – worauf Ninian Smart in seinem ausgezeichneten Buch »Doctrine and Argument in Indian Philosophy« (1964) hinweist: Während es in der indischen Tradition eine weitläufige Debatte über die Existenz Gottes gab, da »a-theistische« Auffassungen weit verbreitet waren, wurden die Argumente bezüglich der Wiedergeburtslehre kaum entwickelt: Sie war von allen Schulen angenommen außer den Materialisten, und diese waren seit dem Mittelalter praktisch verschwunden. Klar ist freilich, was uns die Exposition der »hinduistischen Perspektiven« sehr eindrücklich dargelegt hat: Hinter der Reinkarnationslehre verbirgt sich vor allem die religiös-philosophische Frage nach einer sinnvollen, gerechten, moralischen Weltordnung: nach der Gerechtigkeit in einer Welt, in der die menschlichen Lebensschicksale so ungleich und ungerecht verteilt sind.

Ich versuche hier, für die Wiedergeburtslehre auch mehr westliche Gedankengänge miteinzubeziehen. Doch möchte ich – zur Vermeidung unnötiger Diskussionen – mit Blick auf den anthropologischen Teil der eben vernommenen Exposition der hinduistischen Lehre klarstellen: Wegen der verschiedenen *anthropologischen Voraussetzungen* bräuchte zwischen Christentum und Hinduismus nicht notwendig Streit zu herrschen. Denn was immer man im einzelnen von der Konzeption des Jīva, der nach hinduistischer Auffassung ein feinstoffliches Aggregat von Wahrnehmungsbedingungen, das »Innere Instrument« enthält, und von allen näher damit verbundenen Erklärungsmodellen denkt: Letztlich entscheidend sind solche Theoreme und Modelle nicht. Denn auch christliche Theologie hat seit der Antike ihre Rede von Geist und Leib, Seele und Körper mit unterschiedlichen, höchst komplexen psychologisch-anthropologischen Modellen verbunden, je nachdem, ob etwa die aristotelisch-thomistische oder die platonisch-augustinische Linie sich durchgesetzt hat. Bekannter ist die aristotelisch-thomistische Zwei-Prinzipien-Lehre (Dichotomie), nach der der Mensch aus Leib und Seele, Form und Materie besteht. Aber daneben gibt es auch – wenngleich anders als in Indien – eine Drei-Prinzipien-Lehre (Trichotomie): Der Mensch besteht aus Leib, Seele und Geist. Platons Vorstellung vom Wagenlenker zufolge herrscht da ein oberstes, denkendes Seelenprinzip, das die beiden niedrigeren Seelenprinzipien wie zwei Rosse zu bändigen hat: Das erste Prinzip sitzt im Kopf und ist auf Wahrheit und Erkenntnis aus; das zweite sitzt in der Brust, enthält alle Emotionen und Leidenschaften und strebt nach Ehre und Ansehen; das dritte aber sitzt im Unterleib und beinhaltet sinnliches Begehren, sexuelle Triebe und Streben nach materiellem Reichtum.

Auch hier geht es also um einen Versuch, das vielschichtige Wesen des Menschen einzufangen. Dessen Verhältnis zum Absoluten aber kann grundsätzlich in Zweiteilung oder Dreiteilung oder Vier- oder Fünfteilung ausgesagt werden; dafür braucht es bei aller Verschiedenheit der Kulturen keine verschiedenen Religionen. Die christliche Botschaft ist an keine bestimmte griechische Psychologie oder Anthropologie gebunden. Aber unter Voraussetzung einer griechischen *oder* indischen, einer älteren *oder* neueren Psychologie und Anthropologie stellt sich die Frage: Ein Leben, vielleicht tausend Leben, vor dem jetzigen Leben? Ein Leben, vielleicht tausend Leben, nach dem jetzigen Leben? Eine Prüfung der Argumente sowohl retrospektiv, in Rückschau, wie prospektiv, in Vorschau, drängt sich auf.

Die erste Grundthese bezüglich der *Retrospektive* lautet: Eine wahrhaft moralische Weltordnung setzt die Vorstellung eines Lebens vor dem jetzigen Leben notwendig voraus. Denn, so hörten wir, wie können Chancenungleichheiten unter Menschen, die verwirrende Verschiedenheit moralischer Anlagen und der individuellen Schicksale befriedigend erklärt werden, wenn man nicht annimmt, daß der Mensch im früheren Erdenleben durch seine guten oder bösen Taten sein jetziges Schicksal selbst verursacht hat? Andernfalls müßte ich alles dem blinden Zufall zuschreiben oder einem ungerechten Gott, der die Welt so werden ließ, wie sie nun einmal ist. Reinkarnation oder Wiedergeburt also zur Aufklärung des Menschen über sich selbst, seine Herkunft und Zukunft, *und* zur Rechtfertigung Gottes! Das Theodizeeproblem wäre hier gelöst. Denn man vermag jetzt zu erklären, warum es dem Guten so oft schlecht geht (wegen früherer Schuld) und dem Bösen gut (wegen früherer guter Taten)! Eine Lehre von der Wiedergeburt also, die auf dem »Karman« (= »Tat« oder »Werk«) basiert, auf der »Auswirkung« guter wie böser Taten, die jedes Menschengeschick im gegenwärtigen Leben und in zukünftigen Geburten bestimmen: Gutes Handeln führt zu Wiedergeburt in einer besseren Existenz (als Brahmane, König oder im Himmel), schlechtes Handeln zur Wiedergeburt in einer schlechteren Existenz (in einer niederen Kaste, als Tier oder in der – freilich nicht ewigen! – Hölle).

So einleuchtend dies auf den ersten Blick erscheint, so möchte ich aber auch die *Gegenargumente* nicht verschweigen:

1. Nach hinduistischer wie christlicher Auffassung ist der Mensch von Gott ursprünglich gut geschaffen und mit Freiheit ausgestattet, die ihn gut, aber auch böse handeln läßt. Diese Fähigkeit zum Bösen, diese Freiheit des Menschen zum Abfall von der moralischen Ordnung, bleibt eine Anfrage an Gott, den Schöpfer – ob dieser Sündenfall nun in diesem oder in einem früheren Leben geschehen ist! Deshalb muß die Frage gestellt werden: Wird durch den Verweis auf ein früheres Leben – selbst wenn man die Lebenskette bis zum paradiesischen Schöpfungszustand zurückverfolgt – die Theodizeefrage nicht doch nur verschoben statt

wirklich gelöst? Wird Gott dadurch entlastet, daß man das gegenwärtige Übel des Menschen als Schuld aus früheren Leben erklärt? Warum von Anfang an eine Freiheit auch zum Bösen?

2. Gibt der Reinkarnationsglaube den Menschen (und allen anderen Wesen) durch Verweis auf die Gesamtheit vieler möglicher Leben nicht wenigstens die gleichen Chancen? Denn darin bewähre sich ja die Gleichheit, daß sie gültig bleibe, auch wenn das einzelne Leben dem einen etwa nur wenige Tage und dem anderen viele Jahre zumesse. Was freilich – so ist auch hier zurückzufragen – ist der Preis solcher Gleichheit, wenn sie durch eine lange, lange Kette meist leidvoller Leben erkauft werden muß? Kann es nicht eine Gleichheit der Menschen vor Gott geben, die, statt durch die Taten des Menschen geschaffen, durch Gottes barmherzige Gerechtigkeit hergestellt wird, welche gute wie böse Taten umgreift? Gottes definitive Gerechtigkeit also nicht durch ungezählte zeitliche, sondern durch ein ewiges Leben?

3. Die Karman- und Wiedergeburtslehre könne erklären, warum die moralischen Anlagen, die Erbanlagen und Umweltbedingungen der verschiedenen Menschen so verschieden seien und doch die Gerechtigkeit Gottes nicht in Frage stellten. Doch verfällt solcher Glaube nicht einem geschichtslosen Individualismus, der nicht genügend ernst zu nehmen scheint, was uns ganz konkret durch das – uns heute wissenschaftlich ganz anders als früher ins Bewußtsein getretene – biologische Erbe, durch frühkindliche Formung unseres Bewußtseins und Unbewußten, durch die primären Bezugspersonen und schließlich durch die ganze gesellschaftliche Situation vermittelt wird? Darüber hinaus gilt auch hier, daß auf diese Weise die Klärung der Frage nach der Gerechtigkeit Gottes mit Hinweis auf frühere Leben nur verschoben ist, ohne besser beantwortet zu sein.

4. Im Rahmen der Wiedergeburtslehre brauche man keinen Gott als Richter zu fürchten, hörten wir. Aber der Hinduismus kennt – auf seine Weise – das Gericht. Die Weltgeschichte ist das Weltgericht, war die Auffassung Hegels in seiner Philosophie der Weltgeschichte. Des Menschen Geschichte ist des Menschen Gericht,

könnte der Hindu sagen, sofern er an das Karman-Gesetz glaubt. Ist dieser Richter aber, mit dem man hier zu rechnen hat, so fragt man sich aus christlicher Sicht, nicht ein recht automatisch zu neuem leidvollen Leben verurteilender, also wenig gnädiger Richter? Der Hindu wird freilich darauf hinweisen, daß das Karman-Gesetz dem Menschen die nötige Zeit zur Selbstläuterung bietet und daß die Gottheit nicht nur spontan das Individuum aus dem Kreislauf der Geburten erlösen kann, sondern schließlich *alle* Wesen gnädig in sich zurücknimmt. Dies bedeutet nun seinerseits eine Rückfrage zumindest an jene Christen, die auch heute, unter Androhung der Ewigkeit (im wörtlichen Sinn) einer Höllenstrafe, Menschen einschüchtern und ihnen Angst machen. Damit aber sind wir bereits bei der Prospektive angelangt:

Ein Leben nach diesem Leben?

Die zweite Grundannahme bezüglich der *Prospektive* lautet: Eine wahrhaft moralische Weltordnung setzt auch die Vorstellung eines Lebens *nach* diesem Leben notwendig voraus. Denn, so hörten wir ebenfalls, wie sollte es zu dem von so vielen Menschen mit Recht erwarteten sühnenden Ausgleich der Taten (man denke an die Mörder und ihre Opfer!) wie auch zur Entwicklung der notwendigen ethischen Vollkommenheit im Leben eines Menschen kommen, wenn ihm nicht Gelegenheit zu einem weiteren Leben gegeben wird? Reinkarnation also zur angemessenen Vergeltung aller Werke, der guten wie der bösen, ebenso wie zur sittlichen Läuterung des Menschen! Oder wie man nach indischen Vorstellungen besser sagen würde: Nur wenn man kein Karman mehr anhäuft und das vorhandene vernichtet, kann man aus dem Zyklus des Werdens und Vergehens, dem Samsāra, aussteigen. Die Lehre von Karman und Wiedergeburt erlaubt es folglich dem Menschen, die Störung der Weltordnung durch sein eigenes Tun oder eben Nichttun wieder rückgängig zu machen und endlich aus dem ewigen Kreislauf der Wiedergeburten hinauszutreten. Und nur nebenbei gefragt: Wird die christliche Fegefeuerlehre nicht durch einen ähnlichen Gedanken an ein zweites Leben bestimmt, dem dann gewissermaßen ein drittes (»ewiges Leben«)

folgt, wenngleich diese »Leben« in überirdischen Regionen angesiedelt sind?

Aber auch hier sollten wir die *Gegenargumente* hören:

1. Verkennt die Forderung nach einem sühnenden Ausgleich in vielen anderen geschichtlichen Leben nicht den Ernst der Geschichte, deren Charakter gerade ihre Einmaligkeit und Unwiederholbarkeit ist, so daß alles, was einmal versäumt wurde, nie wiederkehren kann? Gewiß, der Hindu wird von seiner zyklischen Geschichtsauffassung her bestreiten, daß es überhaupt Einmaligkeit in der Geschichte gebe. Er wird es dem begrenzten Horizont des Einzelnen zuschreiben, der aus falscher Verabsolutierung seines Ichs und seines Gefühls eigener Einmaligkeit die Einmaligkeit der Geschichte ableitet. Einmaligkeit der Geschichte sei meistens nur die von Individuen, die in einer je historischen Situation zusammentreffen; es seien immer andere, so wie die Wassertropfen, die in einem Fluß fließen, immer andere sind. Ob wir dann die Einmaligkeit der je augenblicklichen Situation von Tropfen im Fluß betonen oder das kontinuierliche Strömen des Flusses, das hänge von unserer Perspektive ab. Die jüdisch-christliche Geschichtsauffassung wird dagegen betonen, Gott habe dem Menschen diese Zeit und diese Geschichte als Aufgabe gegeben, über die er am Ende »Rechenschaft« ablegen muß. So und nur so bekommt die unwiederholbare Geschichte ihren Ernst als Raum der Bewährung des einzelnen Menschen vor Gott, seinem gnädigen Richter. Wenn auch der Hindu von seiner Grundauffassung her Einmaligkeit und Kontinuität der Geschichte erleben kann, so wird man den ganz anderen Akzent der biblischen Tradition nicht überspielen dürfen.

2. Wenngleich der Hindu auf dem Weg der Selbstvervollkommnung (als Asket, als Mönch, als gläubiger Bhakta) an einer positiven Neugestaltung der Welt und der individuellen Zukunft zu arbeiten vermag: Birgt der Verweis auf weitere Leben nicht doch sehr stark die Gefahr der Vertröstung in sich, der Legitimierung und Stabilisierung des gesellschaftlichen Status quo, so daß wenig Anreiz zur Veränderung – etwa der Kastenordnung – hier und heute besteht?

3. Gibt es nicht Störungen der Weltordnung, die durch keine Tat des Menschen je wieder rückgängig gemacht werden können: Schuld, die nicht vergolten, sondern nur vergeben werden kann? Wenn auch der Hindu die Vorstellung kennt, daß Gott durch einen Eingriff in seiner Liebe menschliche Schuld tilgt, Karman »löschen« kann, so ist in christlicher Tradition doch ganz anders akzentuiert, daß der Gott, wie er sich in Jesus von Nazaret manifestiert hat, Schuld »vergibt«. Auch Hindus ist dieser Gedanke keineswegs unvertraut; sie haben ihm in der Bhakti-Religiosität Ausdruck verliehen.

4. Nach indischer Tradition gibt es die Möglichkeit, sich an frühere Leben zu erinnern. Heute versucht man, dies mit Hinweis auf das Unbewußte zu stützen, das ja schließlich auch nicht jederzeit dem wachen Bewußtsein zugänglich sei. Doch auch im Unbewußten darf nicht vorausgesetzt werden (ein früheres Leben), was erst zu beweisen ist (das Unbewußte kann – mit Sigmund Freud – aus dem jetzigen Leben erklärt werden). Für behauptete Einzelfälle stellt sich das Problem der Verifikation.

Verifikation der Reinkarnationslehre?

Was immer da retrospektiv oder prospektiv über die Reinkarnationslehre theoretisch gesagt werden möge, empirisches Material, so heißt es, bestätige die Tatsache wiederholten Erdenlebens. Denn: es gäbe zahlreiche ausführliche Berichte von Menschen, die sich – etwa aufgrund von Yoga-Übungen – an ihr früheres Leben erinnern können: Wie soll dies anders erklärt werden können als durch Reinkarnation? Darüber hinaus hätten zahlreiche Untersuchungen heutiger Parapsychologen die Reinkarnationslehre auch wissenschaftlich erhärtet, insbesondere durch Untersuchungen von Wirkungen Verstorbener: Müssen deshalb sogenannte spiritistische Erfahrungen mit den Geistern Verstorbener nicht neu gewertet, wirklich ernst genommen werden? Ja, gibt es selbst im Alten und Neuen Testament nicht zumindest Andeutungen dieser Lehre, wenn etwa vom Wiederkommen des Propheten Elia in der Gestalt Johannes' des Täufers die Rede ist? Müssen deshalb die kirchlich-konziliaren Verurteilungen der Reinkarnationslehre nicht aus dem damaligen zeitgeschichtlichen Kontext heraus verstanden und relativiert werden? Wäre das Christentum dann mit der Reinkarnationslehre nicht wirklich versöhnbar? Kann sie nicht aus dem so verschiedenen weltanschaulichen indischen Rahmen herausgenommen und in einen christlichen Kontext integriert werden, wie man ja im Laufe der Kirchen- und Theologiegeschichte auch andere zunächst neue Lehren, etwa aus dem griechisch-hellenistischen Kontext, übernommen und voll integriert hat?

Eine Integration neuer Lehren in die christliche Tradition kann in der Tat auf keinen Fall von vornherein ausgeschlossen werden. Nur muß ich auch hier sachlich die *Gegenargumente* zu überlegen geben:

Vom christlichen Standpunkt aus wird man schon der Hauptvoraussetzung der hinduistischen Reinkarnationslehre skeptisch gegenüberstehen: daß die menschliche Seele als eine vom Leib unabhängige, von Leben zu Leben wandernde feinstoffliche Substanz zu verstehen sei, die allen Untergang des menschlichen Lebens überdaure. Und was das Neue Testament betrifft: Es handelt sich bestenfalls um am Rande des Neuen Testaments vorkommende volkstümliche Vorstellungen, wie etwa die von der Wiederkehr des Propheten Elia. Aber diese meinen denn auch nicht die Wiedergeburt des verstorbenen Elia in einem anderen Leib, sondern die Wiederkunft des zum Himmel entrückten Elia im selben Leib. Und historisch steht einfach fest: Alle Kirchenväter – von Hippolyt und Irenäus im 2. Jahrhundert angefangen (auch der in diesem Zusammenhang oft falsch zitierte Origenes) – haben sich genau wie die späteren Konzilien gegen die von Pythagoreern und Platonikern vertretene Reinkarnationslehre gewandt.

Dieselbe Skepsis trifft auch für die Behauptung zu: es gebe – wie eine Seele *nach* dem Leib – so auch eine Seele *vor* dem Leib. Sowohl die Annahme der Präexistenz wie der Postexistenz einer separaten, vom leiblichen Substrat unabhängigen Seelensubstanz entspricht weder unseren Erfahrungen noch den Ergebnissen moderner Medizin, Physiologie und Psychologie, die heute im allgemeinen von der psychosomatischen Einheit des Menschen ausgehen. Auch im Alten und Neuen Testament wird – anders als etwa im platonischen Dualismus – eine ganzheitliche Auffassung vom Menschen vertreten.

Doch entscheidend ist: Trotz zahlloser Berichte über Wiederverkörperung oder Transmigration gibt es keine wissenschaftlich unumstrittenen, allgemein anerkannten Fakten, wie es etwa auch der englische Religionsphilosoph John Hick zugeben muß, der eine Vermittlung zwischen dem indischen Reinkarnationsglauben und dem jüdisch-christlichen Auferweckungsglauben versucht (»Death and Eternal Life«, 1976). Die Berichte stammen meistens aus Indien (oder aus England!), sehr viele stammen von Kindern. Aber keiner dieser Berichte über eine Erinnerung an ein oder viele frühere Leben selbst von Yogins ist allgemein anerkannt. Es bedarf auch keiner langen Erörterungen, daß die viele Jahrhunderte nach Buddhas Tod aufgeschriebene, offensichtlich legendarische Erzählung von Buddhas Erinnerung an 100 000 gelebte Leben nicht verifiziert werden konnte.

Es wäre ungerechtfertigt, wollte man alle Phänomene, mit denen sich die Parapsychologie beschäftigt (Telepathie, Hellsehen), schon von vornherein als Unfug abtun. Aber gerade wissenschaftlich seriös arbeitende Parapsychologen sind bezüglich Reinkarnationstheorien äußerst zurückhaltend. Selbst wenn sie persönlich an die Reinkarnation glauben, geben sie meist zu, daß man bei den von ihnen festgestellten Erfahrungen nicht von einem wirklich überzeugenden Beweis für ein wiederholtes Erdenleben sprechen könne. So betrachten denn auch viele Anthroposophen die Reinkarnationslehre weniger als eine wissenschaftlich bewiesene Theorie denn als eine unbeweisbare Glaubensüberzeugung. Und die soll hier niemandem genommen werden.

Man wird also – alle Argumente pro und kontra überblickend – auf keinen Fall sagen können, die Lehre von der Reinkarnation sei bewiesen. Vielmehr läßt sich nicht übersehen, daß trotz aller Attraktivität der Wiedergeburtsidee sehr gewichtige Gründe gegen sie sprechen, wie man ja auch unter gebildeten Indern, Chinesen und Japanern nicht wenig Skepsis gegenüber der Reinkarnationsidee antrifft. In jedem Fall dürfte es sich im Hinblick auf eine verantwortete Entscheidung lohnen, sich der alternativen Lösung zu-

zuwenden, wie sie in diesem Fall die jüdisch-christlich-islamische Tradition anbietet, die in diesem Punkt von einer anderen großen, aber oft vernachlässigten Tradition des Ostens bestätigt wird: nämlich der sich auch in Korea, Japan und Vietnam auswirkenden chinesischen Tradition. Vor der Einführung des Buddhismus glaubte man in China nicht an eine Reinkarnation, und auch nachher fuhren die Gelehrten der konfuzianischen Tradition fort, die Reinkarnation zu verwerfen, da sie es unter der Würde des Menschen fanden, alle sinnenhaften Wesen gleich zu achten und sich die hochverehrten Ahnen als Lasttiere oder gar als Insekten vorzustellen ... Aber es würde zu weit führen, im Rahmen unserer Betrachtungen auch noch die chinesische Religion einzubeziehen.

Geschichte zirkulär oder zielgerichtet?

Der Hindu glaubt, wie wir hörten, nicht nur an eine Kontinuität des Individuums durch viele Leben, er glaubt auch an einen zyklischen Ablauf der Geschichte, in dem Welten entstehen, sich allmählich ihrem Verfall zubewegen und wieder neu erschaffen werden. Dieses Kreisen in immer neuen Formen des Daseins ist jedoch für das Individuum nicht endlos. Vielmehr hat es die Möglichkeit eines letzten definitiven Austritts aus dem Kreislauf, aus dem Samsāra, und die Möglichkeit des Eingangs ins Absolute. Und dieses Eingehen in den göttlichen Ursprung ist spätestens am Ende eines Weltenzyklus allen Wesen gewiß! Ein Denken also zwar in Kreisbewegungen, aber letztlich doch auf ein definitives Ziel hin. Eine wichtige Übereinstimmung zwischen Religionen aus mystischer und prophetischer Tradition zeichnet sich hier ab. Die Geschichte des Menschen (und vielleicht auch des Kosmos) ist – ob nun in Kreisbewegungen oder in einer dialektischen Bewegung durch Krisen und Brüche hindurch – ausgerichtet auf das, was schließlich die Erfüllung des Menschenlebens ausmacht: ein definitives Ziel der Befreiung durch ein Eingehen in ein »Nirvāna« oder ein »Reich Gottes«.

Für christliches Geschichtsdenken ist der Gedanke der »Unumstößlichkeit der Zeit« wesentlich. Es sei zugegeben: Die Vorstellung von einem *zyklischen Zeit- und Geschehensablauf* hat ihre Suggestionskraft, vor allem weil in der Natur selbst eine allgemeine Periodizität festzustellen ist, nach der Abläufe wie Gestirnsbewegungen, Jahreszeiten, Tag und Nacht sich immer wiederholen – ein warnendes Zeichen nach indischer Ansicht nicht zuletzt dafür, daß die Großen nicht ewig groß und die Kleinen nicht ewig klein bleiben werden.

Andererseits aber läßt sich nicht übersehen: Nach heutigen Erkenntnissen macht selbst die Natur nicht nur Kreisbewegungen durch, sondern von den Atomkernen bis zu den Sternen eine nicht rückgängig zu machende *Geschichte* in eine Richtung (seit dem Urknall eine Milliardenjahregeschichte), die vermutlich auch auf ein Ende zuläuft. Von einem Ende dieser Welt geht nun freilich auch die indische Mythologie aus. Dann aber beginnt für sie ein anderer, neuer Zyklus. Die jüdisch-islamische Tradition dagegen geht nicht nur von einem faktischen *Ende* des Menschenlebens und der Menschheits- und Weltgeschichte aus, sondern von einer wahren *Voll-Endung,* von der Vorstellung eines radikal Neuen: »der neue Mensch«, »die neue Erde«, »der neue Himmel« – kurz, die ewige Erfüllung durch das Absolute selbst, die für den Menschen einen zugleich richtend-scheidenden wie bewahrend-verklärenden Effekt haben wird.

Die Alternative zum zyklischen Denken ist somit die jüdisch-christlich-islamische Auffassung von der *Geschichte als einem sinnvollen,* zusammenhängenden, weiterführenden, *zielgerichteten Geschehen,* das von Gott selbst vollendet wird. Nicht einfach eine »lineare« Geschichtsdeutung ist gemeint, bei der alles ständig fortschrittlich vorwärts und aufwärts geht. Vielmehr eine »dialektische« Geschichtsdeutung, die die ständigen Krisen und Brüche, Katastrophen und Kriege, von denen auch in Indiens Epen so viel die Rede ist, ganz und gar ernst nimmt. Keine Dekadenztheorie und Sehnsucht nach einer idealen Urzeit, die exemplarischen Charakter hätte. Sondern das Ernstnehmen eines jeden Augenblicks und der Geschichte überhaupt, das Wahrnehmen der unvertretbaren Verantwortung des Einzelnen und der Bedeutung seiner Praxis – angesichts der Vollendung.

Doch gerade wer als christlicher Theologe die Zielgerichtetheit der Geschichte von Mensch und Welt behauptet, wer darauf vertraut, daß trotz aller Krisen, Brüche und Katastrophen diese Geschichte als sinnvolles Ganzes bejaht werden kann, wird der Frage nach dem Zusammenhang von der Sinnhaftigkeit des Ganzen und der Erfahrung der Sinnlosigkeit im Partikulären nicht ausweichen können. Kurz, er muß sich der Frage stellen, die seit dem großen Philosophen Gottfried Wilhelm Leibniz auch im Bereich der Philosophie als *»Theo-dizee«-Frage* bekannt ist: die Frage der »Rechtfertigung eines (guten) Gottes« angesichts des Bösen in der Welt.

Christliche Theologie wird nun keineswegs behaupten, diese Frage gelöst zu haben. Das hieße, die Auflösung des Geheimnisses Gottes selbst behaupten. Aber christliche Theologie hat vielleicht »einfachere« Antworten einzubringen, die ohne spekulative Hypothesen auszukommen meinen. Dreierlei kann hier nur in aller Kürze gesagt werden:

1. Christliche Theologie hat das Leid nie verleugnet, sondern zum Testfall für Grundvertrauen und Gottvertrauen gemacht, der Menschen zu Entscheidungen herausfordert. Leidenserfahrungen sind ja häufig ambivalent: Zusammenbruch von Sinnstrukturen einerseits und neues Standfassen in Hoffnung andererseits.

2. Angesichts der überwältigenden Realität des Leides in der Menschheitsgeschichte und im einzelnen Menschenleben hat christliche Theologie von ihrer Grundschrift, der Bibel, her dem leidenden, zweifelnden und verzweifelten Menschen eine alternative Hoffnungsfigur entgegengehalten: gegen ein Sichabfinden und Vertrösten auf das nächste Leben wie auch gegen Empörung oder Revolte in diesem Leben. Statt auf den trotzigen Zorn eines Prometheus oder den absurden Stolz eines (Camusschen) Sisyphos hat sie auf die Haltung des Ijob verwiesen: dem unbegreiflichen Gott trotz allem Leid dieser Welt ein unbedingtes, unerschütterliches und doch nicht unvernünftiges Vertrauen entgegenzubringen. Mit Resignation oder Passivität hatte dies schon bei Hiob nichts zu tun. Christlicher Glaube lebt von der geprüften Hoffnung, daß dem Menschen über dem dunklen Abgrund des Leides und des Bösen eine Hand entgegengestreckt wird.

3. Christliche Theologie hat, im Lichte der Erfahrung von Jesu Tod und Aufnahme in das ewige Leben, Gott als einen mitleiden-

den, betroffenen, solidarischen Gott neu zu denken und zu erfahren gelernt. Ein neues Gottesbild, eine qualitativ andere Gotteserfahrung ist hier zutage getreten, die der Frage nach dem Leid noch einmal eine andere theologische Tiefenschärfe verschafft.

Christlicherseits ist also die Erfahrung von Leid immer wieder verbunden worden mit der Hoffnung auf die definitive Aufhebung von Leid im Reiche Gottes. Für christliche Theologie ist die unwiderrufliche Verantwortung des Einzelnen vor Gott die Voraussetzung, Leid nicht quietistisch hinzunehmen, sondern durch Taten der Hoffnung zu verwandeln – im Vertrauen auf die Kraft der Verwandlung Gottes. Diesem hoffenden Vertrauen ist mit dem Projektionsverdacht ebensowenig beizukommen wie mit dem Vertröstungsverdacht. Denn *das* wird im Glauben an den Schöpfer- und Vollendergott erwartet: Kampf für Gerechtigkeit, Freiheit und Frieden, gegen die Mächte des Bösen, der Ungerechtigkeit, der Unfreiheit, des Elends und des Todes. An den Vollender der Welt und des Menschen glauben heißt, in aufgeklärtem Vertrauen bejahen,
daß Mensch und Welt nicht im letzten Wohin unerklärlich bleiben;
daß Welt und Mensch nicht sinnlos aus dem Nichts ins Nichts geworfen sind, sondern als Ganze sinnvoll und wertvoll sind – nicht Chaos, sondern Kosmos;
daß sie in Gott, ihrem Schöpfer und Vollender, eine erste und letzte Geborgenheit und bleibende Heimat haben.

Glaube an den Fortschritt?

Ich kann nicht beurteilen, inwieweit das Im-Kreis-Denken die soziale Lage in Indien beeinflußt, das Sichabfinden mit oft unmenschlichen Lebensbedingungen gefördert, den aktiven Einsatz für Reformen des Kastensystems und ähnliches verhindert hat. Sicher ist, daß *in Indien ein anderes Zeitgefühl* herrscht als im hochurbanisierten, hochindustrialisierten Westen. Daß aber Zusammenhänge mit dem Reinkarnationsglauben bestehen, aber auch ganz allgemein mit der noch weithin vorindustriellen Gesellschaftsstruktur Indiens, wird man nicht bestreiten können. Freilich muß sofort hinzugefügt werden, daß auch das jüdisch-christlich-islamische Fortschrittsdenken, säkularisiert in Wissenschaft, Technologie und Industrie umgesetzt, uns gewaltige *Probleme* beschert hat, welche die Zurückhaltung der gegenwärtigen indischen Regierung gegenüber allen Formen westlichen Imports in Industrie und Kultur durchaus begreifen läßt.

Schon in der Diskussion mit dem konservativen Islam mußte zugegeben werden: Der wissenschaftlich-technisch-industrielle Fortschritt ist für viele im Europa der letzten beiden Jahrhunderte zum Gott geworden – und viele Inder haben deshalb mit Gandhi durchaus zu Recht den europäisch-amerikanischen Materialismus gegeißelt, wo Lebensstandard weitgehend Ersatz für Lebenssinn geworden ist. Und sind nicht in der Tat viele in unseren Breiten zu Götzendienern dieses Gottes geworden, der sich buchstäblich ins Nichts auflöst, wenn die Aufklärung sich selbst zerstört und die Fortschrittsgeschichte in eine Katastrophengeschichte umzuschlagen droht?

Heute erkennen wir, daß alles darauf ankommt, daß der Fortschritt zwar nicht negiert, aber um des Menschen willen relativiert, kontrolliert, gebändigt werden muß, damit der Mensch Mensch und die Welt bewohnbar bleibe. Und kann dafür – in einem nachmodernen Paradigma von Gesellschaft *und* Religion – nicht in neuer Weise jener wahre Glaube Grundlage sein, der nicht dem falschen Gott Fortschritt, sondern dem einen wahren Gott gilt und der nun wieder Christen, Juden, Muslimen *und* Hindus gemeinsam sein kann? Insofern ist es eine allen Religionen gemeinsame Grunderfahrung: Nur wem der Glaube an den wahren Gott die Illusionen über sich und seine Welt geraubt hat, wird wahrhaft frei von dieser Welt und von sich selbst, wird aber auch wahrhaftig fähig, diese Welt auf mehr Humanität hin zu verwandeln. Ohne Gott – das ist die Grundüberzeugung aller dieser Religionen – bleibt der Mensch ein Torso, ein Fragment, ein »homo in se curvatus«, ein in sich gekrümmtes Lebewesen, wie Augustin und Luther immer wieder betonen.

IV. Religiöse Praxis: Ritus, Mythos, Meditation

1. Heinrich von Stietencron: Hinduistische Perspektiven

Erste Eindrücke des Touristen

Zum Abschluß dieser kurzen Einführung in die Religionen der Hindus wenden wir uns jetzt der religiösen Praxis zu. Sie ist lebendig, vielseitig, abwechslungsreich und umfaßt nahezu alle Lebensbereiche. Zugleich zeigen sich gerade in der Praxis auch wesentliche Unterschiede zwischen den einzelnen zum »Hinduismus« gerechneten Religionen – Unterschiede vor allem im Ritual und religiösen Studium (ganz verschiedene Texte stehen im Zentrum der einzelnen Religionen), aber auch im Verhalten, in der Kleidung, in der Speise, in den Festen und anderen Details des täglichen Lebens. Solchen Unterschieden kann in diesem Rahmen nicht im einzelnen nachgegangen werden. Vielmehr sollen auch im Bereich der religiösen Praxis vor allem die wichtigsten Voraussetzungen und Grundhaltungen dargestellt werden, die in verschiedenen Ausprägungen das religiöse Leben in mehreren Religionen bestimmen.

Wie man vom Islam sagen kann, es komme wesentlich auf die Orthopraxie an, so läßt sich eine überragende Bedeutung der Praxis auch für diese Religionen bestätigen. Aber da man in ihnen den Menschen in ihrer tatsächlichen Verschiedenheit gerecht werden will, gibt es auch in der Praxis keine allgemeine Gleichschaltung. Den wichtigsten ungefähren Rahmen gleicher Praxis bildet die Kaste als endogame Gruppe, das heißt als Gruppe, in der man sich seinen Ehepartner sucht. Doch auch innerhalb der Kaste gibt es Unterschiede, und letztlich ist individuellen Variationen kaum eine Grenze gesetzt.

Wer als Tourist in Indien religiöse Praxis erlebt, sieht ein buntes Kaleidoskop von Möglichkeiten. Kein Autobus, kein Lastwagen und kaum ein Taxi befährt die indischen Straßen, in dem nicht das kleine Bildnis einer Gottheit irgendwo im Blickfeld des Fahrers befestigt wäre. Oft ist es mit einer frischen Blüte geschmückt. Der Fahrer wird vor Paßstraßen oder Dschungelgebieten irgendwo anhalten, um an einem Tempel oder einem kleinen Schrein am Wege eine kurze Andacht zu verrichten und ein paar Münzen oder auch eine Kokosnuß zu spenden. Die Verfassung Indiens ist säkularisiert, aber der Verkehr ist es bisher noch nicht. Man weiß, daß man in den Gefahren der Straße die Hilfe einer Gottheit braucht, nicht nur um selbst zu überleben, sondern auch, um niemand anderen – keinen Menschen und kein Tier – zu verletzen. Das ist nicht selbstverständlich im Gewimmel auf Indiens Straßen.

Oft, auf dem Land ebenso wie in der Stadt, steht mitten in der Straßenführung ein Baum. Daran ist meistens ein Götterbildnis aufgestellt. Die Straße teilt sich und umgeht den Baum auf beiden Seiten. Bei uns wäre er längst der Axt zum Opfer gefallen, aber in Indien lebt und gedeiht er. Nicht der Baum muß weichen, sondern die Straße weicht aus. Ebenso umfährt man geduldig Rinder, die auf einem schattigen Fleck auf der Straße schlafen, selbst wenn man dafür die geteerte Fahrbahn verlassen muß und einen Achsbruch des häufig überladenen Wagens riskiert. Ineffizienz, wird der Europäer irritiert behaupten. Daß hier aber Achtung vor dem Leben und den Bedürfnissen anderer Wesen selbstverständlich gelebte Realität ist, ist ihm so ungewohnt, daß er es gar nicht begreift. Die Wiedergeburtslehre wirkt sich zwar nur selten so aus, daß man Tiere und Pflanzen sorgsam pflegt. Aber sie schützt sie vor unnötiger Gewaltanwendung, indem sie sie in unmittelbare Verwandtschaft zu den Menschen rückt. Es besteht kein Grund, den Tieren ihr Lebensrecht zu bestreiten: Man könnte ja in der nächsten Inkarnation selbst in der Rolle des Tieres sein.

Beim Fußweg durch die Gassen eines Dorfes oder einer Stadt begegnet überall eine Präsenz des Religiösen, die der Tourist überhaupt nicht bemerkt. Pflanzen, deren Blüten oder Blätter dem Shiva lieb sind und für seine Verehrung gebraucht werden; andere Pflanzen und Blüten, die man Vishnu oder einer Göttin darbringt. Darunter sind zum Teil auch unscheinbare Gewächse wie der kleine Tulsī-Strauch, der anzeigt, daß man ins Haus eines Vishnuiten tritt.

Der Tourist sieht andere Dinge, zum Beispiel das Kommen und Gehen am Tempel; die Alten und Kranken, die den Weg zu berühmten Heiligtümern säumen und auf Gaben warten; die geschäftigen Brahmanen, welche Pilger in Tempel führen und dafür Spenden verlangen. In den Städten begegnet er einer uns fremdartig und erschreckend anmutenden *Indifferenz* gegenüber den Leiden und Nöten anderer Menschen und erlebt gleichzeitig Beispiele aufopfernder *Hilfsbereitschaft* innerhalb der Kaste und rührender *Fürsorge für die Alten* im Rahmen der Familie. Er sieht das Bad im Ganges, wo Gläubige in den braunen Fluten des heiligen Stroms untertauchen und davon Reinigung an Leib und Seele erhoffen. Er sieht Leichenverbrennungen am heiligen Fluß; und wenn er zeitig genug aufsteht, sieht er wohl auch das morgendliche Gebet bei Sonnenaufgang, in dem die Hindus der aufgehenden Sonne Wasser darbieten und zugleich die Bitte um Erleuchtung aussprechen. Es ist das einzige Gebet, das alle Mitglieder der drei oberen sozialen Schichten miteinander verbindet. Zugleich der einzige Vers des Rigveda, den wirklich jeder Hindu dieser drei Schichten kennen und anwenden sollte.

Der Tourist erlebt, wenn er Glück hat, auch das eine oder andere der zahlreichen religiösen Feste, die das ganze Jahr gliedern und je nach Region unterschiedliche Schwerpunkte setzen. Solche Feste werden sowohl zu Hause als auch auf der Straße und an den Tempeln gefeiert. Oft sind sie mit Jahrmärkten verbunden, und manche von ihnen sind so berühmt und verheißen so großes religiöses Verdienst, daß sie Hunderttausende, ja manchmal Millionen von Pilgern anziehen, wie etwa die alle zwölf Jahre stattfindende Kumbh Melā von Allahabad.

Nicht nur für den Hindu, auch für den beobachtenden Christen sind diese Feste ein bleibendes Erlebnis. Man spürt zum Beispiel die Intensität, mit der die Anhänger Shivas in der sogenannten »Nacht des großen Shiva« (mahāshivarātrī) ihren Gott preisen, seinen Mythen lauschen und sich hüten einzuschlafen, denn gerade das Wachbleiben in dieser Nacht bringt besonderes religiöses Verdienst. Man wird gefesselt von den tagelangen Darstellungen aus dem Leben des Rāma und ist fasziniert von den Reigentänzen am Geburtstag des Krishna – beides Inkarnationen des Gottes Vishnu. Man beobachtet mit Bewunderung die Sorgfalt, mit der zahllose Gipsbildnisse der Göttin Durgā angefertigt und bemalt werden, um nach dem neun Nächte dauernden Fest der großen Göttin fröhlich im Fluß versenkt zu werden. Und man genießt das Lichterfest Dīvālī, das so reich an Charme ist wie das Lächeln der Glücksgöttin Lakshmī, die man an diesem Tage verehrt.

So gibt es zahlreiche Feste zu Ehren regionaler und überregionaler Götter, dazu noch Feste aus Anlaß von Konjunktionen der Gestirne und rituelle Feste in Pilgerzentren. Die Inder feiern gern; ihre Feste sind farbenfroh, und sie dauern bis tief in die Nacht, oft sogar mehrere Tage und Nächte.

Auffallend ist die gelockert-friedliche Atmosphäre, die bei solchen Festen herrscht. Auffallend ist auch die *individualistische Art* des Lebens am Tempel. Da herrscht nicht gemeinsame feierliche Stille, sondern jeder betet oder meditiert, wann es ihm beliebt: Das Kommen und Gehen um ihn her berührt ihn nicht.

Das häusliche Ritual

Beeindruckt von diesen und vielen anderen Formen öffentlicher religiöser Aktivitäten nimmt der kurzfristige Besucher meist nicht wahr, daß sich Religion vorwiegend im häuslichen Bereich abspielt. Dort vollzieht sich etwas, das vielleicht keine Parallele im Christentum hat, das weder Religion des einfachen Volkes ist noch Religion der Priester und Theologen allein, sondern ernsthafte religiöse Praxis der drei sozialen Oberschichten, insbesondere der Brahmanen. Nicht im Tempel, sondern zu Hause liegt der Schwerpunkt dieses religiösen Lebens. Nicht im Tempel, sondern zu Hause werden *alle* religiösen Sakramente vollzogen. Nicht die *Gemeinde,* sondern das *Individuum* oder die Familie ist hier Träger religiöser Aktivität.

Dies ist ein charakteristischer Unterschied zum Christentum. Ein Unterschied, der nicht nur durch die Kastengesellschaft bedingt ist, sondern durch die noch viel tiefer greifende *Individualität der indischen Erlösungswege.* Jeder Mensch steht ja, wie ich schon darzustellen versuchte, auf einer anderen Stufe des Weges zur

Selbstvervollkommnung, und so ist es nur konsequent, wenn auch seine Beziehungen zur Gottheit sich am intensivsten im privaten Rahmen entfalten.

Dabei besteht auch ein Unterschied in der Haltung des Individuums gegenüber Gott. Bei uns ebenso wie in Indien gibt es viele Verhaltensweisen gegenüber Gott. Will man aber versuchen, eine besonders charakteristische Haltung herauszugreifen, so ist der Christ im Umgang mit seinem Gott vielleicht vor allem ein reuiger Sünder; der Muslim vielleicht vor allem gehorsamer Sklave. Der Hindu tritt seinem Gott primär als *Gastgeber* gegenüber.

Das ist etwas charakteristisch anderes, als wir es kennen, und es ist eine Haltung, die schon aus vedischer Zeit stammt. Der Gott wird gerufen, wie er im Gebet auch bei uns nicht selten gerufen wird. Aber er kommt nicht nur als Helfer oder Retter, sondern zunächst und vor allem als Gast. Man begrüßt Ihn, bewirtet Ihn, beschenkt Ihn, preist Ihn. Der Mensch tritt als Gebender auf, der Gott als Nehmender. *Do ut des,* ich gebe, damit auch du mir etwas geben mögest, wird der Religionskritiker sagen. Der Opferer gibt eine kleine und erbittet eine große Gabe. Gewiß, warum auch nicht. Man gibt ja immer nur so viel, wie man eben kann, und Gott kann mehr geben. Aber viel wichtiger ist die *psychologische Wirkung* dieser täglichen Praxis: Gott als Gast zu empfangen, sich auf diesen Empfang vorzubereiten und den Gast zu erfreuen mit *16 kleinen Diensten* oder Ritualen, 16 Upacāras, wie der Hindu sagt.

Auf die *innere Vorbereitung,* die von großer Bedeutung für das Verständnis der Beziehung des Menschen zur Gottheit ist und im Hause wie im Tempel im Prinzip ähnlich verläuft, werde ich im Zusammenhang mit dem Tempelritual noch ausführlich eingehen. Zunächst aber sei der sichtbare Verlauf des häuslichen Gottesdienstes geschildert.

Gegenstand der Verehrung mit 16 Ritualen ist ein kleines bronzenes Götterbild, das in kaum einem Hause fehlt, oder, wenn man sich keines leisten kann, wenigstens ein billiger Druck, der die Gottheit zeigt. Das reicht schon aus, um sich den göttlichen Gast zu vergegenwärtigen und in einen Dialog mit ihm einzutreten.

Die 16 Rituale haben regionale Varianten, aber im wesentlichen sind es folgende: Die Gottheit wird (1) herbeigeführt, es wird ihr (2) ein Sitz angeboten, und da es sich um einen weitgereisten Gast handelt, wird ihr (3) Wasser zum Reinigen der Füße, (4) Wasser für das Gesicht und die Hände sowie (5) Wasser zum Spülen des Mundes gereicht. Jede dieser Handlungen ist natürlich verbunden mit den zugehörigen rituellen Sprüchen und Gesten (falls man ihr nun [5a] eine kleine süße Erfrischung anbietet, erhält sie auch nochmals [5b] Wasser zum Spülen des Mundes). Dann wird sie (6) gebadet, (7) gekleidet, (8) mit der heiligen Schnur versehen und sorgfältig geschmückt und (9) mit wohlriechenden Salben – meist Sandelholzpaste, Kampfer und Safran – eingerieben. Sie erhält (10) Blüten bestimmter, ihr besonders wohlgefälliger Blumen und Bäume, (11) Weihrauch und (12) ein brennendes Licht, das von Sesamöl oder Schmelzbutter gespeist wird. Dann wird ihr (13) die Opferspeise vorgesetzt und anschließend (14) Betel gereicht. Erst wenn der Gast gespeist hat, wird er beschenkt. Es folgt also (15) das Überreichen einer Gabe, und das Ritual endet (16) mit dem ehrfurchtsvollen Umschreiten der Gottheit.

Dieses Ritual kann auf bis zu 94 kleine Dienste oder Rituale erweitert werden. Wer aber die üblichen 16 Dienste nicht zu leisten vermag, sollte wenigstens Sandelholz, ein Licht und Blüten darbringen. Ist ihm auch dies nicht möglich, so kann er dem Gott einfach Wasser reichen; und hat er auch kein Wasser, so genügt ein Gebet, um die Gnade Gottes zu finden. Mit dem Gott verehrt man übrigens immer auch den Guru, den Lehrer, dem man sein religiöses Wissen verdankt.

Die vier Lebensstadien (āshrama) der Zweimalgeborenen

Solche häusliche Verehrung Gottes als Gast beginnt mit der Eheschließung und ist eine *gemeinsame religiöse Aufgabe von Mann und Frau.* Deshalb ist das Eintreten in den Stand der Ehe für den Hindu mehr als nur eine Legitimation zur Zeugung. Es ist zugleich ein Eintreten in die Phase der rituellen Handlungen und der Beginn des *zweiten und wichtigsten von vier Lebensstadien,* mit denen die Hindus rechnen (grihastha). Denn sie fühlen sich nicht nur gebunden an die spezifischen Aufgaben einer sozialen Schicht (varna), in die sie hineingeboren wurden – die Schicht der Brahmanen, Kshatriyas, Vaishyas oder Shūdras –, sondern auch an die Erfüllung religiöser Forderungen, die mit verschiedenen Stadien ihres Lebensweges (âshrama) verknüpft sind.

Mit der Ehe, das heißt mit dem *zweiten Lebensstadium*, beginnt man, seine ererbten Pflichten gegenüber den *Eltern*, gegenüber den *Ahnen* und gegenüber den *Göttern* zu erfüllen; Pflichten, auf die man im *ersten*, dem Erwerb religiösen Wissens und ritueller Übung vorbehaltenen *Lebensstadium* (brahmacarya) sorgfältig vorbereitet worden ist.

Bei allen drei Pflichten des jungen Ehepaars geht es um die Sicherung der Kontinuität: Nur der Fortbestand der Familie sichert die Altenversorgung, die Fortsetzung der Ahnenopfer und das Weiterbestehen der rituellen Tradition (Kontinuität der Familie aber bedeutet für weite Teile Indiens die Fortsetzung der männlichen Linie; deshalb gehört die Weitergabe der Pflichten vom Vater zum Sohn zu den wichtigsten Grundlagen der Tradition).

Infolgedessen wird das Kind im häuslichen Ritual schon im Mutterleib als Embryo und dann bei der Geburt, bei der Namensgebung, beim Essen der ersten festen Speise und beim ersten Haarschnitt usw. rituell gereinigt und vorbereitet für den Eintritt in eine *Gesellschaft, deren wesentliches Merkmal es ist, daß sie mit den Göttern kommuniziert*.

Der Eintritt in diese Gesellschaft erfolgt durch Überschreitung zweier wichtiger Schwellen. Die erste ist die *Initiation* durch den spirituellen Lehrer (guru), die je nach Kaste zwischen dem siebten und vierzehnten Lebensjahr erfolgt und die Angehörigen der drei oberen sozialen Schichten zu Zweimalgeborenen macht. Durch die erste Geburt waren sie in den sozialen Rahmen von Familie und Kaste hineingeboren worden; durch die zweite Geburt werden sie nun in die überlieferte religiöse Tradition hineingestellt. Sie müssen diese Tradition erlernen, heilige Texte studieren und rituelle Übung gewinnen. Für den Brahmanen begann damit früher die Lehrzeit von mindestens zwölf Jahren bei einem Guru. Heute hat die allgemeine Schulpflicht viel von dieser Ausbildung beschnitten und damit zu einem Traditionsverfall beigetragen.

Die zweite wichtige Schwelle ist eben die Ehe, die nach vedischem Ritus vor dem Feuer geschlossen wird und *für das Feuer*, das heißt für das Ritual, verantwortlich macht; denn das Feuer war in vedischer Zeit der Mittler zwischen Menschen und Göttern. Erst mit der Ehe ist die *rituelle Integration* des Menschen endgültig erfolgt. Er steht nun in regelmäßiger ritualisierter Verbindung mit den Ahnen und mit den Göttern und wird auch seine Kinder mit Hilfe der vorgeschriebenen Sakramente auf diese »vertikale Kommunikation« vorbereiten können.

Traditionellerweise wird der Ehepartner des Sohnes oder der Tochter von den Eltern ausgesucht. Das hat sich zwar in der Neuzeit mit der Industrialisierung und dem Zustrom der Arbeit suchenden Landbevölkerung in die Städte sowie mit der zunehmenden Universitätsausbildung für Studenten beiderlei Geschlechts ein wenig geändert und wird sich noch weiter ändern. Dennoch herrscht zur Zeit diese Form der Partnersuche noch immer vor.

Voraussetzung für die Eheschließung ist nicht die Liebe. Sie wird sich von selbst entwickeln, wenn die Partner von den Eltern richtig gewählt worden sind. Oft kennen sich die Brautleute vor der Hochzeit gar nicht. *Kriterium für die Ehe* ist in erster Linie die Kaste, in zweiter Linie die Bildung und wirtschaftliche Situation der betroffenen Familien. Auf dieser Basis eines ähnlichen Familienhintergrundes verleiht dann die gemeinsame rituelle Aufgabe der Ehe eine zusätzliche Stabilität.

Wenn später die Kinder groß geworden und ebenso in die rituelle und religiöse Tradition integriert worden sind und wenn schließlich die Enkel heranwachsen und selbständig werden, beginnt für die Eheleute, die nun Großeltern sind, das *dritte Lebensstadium* (vānaprasthya). Früher zog man sich in die Stille des Waldes zurück, ernährte sich nur noch von Früchten und Wurzeln, übte Askese und studierte heilige Texte. Heute bleibt man gewöhnlich im Hause, doch eine Tendenz zur intensiveren Ausrichtung auf religiöse Aufgaben besteht noch immer.

In das *vierte und letzte Lebensstadium* einzutreten ist nicht obligatorisch. Wenn man sich aber einmal dazu entschließt, so wird man *Samnyāsin*, das heißt einer, der alles von sich wirft, einschließlich seiner Rechte und seiner Pflichten in der Gesellschaft.

Ein Samnyāsin gehört keiner Kaste mehr an. Er zieht umher ohne Haus und ohne Habe. Er übt das Sichlösen aus den Bindungen an Besitz, an geliebte Menschen und an leibliche Bedürfnisse. Und nicht nur Männer, sondern auch Frauen können Samnyāsin werden. Samnyāsin wird aber nicht jeder. Es ist schwer, die Sicherheit und Geborgenheit in der Familie aufzugeben, sich Krankheit und Alter bewußt schutzlos preiszugeben. Wer diesen Schritt tut, wird hoch geachtet, so abgerissen er in den Augen von Touristen auch aussehen mag. Er erfüllt ein religiöses Ideal und tut einen wichtigen Schritt auf dem Wege zur Selbstvervollkommnung und Erlösung. Wie er selbst als Hausvater vorbeiziehende Samnyāsins speiste, so erhält auch er Speise, wo immer er darum bittet. Er wandert von einem heiligen Ort zum anderen, lernt seine Sinne zu beherrschen und sich ganz auf die Erlösung zu konzentrieren. So intensiv soll seine Kontemplation Gottes werden, so gefestigt soll er werden in ständigem Denken an Ihn, daß er niemals davon abläßt, auch nicht in dem Moment, in dem ihn der Tod überrascht.

Wer so stirbt, wer auch im Tod auf das höchste Brahman oder auf seinen Gott fixiert ist, wer auch im Tode nicht vergißt, daß sein Selbst mit dem absoluten Selbst identisch ist, der kann Erlösung finden. Aber es gibt Stellen, wo es leichter ist, so zu sterben, zum Beispiel an heiligen Orten, wo die Präsenz Gottes intensiver gefühlt wird als anderswo. So wird zum Beispiel gesagt, daß am Manikarnikā Ghāt von Benares Shiva selbst in seiner Gnade dem Sterbenden das erlösende Wissen noch einmal zuflüstert, falls er es in der Agonie des Todes etwa vergessen sollte.

Steht das Kastensystem vor seiner Auflösung?

Nur im letzten der vier Lebensstadien wird die Bindung an die Kaste gelöst. Vorher bestimmt der Rahmen der Kaste auch heute noch das Leben des Einzelnen in vielfältiger Weise. Über die Herkunft des Kastensystems und die Unterscheidung zwischen sozialer Schicht (varna) und Kaste (jāti) hatte ich schon in meiner ersten Exposition im Zusammenhang mit der Landnahme der Arier in Indien berichtet. Keine der sozialen Institutionen Indiens ist so häufig kritisiert worden wie das Kastensystem, keine gilt als so starr und zeigte sich doch im Lauf der Geschichte als so flexibel. Am meisten hat Louis Dumont vom Wesen des Kastensystems erfaßt (»Homo Hierarchicus«, 1966; deutsche Ausgabe unter dem Titel »Gesellschaft in Indien – Die Soziologie des Kastenwesens«,

1976), und doch fehlt noch ein fundiertes Werk über die historischen Wandlungen dieser Institution.

Die den einzelnen Kasten zugeordneten *Rechte und Pflichten* sind unterschiedlich. Für uns ist es naheliegend – und teilweise ist es auch berechtigt –, diese Unterschiede in Kategorien wie »Privilegien«, »Ausbeutung«, »Unterdrückung« usw. einzuordnen. Das ist aber nur die halbe Wahrheit. Man sollte nicht übersehen, daß nicht nur die Rechte, sondern auch die geistigen und moralischen Anforderungen beachtlich zunehmen, je höher man in der Kastenhierarchie aufsteigt. Dementsprechend werden auch die Möglichkeiten des Versagens immer größer, und das hat dann ein Absinken in der Hierarchie der menschlichen Gesellschaft zur Folge, wenn man überhaupt im Bereich menschlicher Existenzen bleibt.

Maßstab für die *Wertung der Kasten* ist ihre relative Reinheit und – nachgeordnet – ihre wirtschaftliche Position, wobei Reinheit sich auf rituelle Reinheit und auf religiöses Wissen bezieht. Das bedeutet nicht notwendigerweise, daß nur ein Brahmane Erlösung finden kann. Er hat sich im letzten Leben eine wesentlich bessere Ausgangschance geschaffen, das ist alles. Ob er sie nutzt, ist offen. Und es ist wohl möglich, daß ein Brahmane nach langem Bemühen dem Ziel der Selbstvervollkommnung schon ganz nahe ist, aber noch ein Restchen von Karman in sich trägt, das ihn noch einmal in eine niedrigere Existenzform zwingt. Kaum ist dieser karmische Rest verbraucht, so kann er zum Heiligen werden und eventuell Erlösung finden. Dies ist der Grund, warum Heilige aus allen Ständen hervorgehen können, sogar aus dem Stand der Shūdras oder der Kastenlosen. Doch wie schon im Zustand eines Samnyāsin, so hören erst recht im Zustand eines Heiligen alle Kastenunterschiede gänzlich auf.

Heute ist die Kastenordnung zwar offiziell vor dem Gesetz abgeschafft, aber mangels funktionierender staatlicher Äquivalente trägt und bestimmt sie noch immer weitgehend das soziale Leben: Ausbildung, Beruf, Ehe, Politik und soziale Sicherung der Arbeitslosen, der Kranken und der Alten ruhen noch weitgehend auf den alten Institutionen der Familie und der Kaste.

Es ist aber nicht zu übersehen, daß Industrialisierung, Urbanisierung und das moderne Ausbildungswesen eine starke Fluktuation der Bevölkerung mit sich bringen, eine berufsbedingte horizontale Mobilität, welche den Zusammenhalt der Kasten und Großfamilien allmählich aufzulösen beginnt.

In der Tat ist die Kaste eine Institution, die seit mehr als zweitausend Jahren von Reformatoren in allen großen Hindu-Religionen (und im Buddhismus) mehrfach in Frage gestellt und teilweise heftig bekämpft worden ist. Sie blieb nur deshalb bis heute bestehen, weil es bisher nicht gelang, eine andere unparteiische Institution zu schaffen, welche die *Vermittlung einer sozialen Identität,* die *Schlichtung von Streitfällen* und die *Sicherung der Arbeitslosen, Kranken und Alten* im Falle des Versagens der Familie so effektiv und zuverlässig zu leisten vermochte wie die Kaste.

Die Kaste hat aber nur so lange eine entscheidende – auch religiöse – Funktion, wie erstens ihre Fürsorgeaufgaben nicht anderweitig abgedeckt werden und zweitens die *individuelle und kollektive Reinheit* sich nicht an anderen Merkmalen als der Kaste ablesen läßt. Solche Merkmale wären zum Beispiel das Bildungsniveau, die Wahrheitsliebe, die Charaktereigenschaften – aber dies sind alles schwerer zu objektivierende Kriterien.

Die in Indien schon seit der Mitte des 1. Jahrtausends vor Christus laut gewordene und seither immer wieder erneute Forderung, man solle den Menschen nicht nach seiner sozialen *Herkunft,* sondern nach seinen *Qualitäten* beurteilen, wurde übrigens von mehreren Religionsgemeinschaften ausprobiert, doch kehrten die meisten im Laufe der Zeit zur Anerkennung der Kaste oder kastenähnlicher Strukturen zurück. Jedes andere Wertungsprinzip stößt nämlich sogleich auf das Problem der Berechtigung und Verbindlichkeit der gewählten Maßstäbe und ihrer unparteiischen Anwendung. Auch schwächt es das Bewußtsein einer gewachsenen und tragenden sozialen Identität ebenso wie die soziale Sicherheit, da es den Familienverband auflöst und die Individuen nach ihren Fähigkeiten und Eignungen neu gruppiert. – Ob übrigens jenes im Westen in den Mittel- und Oberschichten vorherrschende Prinzip für Indien nachahmenswert wäre, wonach das Bankkonto beziehungsweise der Familienbesitz oder der Titel nicht selten fast kastenähnlich die Zugehörigkeit zu einer sozialen Schicht bestimmt, ist wohl ebenfalls eher fragwürdig.

Zusammenfassend wird man zum Problem der Kaste sagen können, daß sich auch Indien seit langem auf der Suche nach einer gerechten Gesellschaft befindet. Ob dabei in Zukunft wirklich die Strukturen der Kasten und Großfamilien gänzlich aufgegeben werden müssen, ist aber noch keineswegs sicher, zumal eine Gesellschaft ohne soziale Schichtung noch in keinem großen Staat dieser Erde auf Dauer verwirklicht werden konnte. Sinnvoller wäre ein sorgfältig bedachter *Prozeß der Anpassung* an die Erfordernisse und Möglichkeiten der Gegenwart, der die Härten des Kastensystems abzubauen, aber zugleich auch seine Vorteile zu bewahren vermöchte.

Tempel und Götterbild

Von den zahlreichen Tempeln Indiens sind bei weitem die meisten einer der vielen Manifestationen Vishnus oder Shivas geweiht, doch gibt es auch eine Reihe anderer häufig angerufener Gottheiten. Ein höchst populärer Gott ist zum Beispiel der elefantenköpfige *Ganesha,* der Herr und – bei rechter Verehrung – auch Beseitiger von Hindernissen aller Art. Besonders Schreiber oder Drucker und Buchhalter wenden sich häufig an ihn, damit sich keine folgenschweren Fehler in ihre Schriften und Rechnungen einschleichen. Im Süden Indiens genießt *Kārttikeya,* einst ein bedeutender Gott, der ebenso wie Ganesha als Sohn Shivas in den Kreis shivaitischer Gottheiten integriert wurde, intensive Verehrung; und im Dekhan wendet man sich mit Opfer und Gebet an den affengestaltigen Halbgott *Hanumān,* den Freund und Verehrer Vishnus in seiner Inkarnation als Rāma. Früher sehr bedeutsam, aber heute als selbständige Religion ausgestorben ist der Kult des Sonnengottes *Sūrya,* zu dessen Ehren noch im 13. Jahrhundert der berühmte Tempel von Konarak erbaut wurde.

Bei den Tempeln von Göttinnen handelt es sich zum Teil um verschiedene Formen der großen Göttin *Durgā,* der Gemahlin Shivas, zum größeren Teil aber auch um selbständige Regionalgottheiten, deren Individualität dem fortschreitenden Integrationsprozeß innerhalb des Shāktismus noch nicht zum Opfer gefallen ist. Überregionale Verehrung genießen jedoch neben Durgā auch *Laksmī,* die Göttin des Glücks und Gemahlin Vishnus, und *Sarasvatī,* die Göttin der Gelehrsamkeit und Hüterin der Veden.

Viele von diesen Gottheiten spielen eine im täglichen Leben zwar wichtige, aber in der Theologie untergeordnete Rolle und sind insofern mit den Heiligen und Nothelfern im katholischen Christentum zu vergleichen. Daher kann ich mich auch bei der Besprechung von Tempel und Götterbild zunächst auf die großen Gottheiten der Hindus beschränken.

Als die Muslime nach Indien kamen, empfanden sie die Verehrung von Götterbildern als das schlimmste an den Hindus. Auch die Christen stießen sich daran und nannten die Hindus Götzendiener. Sie hätten es besser wissen können, da sie selbst mit dem Kreuz oder gar dem Gekreuzigten, der Gottesmutter und den Heiligen nichts wesentlich anderes besitzen als die Hindus mit ihren Götterbildern. Für die Hindus, wie für die Christen, ist Gott zwar allgegenwärtig, aber er besitzt dennoch Orte besonderer Präsenz. Während aber die Kirche vor allem Versammlungsraum zu gemeinsamem Gebet ist, hat der Tempel der Hindus Symbolcharakter für das Wirken Gottes in der Welt und für den Weg des Menschen zu Gott.

Der ganze Tempelbezirk ist Sakralraum. Man zieht die Schuhe aus, wenn man ihn betritt. Im Tempelteich nimmt man ein reinigendes Bad, dann nähert man sich dem Tempel selbst. Er hat die Form des Weltberges, und wenn er ein reich geschmückter Tempel ist, findet sich auf seinen Außenmauern die Vielheit der Wesen: Pflanzen, Ornamente, Tiere, Menschen, himmlische Genien, die Hüter der acht Himmelsrichtungen und andere Götter. Fruchtbarkeit und Zärtlichkeit, Musik und Tanz gibt es in dieser Welt, die außen am Tempel dargestellt ist.

Innen aber, im Zentrum, von außen unsichtbar und doch allen Wesen gleich nah, ist die Gottheit. Sie manifestiert sich außen in den *Hauptnischen* des Tempels in einigen ihrer besonders wichtigen Gestalten, so daß man sich ihr Wirken vergegenwärtigen kann. Auch die Mythen werden in der Vorstellung lebendig, während man den Tempel im Uhrzeigersinn umschreitet. Dabei kehrt man der Gottheit zum Zeichen des Respekts die rechte Seite zu (dies gilt nicht für einen Teil der shivaitischen und shāktistischen Sekten, die sogenannten Vāmacārins oder »Linksgeher«, die sich in Ritus und Kultus beträchtlich von der jeweils orthodoxen Mehrheit unterscheiden). Kommt man dann wieder bei der Eingangstür an, so gelten ein Blick und eine Berührung der Hand dem Türrahmen, wo manchmal die heiligen und reinigenden Flüsse Gangā und Yamunā sowie Torhüter und üppige Ranken dargestellt sind, während über der Tür die Planeten und der im Tempel residierende Gott sichtbar werden.

Vor dem Eingang zum Sanktum ist gewöhnlich das *Reittier der Gottheit* zu sehen: der Stier Nandin im Falle Shivas, der Vogel Garuda im Falle Vishnus. Beide sind ständig präsent und verehren ihre Herren ohne Unterlaß. Sie sind Vorbilder für die Gläubigen und meist glatt poliert von der ehrfürchtigen Berührung Tausender von Menschen. Eine Glocke hängt dort. Die kann man anschlagen, dem Gott sein Kommen damit ankündigen und mit ihrem hellen Klang zugleich etwaige Dämonen vertreiben.

Die Cella ist dunkel. Nur durch die Eingangstür fällt Licht hinein bis auf das Bildnis Vishnus oder das *Lingam* als Symbol Shivas. Das Lingam ist ein ursprünglich phallisches, aber formal stark abstrahiertes Symbol. Wer genauer hinsieht, kann sehen, daß es sich in den Tempeln meist um Lingam und Yoni handelt, um Shiva und Shakti, um das männliche und weibliche Prinzip vereint, und damit um die schöpferische und ungeteilte Essenz allen Daseins.

Der Gläubige, sofern er nicht Brahmane ist, tritt meist nur an die Schwelle des Sanktums. Hier erlangt er das, um dessentwillen er gekommen ist: *Darshana*, das Sichzeigen Gottes. Er hat nun die äußere Vielheit und die innere Einheit gesehen. Er spendet eine Gabe – ein paar Blumen, ein paar Münzen. Vom Priester erhält er als Gegengabe eine Handvoll Wasser, das durch Berührung mit dem Leibe Gottes geweiht wurde, eine Blüte oder ein Blatt vom Schmuck des Gottes; auch einen Tupfen Sandelpaste auf die Stirn oder etwas *Prasād*, das heißt etwas von der Speise, die Gott durch ihre Annahme geweiht hat.

Gibt der Gläubige eine Kokosnuß, so wird sie geöffnet und der Gottheit dargeboten. Diese nimmt die Kokosmilch als Trankopfer an, und der Priester gibt dem Spender die Nuß zurück, verwandelt, veredelt, weil sie vom Gott akzeptiert worden ist.

Geben und Nehmen werden hier zum Symbol. Meist sind es kleine Gaben, nur selten große. Man tritt möglichst nicht mit leeren Händen vor Gott. Schon eine Handvoll Wasser genügt oder ein Blatt. Die Gabe ist ja nur ein Zeichen: Hinter ihr steht als eigentliches Opfer ein Herz voll Hingabe.

Dann verläßt der Besucher den Raum wieder. Die Cella des Tempels ist nicht Ort langen Verweilens. Sie ist Ort der Anrufung, der Gabe und der Vision. Im Tempelhof verweilt man dann. Dort sitzt man im Schatten der mit Bildnissen geschmückten Wände oder eines großen Baumes, liest, meditiert, läßt den Frieden des Tempelhofs auf sich wirken. Hier lauscht man, wenn in der Vorhalle des Tempels Musiker für den Gott musizieren. Hier hört man zu, wenn ein Pandit Mythen vorliest.

Das Tempelritual und die innere Vorbereitung des Brahmanen

Im Tempel wird Gott behandelt, als wäre er ein König. Er wird morgens geweckt, gebadet, mit Sandelpaste gesalbt, gekleidet und kostbar geschmückt. Man verehrt ihn mit den schon genannten 16 Ritualen (upacāras) und gibt die Reste seines Mahls den Tempeldienern, den Armen und den Bittstellenden. Dann gewährt der Gott allen Audienz, die zu ihm kommen wollen. Gegen Abend unterhält man ihn mit Tanz und Musik und sorgt schließlich dafür, daß seine Nachtruhe ungestört ist.

Für die Gläubigen zeigt sich Gott im Tempelritual und bei den großen Festen als Herrscher in all dem Glanz und Luxus weltlicher Macht. Und dennoch irrt, wer meint, es handele sich nur um ein oberflächliches Schauspiel mit vergötterten Puppen.

Ein Blick auf das Ritual offenbart, was während der *Pūjā*, der Verehrung, wirklich vorgeht, und zwar im Tempel ebenso wie im vorhin geschilderten häuslichen Ritual, das man sich ergänzt denken muß durch den vorbereitenden Teil, den ich jetzt beschreibe. Es gibt verschiedene Varianten dieses Rituals und je nach Anlaß auch längere oder kürzere Versionen. Als Beispiel wähle ich ein kürzeres Ritual aus der Praxis der Vaikhānasa-Schule.

Der Gläubige will mit dem Gott kommunizieren. Das ist nicht möglich, ohne daß er *sich selbst zu Gott erhebt.* Er verwandelt, vergöttlicht sich also, um für Gottes Präsenz geeignet zu werden. Das Medium dieser Verwandlung ist die *Meditation und rituelle Transformation.*

Der Oberleib des Brahmanen ist unbekleidet bis auf die heilige Schnur, die er nie ablegt. Sie läuft über seine linke Schulter und unter dem rechten Arm hindurch wieder zur linken Schulter hinauf. Nur bei Riten, die mit Tod und Unreinheit zu tun haben, wird die Schnur über die andere Schulter gelegt. Mit gekreuzten Beinen sitzt er im Lotossitz vor dem Götterbildnis, und in seiner Reichweite neben ihm auf dem Boden sind alle Utensilien, die er für seine Verehrung benötigt. Dieser Brahmane – sei es im Tempel oder zu Hause – beginnt nun voller Konzentration, sich für den Dialog mit der Gottheit vorzubereiten.

Zuerst gibt er in bewußter Imagination seinen weltlichen Leib und seine Sünden auf. Er identifiziert sein Selbst mit der Gottheit und schafft in Gedanken einen neuen, rituell reinen Leib für sie. Er kontrolliert seinen Atem und läßt die kreativen Kräfte in Form der Buchstaben des Alphabets in den eigenen neuen Leib eingehen, denn im Alphabet sind alle Worte und damit auch alles Denken, alle formulierbare Erkenntnis und alle Dinge der Welt enthalten. Dann läßt er die verschiedenen Formen der Gottheit in allen seinen Gliedern Platz nehmen. Der Vishnuit wählt Formen Vishnus, der Shivait wählt Formen Shivas. Er setzt diese Formen Gottes ein in Augen, Ohren, Mund und Nase, in Schultern, Brust und alle Glieder, bis der Leib ganz von der Gottheit erfüllt ist.

Ist der Leib so als Sitz der Gottheit vorbereitet, folgt nun als nächster Schritt die meditative Konzentration auf den Aspekt der Gottheit, der verehrt werden soll. Gott hat ja viele Aspekte, viele Formen, und das Götterbild repräsentiert, ikonographisch fixiert, nur eine von ihnen. Um sie zu verehren, nimmt der Gläubige auch nur diese eine Form Gottes an.

Er betrachtet seinen *Leib als Tempel* oder Plattform (pītha) und sein *Herz als heiligen Raum für die Gottheit.* Dort bereitet er ihr einen Lotosthron, dessen Blätter mit dem *Mantra* des Gottes, das heißt mit den Silben der ihm bestimmten Anrufung besetzt sind und in dessen Zentrum sich die heilige Silbe Om befindet. Dort soll die Gottheit sich niederlassen. Daher vergegenwärtigt er sich den Gott nun als auf dem Lotosthron im eigenen Herzen sitzend. Er konzentriert sich auf das *Dhyāna* der Gottheit, auf ihren Meditationsvers, und stellt sich ihre Gestalt, ihren Schmuck und ihre Attribute in allen Details deutlich vor.

Ist dies geschehen, so ist der Mensch ganz von Gott erfüllt. Und dann beginnt der gleiche Prozeß einer meditativen Vergöttlichung auch bei dem Götterbildnis, bis die im Herzen des Gläubigen residierende Gottheit ihren Sitz auch in der Statue nehmen, die Statue beleben kann. Dieser Vorgang ist nicht eine einfache Übertragung vom Menschen auf das Bildnis, sondern er bewirkt die *gleichzeitige Präsenz* Gottes in Mensch und Statue – etwa wie wenn man mit einem brennenden Licht ein zweites entzündet.

Damit ist erstens die Kommunikationsmöglichkeit auf gleicher Ebene erreicht und zweitens die Voraussetzung für die äußere Verehrung des Götterbildes geschaffen. Zu diesem Zeitpunkt kann also mit der Durchführung der schon geschilderten 16 Rituale begonnen werden.

Nur diese äußere Verehrung nimmt der Zuschauer wahr. Kennt man aber die Sprache des Rituals, so ergibt sich, daß *Verehrer und Verehrter identisch sind wie Ātman und Brahman;* daß der Gläubige dem Gott im Menschen und dem Gott im Bildnis Verehrung erweist; und daß im rituellen Dialog zwischen Brahmane und Götterbild in Wirklichkeit ein Dialog zwischen zwei Manifestationen des gleichen Gottes stattfindet.

Man könnte fragen: Warum das Ganze? Gott braucht sich doch nicht selbst zu verehren. Doch wer so fragt, vergißt, daß es nach Auffassung vieler Hindus außerhalb Gottes und unabhängig von Gott nichts gibt. Wenn überhaupt Verehrung stattfindet, dann ist es gewissermaßen immer Selbstverehrung Gottes. Dies gilt nur nicht für die rein dualistischen Systeme der Hindus. Aber es gilt *für alle Monisten* und auch für den »qualifizierten« Monismus Rāmānujas, nach dem die Gottheit als innerer Lenker in der individuellen Seele wirkt. Nur ist die ständige Präsenz Gottes oder die Einheit mit ihm nicht jedem bewußt. Und gerade dies ist ja das Entscheidende, denn Wissen allein bringt letztlich Erlösung.

Das äußere *Opfer,* das sich dann im Ritual vollzieht, hat viele Formen. Es ist schon gesagt worden, daß der Gläubige nur so viel opfert, wie er vermag. Das Opfer aber erfüllt seinen Zweck nur, wenn es der Gottheit angenehm ist, wenn es sie erfreut. Hier unterscheiden sich die einzelnen Kulte beträchtlich, und sie waren im Laufe der Zeit bedeutenden Wandlungen ausgesetzt. So war für den vedischen Indra der Rauschtrank *Soma* die wichtigste

Gabe, doch heute kommt er in Surrogaten nur noch in tantrischen Kulten vor.

Heute werden im Ritual des Gottes Vishnu neben Schmuck, Gewändern, Mineralien und Wasser nur pflanzliche Produkte einschließlich gewisser Blüten und Blätter sowie Milchprodukte verwendet. *Tieropfer* sind für Vishnuiten normalerweise ein Greuel, werden aber von den Shivaiten manchen der furchterregenden Formen ihres Gottes noch dargebracht, und die Shāktas opfern verschiedenen Aspekten der Göttin mit Vorliebe Büffel, Ziegen, Hähne und Fische.

Die Folge ist, daß zum Beispiel in manchen Regionen Südindiens die Vishnuiten keine Shiva- und Shākta-Tempel betreten, ja sogar aus Furcht vor Verunreinigung beim bloßen Anblick nur mit abgewandtem Gesicht an ihnen vorbeigehen; und daß umgekehrt die Vishnu-Tempel von Shivaiten nicht besucht, bisweilen sogar gemieden werden, weil man die dort in manchen Fällen auch im Beisein von Shūdras und Kastenlosen stattfindenden *gemeinsamen* Verehrungen (bhajana) und Preisungen (kīrtana) Gottes als unrein empfindet.

Nur an den großen Pilgerzentren, wo die Präsenz zahlreicher Gottheiten vielfache Gnade verheißt und die Priester aller Religionen bestrebt sind, von den Gaben der Pilger zu profitieren, werden einfache Gläubige von den Pilgerführern zu den Heiligtümern der verschiedensten Götter geführt. Sonst aber *vermischen die Religionsgemeinschaften sich nicht im Kult,* selbst wenn sie in vollem Frieden beieinander leben – es sei denn, es handele sich um eine bewußte Verschmelzung von Kulten, wie bei den Smārta-Brahmanen oder bei den shāktistischen Vishnuiten Orissas oder Bengalens.

Der Mythos – ein vielschichtiges Phänomen

Unter den Formen religiöser Aussage und den Medien religiöser Unterweisung spielen die Mythen in allen Religionen der Hindus eine bedeutende Rolle. Sie werden erzählt oder vorgelesen, in Tanz und Theater dargestellt, und sie inspirieren die Dichter, Künstler und Philosophen.

Die Mythen berichten von der Entstehung der Welt, vom Wesen und Handeln der Götter und Dämonen, von den Erfahrungen und Handlungen der Seher und Heiligen und von der Entstehung heiliger Orte. Ihre Sprache ist einfach, aber ihre Bilder sind eindringlich, reich an Details und angefüllt mit vielschichtiger Symbolik.

Bei uns herrscht manchmal der Eindruck vor, der Mythos stelle eine niedere Form der Gotteserkenntnis dar. Er verhülle mehr von der Wahrheit, als er offenbare, und man müsse folglich Entmythologisierung anstreben. Für den Hindu ergibt sich eine etwas andere Perspektive. *Der Mythos verhüllt nur, wenn der Unwissende ihn hört,* weil er die Sprache der Symbole nicht versteht. Für den Wissenden offenbart er mehr vom Wesen und Wirken Gottes, als bloße theoretische Begrifflichkeit zu fassen vermag, weil er die *Dimension der Dynamik* mit einbringt. Daher ist der Mythos auch ein wichtiger Gegenstand der Meditation, ebenso wie die bildhafte Gestalt und wie der Meditationsvers, welcher die Gottheit in Worten beschreibt.

Für den Unwissenden verhüllt der Mythos in der Tat vieles, aber er verhüllt keineswegs alles. Eine Apfelsine ist schon von außen schön, auch wenn man nicht weiß, daß sie köstlichen Saft enthält. So hat auch der Mythos *verschiedene Bedeutungsschichten.* Bleibt eine von ihnen verborgen, so versteht man ihn doch auf einer anderen, niedrigeren Ebene. Auf ihr vermittelt der Mythos ein veräußerlichtes Bild von Taten der Gottheit, von kosmogonischem Geschehen und vielem anderen, in dem sich göttliche Macht oder göttliche Liebe oder auch göttliche Unberechenbarkeit manifestieren kann.

So wird durch den Mythos auch den Unwissenden etwas vom Sein Gottes vermittelt. Er bietet durch seine mehrschichtige Interpretationsmöglichkeit eine Form der Aussage, die jedem etwas gibt und auf die man deshalb nicht verzichten kann. Denn *auf jeder Stufe* spricht die Gottheit zu den Menschen.

Entmythologisierung findet freilich auch in Hindu-Religionen statt. Aber nicht durch Dekret für alle – dazu gibt es weder eine Autorität noch ein Bedürfnis –, sondern durch Karman, und als seine Folge durch Differenzierung der religiösen Erkenntnis oder der Gotteserfahrung. Auf der höchsten Stufe der Erkenntnis oder

Gotteserfahrung findet sich auch höchste Abstraktion. Das macht die niedrigeren Ebenen aber nicht unwichtiger. Gäbe es sie nicht, so würde der Aufstieg gar nicht erst in Gang gesetzt, der letztlich zur Erlösung führt.

Yoga als meditatives Training

Auch die *Meditation* ist ein vielschichtiges Phänomen. Sie wurde mehrfach erwähnt, ohne daß ich darauf eingehen konnte, wie sie zustande kommt. Da es aber viele Formen und Techniken der Meditation gibt, ist es sinnvoller, hier nur am Beispiel des *Yoga* zu zeigen, unter welchen Voraussetzungen Meditation im allgemeinen praktiziert wird. Ständige Übung ist dabei unbedingt erforderlich.

Yoga ist ein doppeldeutiges Wort. Es bedeutet das Anschirren, das Unter-Kontrolle-Bringen der Körperfunktionen, der Sinne und des Denkens. Etwa so, wie man ungebärdige Rinder unter ein Joch spannt oder wie der Wagenlenker Rosse anschirrt (nach dem berühmten Gleichnis des Platon), damit man ihre Kräfte vereint und sie auf ein Ziel hinlenken kann. Bezeichnet also Yoga den Anfang dieses Prozesses, das *Anschirren und Bändigen* der Sinne, so bedeutet es auch das Ergebnis der ganzen Bemühung, nämlich die *Verbindung* von individuellem Selbst und absolutem Selbst, die endgültige Vereinigung von Ātman und Brahman.

Diese Vereinigung ist ein Ziel, das nur unter bestimmten Voraussetzungen erreicht werden kann. Die erste Voraussetzung ist ein einwandfreies moralisches Leben. Die *sittlichen Grundgebote* der Gemeinschaft bieten – nur wenige Religionsgemeinschaften sehen das anders – einen allgemeinen Rahmen, dessen Verbindlichkeit erst auf einer hohen Stufe der Selbstverwirklichung nicht mehr zwingend ist, nämlich wenn im Denken und Handeln alle Spuren von Selbstsucht und Begierde gelöscht sind. Nicht zu stehlen, niemanden zu verletzen – weder mit Taten noch mit Worten oder Gedanken –, enthaltsam zu leben, Wahrhaftigkeit zu üben und sich von Besitzgier zu lösen sind die wichtigsten dieser ethischen Grundforderungen.

Die zweite Voraussetzung ist Selbstzucht. Sie besteht in äußerer und innerer Reinlichkeit, Zufriedenheit (die nur durch Aufgabe von Begierden erreicht wird), Enthaltsamkeit, intensivem Studium der überlieferten Lehren und – in den theistischen Systemen – Demut vor Gott beziehungsweise Gottesverehrung.

Die dritte Voraussetzung schließlich ist die Kontrolle körperlicher Funktionen durch bestimmte Körperhaltungen.

Sind diese Voraussetzungen erfüllt, so lassen sich, wenn man lange genug geübt hat, über die Atemkontrolle die vitalen Kräfte des Körpers steuern. Dann folgt das Zurückziehen der Sinne von der Außenwelt, so daß man nicht mehr bemerkt, was um einen herum vorgeht. Solches Ausschalten der Sinne schafft die Ruhesituation, die für völlige Versenkung nötig ist. Wie schwer es ist, einen so von der Außenwelt abgewandten und auf ein inneres Meditationsobjekt konzentrierten Yogin aus der Versenkung zu reißen, berichten in eindrucksvoller Weise die Mythen um Shiva, den großen Yogin. Doch auch von Buddha wird berichtet, er habe in seiner Versenkung ein Gewitter nicht wahrgenommen, bei dem in seiner Nähe zwei Bauern und vier Ochsen ums Leben kamen.

Nach dem Zurückziehen der Sinne von der Außenwelt beginnt ein paralleler Prozeß in bezug auf die Innenwelt. Ziel ist auch hier, die Vielheit innerer Vorstellungen nach und nach auszuschalten und das Bewußtsein ganz auf ein einziges Objekt der Betrachtung zu lenken. Wenn dies gelingt, so führt die Versenkung schließlich zur Gesamtschau des gewählten Meditationsobjektes, zum völligen Erfassen aller Dimensionen seiner Realität.

In einer letzten Stufe steigert sich dann die geistige Durchdringung und Erfahrung des Gegenstandes der Meditation zur Überwindung der Distanz zwischen Subjekt und Objekt. Die Trennung ist an einem Punkt durchbrochen. Was dann geschieht, wird meist als ein *blitzartiges und allumfassendes Aufleuchten von Erkenntnis* geschildert, die sich der sprachlichen Wiedergabe weitgehend entzieht. Es ist ein Erlebnis, in dem alles Seiende zusammenschießt in einen einzigen Punkt. Zugleich ist es eine überwältigende Erfahrung strahlenden Lichts.

Dies war eine sehr knappe Schilderung des Yoga-Prozesses, die natürlich zahlreiche Details außer acht lassen muß. Nicht jedem gelingt es, den Höhepunkt der Versenkung und Einheitserfahrung (samādhi) zu erreichen. Ist er erreicht, so gelingt es zunächst nicht, darin zu verweilen. Weitere Übung ist nötig. Erst der Vollendete hat die Fähigkeit, den Zustand der Einheit nach Belieben oder auch endgültig herbeizuführen. Der Vollendete hat auch die Möglichkeit, den Zeitpunkt seines Todes selbst zu bestimmen.

Der gläubige Brahmane, der sein tägliches Ritual vollzieht, ist in den seltensten Fällen ein Vollendeter. Er hat aber eine langjährige Übung. Tagtäglich konzentriert er sich auf den Gott, den er verehrt, und auf die heiligen Schriften seiner Überlieferung. Dabei lebt er noch im Stadium des Hausvaters, der für den Lebensunterhalt seiner Familie sorgen muß. Meditation ist für ihn ein normaler Bestandteil seines Lebens. Im Alter wird sie einen immer größeren Raum einnehmen. Aber je früher man sie übt, desto konzentrierter vermag man zu lernen und zu leben. Daher werden in manchen Familien schon die Kinder auf meditatives Training vorbereitet.

Die Ebenen des Denkens und die Wahrheit

Zum Schluß möchte ich noch den Versuch machen, ein Phänomen anzusprechen, das zu verstehen für den Europäer wohl am schwersten ist. Es ist das *Denken in mehreren Schichten,* in übereinander geordneten hierarchischen Ebenen, das viele der indischen religiösen Texte kennzeichnet.

Diese Ebenen sind nicht säuberlich voneinander getrennt, sozusagen wie in einer Apotheke mit Etiketten versehene Schubladen, von denen jede etwas anderes enthält. Das wäre ein Ordnungsprinzip, das wir leicht verstehen könnten: Hier ist Shiva, dort Vishnu; hier das abstrakte Wissen, dort der Mythos; hier der Erlösungsweg durch Erkenntnis, dort der Erlösungsweg durch Gottesliebe; hier der Brahmane, dort der Regenwurm.

Aber so ist es nicht. Vielmehr wie der Regenwurm zum Brahmanen werden kann und der Brahmane zum Regenwurm, so kann der Shivait im nächsten oder vielleicht sogar schon in diesem Leben die Größe Vishnus erkennen und ihn verehren, oder umgekehrt. Alles hängt von seinem Karman, das heißt vom Zustand seiner inneren Läuterung ab. *Da* gibt es besser und schlechter. Aber was für den einen das Bessere ist, kann sich für den anderen, noch Unvorbereiteten, als untauglich erweisen.

Gewiß, es gibt eine höchste und einzige Wahrheit. Wer sie hat, der ist auch erlöst. Solange er sie aber nicht hat, oder noch nicht ganz hat, weiß er wenigstens, daß sich Wahrheit auf allen Ebenen des Daseins in je unterschiedlicher Weise manifestiert.

Mehr noch: jeder Mensch kann sich bewußt auf mehreren Ebenen gleichzeitig bewegen. Er kann das Göttliche als uranfängliches Brahman in völlig abstrakter Form konzipieren und trotzdem voll Hingabe ein Götterbild baden, kleiden und schmücken. Er kann sich die Gottheit in seinem Herzen in allen Details ihres von Künstlern und Dichtern erschaffenen Erscheinungsbildes und mit allen ihren mythischen Taten in der Meditation vergegenwärtigen und trotzdem wissen, daß all dies nur Schein ist, nur weltliche Erscheinungsform eines transzendenten unaussprechlichen Seienden.

Mit dieser Fähigkeit, auf verschiedenen Ebenen der Wirklichkeit zu denken, ist auch eine *andere Erfahrung von Zeit* verbunden. Die Menschen leben zwar gleichzeitig und im gleichen Raum, aber dennoch gehören sie verschiedenen Zeitstufen und verschiedenen Räumen an, wenn man nämlich Zeit und Raum an der inneren Reife und an der Distanz zur erlösenden Erkenntnis mißt.

Wenn Anhänger der Hindu-Religionen daher toleranter sind als die Anhänger anderer Religionen, so entspringt diese Toleranz nicht einer ethischen Forderung, die einzuhalten stets schwer ist (vor allem wenn man die eigene Wahrheit absolut setzt). Sie entspringt vielmehr einer Erkenntnis von der *inneren Struktur der Welt,* samt allen darin befindlichen Wesen, und einem Zeitbewußtsein, das unserem eindimensionalen Denken fremd ist.

Es ist diese Erkenntnis, aus der wie von selbst Duldsamkeit und Gleichmut und innerer Friede erwachsen. Das gerade ist es, was uns weitgehend fehlt. Deshalb bietet Indien mit seinen Religionen für uns etwas Neues: eine *Alternative des Denkens,* die wenigstens zur Kenntnis zu nehmen sich sicherlich lohnt.

2. HANS KÜNG: Eine christliche Antwort

Was als christlicher Theologe auf diese Fülle von Informationen über die religiöse Praxis in Indien antworten? Wollte man ein analoges Bild zeichnen, müßte man ebenfalls von dem sprechen, was hier breit dargelegt wurde: der *Volksreligion*. Denn finden sich solche Formen nicht christlicherseits auch etwa im italienischen, spanischen, südamerikanischen, süddeutschen, irischen oder polnischen Katholizismus, sofern dieser das *mittelalterlich-gegenreformatorische Paradigma (Grundmodell) von Christentum* bewahrt hat? Wer wollte bestreiten, daß auch die christliche Religion hier außerordentlich lebendig ist, bunt, vielseitig, abwechslungsreich, alle Lebensgebiete umfassend: Orthopraxie vor allem im Sinne ritueller Vollzüge (wobei auch auf Parallelen und Unterschiede zwischen der mehr privaten Brahmanen- und der öffentlichen katholischen Priesterreligion einzugehen wäre).

Volkshinduismus und Volkskatholizismus

Ohne Mühe ließe sich – bei allen Unterschieden – fast zu jedem religiösen Phänomen des Volkshinduismus ein *katholisches Analogon* nachweisen. Hier wie dort fast eine Omnipräsenz des Religiösen, hier wie dort die sakral besonders ausgegrenzten heiligen Orte und Plätze: so im mittelalterlich-barocken, bis heute oft reservathaft überdauernden Volkskatholizismus die vielen Kirchen und Kapellen, Bildstöcklein und Wegkreuze, all die zahllosen (nicht selten geschmückten) Bilder und Statuen samt Kerzen, Blumen, Räucherduft, Weihwasser, Musik. Kennt nicht auch das christliche Europa das Schutzheiligenwesen, die Votivtafeln, die

Plaketten an Fahrzeugen, religiöse Zeichen aller Art? Gibt es nicht auch hier die heiligen Zeiten und großen religiösen Volksfeste, gefeiert zu Hause, in der Kirche und auf den Straßen, heilige Umzüge, Prozessionen und Bittgänge zu allen Zeiten des Jahres und Tages? Ja, gibt es nicht auch hier das große Wallfahrtswesen mit Millionen von Pilgern, mit den vielen Alten und Kranken, mit zahlreichen Priestern und Bettlern, mit bunt bemalten Gipsbildern, Amuletten, religiösen Objets d'art und Souvenirs, Kunst und Kitsch in jeder Gestalt? Jeder kann sich hier in die große Gemeinschaft der Gläubigen als frohgestimmter Festteilnehmer eingebunden fühlen, wenn der oder die Heilige in Gestalt eines Bildes oder einer Statue wie ein Gott empfangen und begrüßt, durch die Stadt getragen und wieder heimbegleitet wird.

Ganz zu schweigen von allen möglichen Formen der *Marienverehrung*, die bekanntlich so populär wurde, daß sich ältere und neuere Wallfahrtsorte (Altötting oder Einsiedeln, Lourdes oder Fatima) ernsthaft Konkurrenz machen: Wo werden nicht überall zu der Madonna oder anderer Heiliger Ehren Messen gefeiert, mit mindestens 16 Upacāras oder rituellen Handlungen, Gesten und Sprüchen, wobei es das feierliche vorkonziliare Pontifikalamt bestimmt auch auf die Zahl von 94 Diensten des hinduistischen Ritus gebracht hatte. Dabei werden nicht nur Gott oder den Heiligen, sondern auch seinen Stellvertretern auf Erden zahlreiche Ehren entgegengebracht, wo vom einfachen Gläubigen auch hier nur eine kleine Opfergabe erwartet wird, um in den heiligen Prozeß des Nehmens und Gebens, des »do ut des« eingeschaltet zu sein. Dies alles auch hier verbunden mit Legenden, Mythen und neuen Offenbarungen (Lourdes: »Ich bin die unbefleckte Empfängnis«) sowie mit Wundern (vor allem Heilungen, aber auch, in Fatima, Sonnenwunder). Man sieht: das alles gibt es also auch im Christentum insbesondere spätmittelalterlich-barocker Ausprägung, wobei die Ingredienzien der Restauration und Romantik des 19. Jahrhunderts besonders in Marien- und Papstverehrung (eine emotional gestimmte Papstverehrung gab es früher nicht) ganz erheblich sind.

Doch sind solche Vergleiche überhaupt gerechtfertigt? Manche werden protestieren: Werden so die Heiligen oder Engel in der katholischen Kirche nicht mit den Göttern Indiens auf eine Stufe gestellt? Hat man in der Kirche nicht immer einen klaren *Unterschied* gemacht: zwischen der *Anbetung* (Latría, Adoratio), die nur Gott gebührt, und der *Verehrung* (Doulía, Veneratio), die seinen Heiligen und Engeln entgegengebracht werden darf? Also: Gott allein wird angebetet, die Heiligen werden dagegen nur verehrt?

Dies alles sei nicht bestritten. Wer freilich christliche, katholische Frömmigkeit von innen kennt, weiß, wie oft in der Volksfrömmigkeit diese für Theologen klaren *Grenzen* immer wieder *verwischt* wurden. Ein besonders eklatantes Beispiel ist katholischerseits einmal mehr die Verehrung des weiblichen Prinzips der »Gottheit«, wie es die *»Gottesmutter«* darstellt: Maria, der man seit Thomas von Aquin auch in der westlichen Kirche nicht nur Doulía = Verehrung, sondern Hyperdoulía = Überverehrung zubilligte, und dies in Formen, die oft an heidnische Vorbilder gemahnen (bekanntlich wurde die Gottesmutterschaft 431 aufgrund eines »Handstreichs« des alexandrinischen Bischofs Kyrill in der Stadt Ephesos definiert, dem Kultzentrum der Magna Mater); das Zweite Vatikanische Konzil mußte gegen marianische Exzesse Stellung nehmen.

Es wäre also töricht, im hinduistisch-christlichen Dialog christlicherseits den Puristen zu spielen, der theoretisch ignorierte oder bestritte, was praktisch seit Jahrhunderten gewachsen ist, an das Christentum sich angelagert hat, von Millionen von Christen gelebt wurde und so jedenfalls – man mag das bedauern oder nicht – zum Erscheinungsbild auch des Christentums dazugehört. Dies alles müßte in einer Phänomenologie von Religion, die Hinduismus und Christentum gleichermaßen erfaßt, kritisch analysiert werden.

Monotheismus oder Polytheismus?

Geht man vom konkret gelebten Leben und nicht so sehr von einer abstrakten Lehre aus, wird man als Christ vorsichtiger mit dem besonders an den Hinduismus gerichteten Vorwurf des Polytheismus. Oder sollten für Christentum und Hinduismus zwei verschiedene Maßstäbe gelten? Für das Christentum nur das hohe Ideal, für den Hinduismus aber die ernüchternde Wirklichkeit?

Gewiß, man ist am heiligen Ganges zu Benares, in einem der großen südindischen Tempel oder in den Hindu-Heiligtümern Nepals oder Balis als Christ außerordentlich beeindruckt, doch ist man kaum versucht, Anhänger solcher Religionen zu werden. Umgekehrt: sollte etwa der vishnuitische oder shivaitische Hindu in einer neapolitanischen oder einer bayrischen Barockkirche oder auch in St. Peter zu Rom im Christentum eine götterstürzende »monotheistische Revolution« (J. Ratzinger) entdecken können? In der kleinsten Moschee am Rande der Sahara oder im Industal zwischen Himalaja und Arabischem Meer dürfte man vom Monotheismus mehr verspüren. Was also soll man zu alldem sagen? Nach unseren Überlegungen zum hinduistischen und christlichen Gottesverständnis können wir es kurz machen und zu den Parallelen zwischen christlicher und hinduistischer Volksreligion grundsätzlich ein Zweifaches anmerken:

- Wenn man als »Gott« das eine höchste und tiefste Prinzip von allem, die eine allerletzte und allererste Wirklichkeit in der Welt, den Menschen und den Dingen versteht, dann sind auch die meisten *Hindus Monotheisten*; denn in diesem Sinne glauben auch die Hindus nur an *einen Gott*: an das eine uranfängliche Brahman, das mit Vishnu oder Shiva oder mit der Shākti identisch und so apersonal und personal zugleich (»transpersonal«) ist.
- Wenn man aber unter »Gott« auch alle diejenigen Wesenheiten versteht, die durch Anrufung, Gebet, Hymnen oder Darbringung von Opfergaben verehrt werden, dann sind auch sehr viele *Christen Polytheisten*; denn in diesem Sinne glauben sie faktisch, im praktischen religiösen Vollzug, an *mehrere »Götter«*, wie immer sie im Christentum genannt werden (»devas« nennt sie die indische Terminologie im Unterschied zum einen »Brahman« oder »Īshvara«, »Herr«).

Vielleicht geht es sowohl in der hinduistischen wie in der christlichen Volksreligion mehr denn um Monotheismus oder Polytheismus um einen *Henotheismus*: Man verehrt den einen Gott und erweist auch anderen Gestalten quasigöttliche Verehrung. Im Christentum werden allerdings weniger mythische Gestalten verehrt (vom Drachentöter Georg oder dem Christusträger Christophorus einmal abgesehen) als – neben Engeln und Erzengeln, »Mächten und Gewalten« – *verstorbene geschichtliche Persönlichkeiten*, die sich in ihrem Leben durch irgendeine Form von Heiligkeit ausgezeichnet haben. In jedem Fall neben dem »allein Heiligen« (»tu solus sanctus«) viele andere »Heilige« (»sancti«).

Im Spätmittelalter hatte der Heiligenkult einen derartigen Grad der Veräußerlichung und Übersteigerung erreicht (Reliquienhandel, Bilderverehrung, Votivgaben, Gelübde!), daß die reformatorische Protestbewegung für ihr »neues« (an den christlichen Ursprüngen orientiertes) *reformatorisches Paradigma* von Kirche und Theologie den Heiligenkult mit Berufung auf das erste und zweite Gebot des Dekalogs – Du sollst nur an einen Gott glauben und dir kein Bildnis machen! – überhaupt ablehnte, was freilich bezüglich der Bilder nur im Calvinismus konsequent durchgeführt wurde. Doch machen wir uns – im Blick auf Christentum und Hinduismus – die Sache nicht allzu leicht. Gerade im Vergleich von christlicher und hinduistischer Praxis kommen wir um die Frage nicht herum:

Was steckt hinter der Volksfrömmigkeit?

Ja, wie ist diese verwirrende Fülle von ebenso weitverbreiteter wie persistierender und resistenter Volksfrömmigkeit zu beurteilen? Einzuschätzen für einen Christen oder Hindu, der vielleicht mit einer solchen Frömmigkeitsform aufgewachsen ist, sie heute aber nicht mehr vorbehaltlos nachvollziehen kann? Weniger um eine intellektuelle Ab-Wertung, sondern mehr um eine theologische Be-Wertung geht es, da solche religiösen Ausdrucksformen ja nicht schon deshalb auch für heute akzeptiert werden können, weil sie nun einmal zum Erscheinungsbild einer Religion, eines Volkes gehören. Was also steckt hinter dem selbst in monotheistischen Religionen sich durchhaltenden faktischen Polytheismus oder Henotheismus, was hinter dem hinduistischen Pantheon oder dem christlichen Allerheiligen?

Daß die *religionskritischen* (etwa marxistischen) Kategorien hier zu kurz greifen, sosehr sie wichtige Aspekte ins Spiel bringen, habe ich schon früher angemerkt: Gewiß fungierte und fungiert Volksreligiosität (besonders in unterentwickelten Ländern) oft genug als die »imaginären Blumen an der Kette« des unterdrückten Volkes, als der »Seufzer der bedrängten Kreatur«, das »Gemüt einer herzlosen Welt«, der »Geist geistloser Zustände«: »das *religiöse* Elend« demnach als »*Ausdruck* des wirklichen Elends« (K. Marx). Die wirtschaftlich und intellektuell herrschenden Schichten nutzten und benutzen die Volksreligion, die hinduistische wie die christliche, um die niederen Klassen in Abhängigkeit und Passivität, Aberglauben und Fatalismus zu halten. Andererseits, so sahen wir, läßt sich Religion nun einmal nicht auf diese Vorstellungen reduzieren, gar eskamotieren. Gerade religiös Motivierte können sich von entfremdenden religiösen Formen befreien und sich sozial engagieren gegen Armut, soziale Unterdrückung und Ungerechtigkeit, wofür es im Christentum, aber auch im Hinduismus zahlreiche Beispiele gibt.

Trotz aller Ausbeutung der Volksreligion durch Politik, Wirtschaft und Tourismus: Immer deutlicher ist uns im Lauf all der religionsgeschichtlichen Ausführungen doch geworden, wie es in der großen vieltausendjährigen Geschichte der Menschheit bei allen oft bizarren Formen überall doch um »Erfüllungen der ältesten, stärksten und dringendsten Wünsche der Menschheit« geht (vgl. S. Freud, »Die Zukunft einer Illusion«, 1927, Studienausgabe IX, S. 164), deren »illusionärer« Charakter jedoch (selbst nach Freud!) keineswegs erwiesen ist. In den elementaren Wünschen des hilflosen Menschen nach Schutz vor den Gefahren des Lebens, nach Erfüllung der Gerechtigkeit in dieser ungerechten Gesellschaft, nach einem Leben *nach* diesem Leben und einem letzten Sinn, nach Wissen um Entstehung und Ziel der Welt – die Stärke dieser Wünsche macht nach Freud das Geheimnis der Stärke der Religion aus – was kommt in alldem trotz verwirrend-widersprüchlicher Religionsvielfalt dennoch überall zum Ausdruck? Ein zwar nicht rational beweisbares, aber doch durchaus *vernünftiges Vertrauen*: daß hinter, über, *im* Sichtbar-Greifbar-Verfügbaren ein Unsichtbar-Ungreifbar-Unverfügbares verborgen ist! Letztlich ist es – unter welchen Verhüllungen und Namen auch immer – jenes Eine, das alles Weltliche trägt, durchdringt und erklärt und sich im Weltlichen *manifestiert*. Freilich, *wie* sich dieses Eine im Vielen manifestiert, ist zwischen den Religionen umstritten: ob nur im Wort oder auch in der Natur, ob nur im Menschen oder auch in Tieren und Pflanzen, in allen Dingen. Hinduistischer und auch christlicher Volksglaube jedenfalls sind der Überzeugung, daß uns das eine Göttliche oder Gott vor allem in asketischen, heiligmäßigen Menschen begegnet und daß es sich durch wunderbare Kräfte zu erkennen gibt.

Warum auch nicht? Ist das alles von vornherein schierer Aberglaube? Manches kann Aberglaube sein, und um Unterscheidungen zwischen echtem Charisma und Scharlatanerie kommt man gewiß nicht herum. Aber: gibt es nicht schlichte *religiöse Bedürfnisse*, deren sich ein Mensch nicht zu schämen braucht? Haben nicht auch in monotheistischen Hochreligionen zahllose Menschen das Bedürfnis, Gott oder dem Göttlichen nahe zu sein und Religion lokalisieren zu können an bekannten heiligen Orten, wo man Verständnis für ihre alltäglichen Sorgen findet: Trost, Hilfe, Heilung? Ja, wo immer eine monotheistische Religion schließlich zur *Massenreligion* wurde – dies gilt selbst vom Islam –, war ein hochvergeistigter Glaube an das eine Göttliche zuwenig; da konnten sich jene polytheistischen Tendenzen, die schon Naturreligionen prägen, auch in monotheistischen Hochreligionen durchsetzen, eine Heiligenverehrung sogar im Islam. Wie also ist dieses ganze Phänomen zu beurteilen? Statt Volksreligionen intellektuell für obsolet zu erklären oder religionskritisch zu eskamotieren, wäre, scheint mir, ein Potential kritischer Rückfragen an die etablierten Religionen zu erschließen und differenziert zu diskutieren: Rückfragen an Hinduismus, Katholizismus, aber auch Protestantismus.

Kritische Rückfragen

Eine *erste* Rückfrage an das theologische Selbstverständnis des (insbesondere europäischen) *Protestantismus*: Ist das *Verschwinden des Volkstümlichen*, ist das Absterben der Sakramente, die *Hypo*-Trophie des sakramentalen Elements, die Abneigung gegen alles Sinnliche, Bildliche, Symbolische, Emotionale im Protestantismus nicht mitverantwortlich für eine Verintellektualisierung der Kirche und für den *Schrumpfprozeß der Gemeinden*? Gottes Offenbarung kann doch auch durch – in sich gewiß oft ambivalente – Handlungen, Gesten, Gestaltungen, durch leibliche, künstlerische, musikalische, tänzerische Ausdrucksformen, durch sichtbare Symbole, also »Sakramente« im weitesten Sinn des Wortes, geschehen – alles für asiatisches und besonders indisches Empfinden von größtem Belang.

Eine *zweite* Rückfrage an das theologische Selbstverständnis des *Katholizismus* (und möglicherweise auch des Hinduismus): Ist die *Übersteigerung des Volkstümlichen,* ist die *Hyper*-Trophie des sakramentalen Elements, das Überwuchern der Sakramente, ist die Abneigung gegen das prophetische Element, gegen rationale Kritik, Entideologisierung und Entmystifizierung nicht mitverantwortlich für die Auswanderung zahlloser kritisch Denkender aus der Kirche: Intellektueller, Industriearbeiter und zunehmend auch kritisch gewordener Frauen und Jugendlicher?

Eine *dritte* Rückfrage anderer Art aber auch an den *Volks-Hinduismus*: Wenn zwar nicht der Verkehr in Indien, wohl aber die Verfassung und der Staat Indiens – im Gegensatz zum islamischen Staat Pakistan – säkularisiert sind: ist dann nicht zu erwarten, daß zunehmend auch der Verkehr und das gesamte Leben einem zwar langsamen, aber doch unaufhaltsam um sich greifenden *Säkularisierungsprozeß* unterworfen werden? Befinden sich also nicht auch die Hindu-Religionen ähnlich wie der Islam mitten in einem Paradigmenwechsel von einem (wie immer zu bestimmenden) »Mittelalter« zur Moderne – einem Paradigmenwechsel, der, soll er gelingen, vielleicht auch so etwas wie eine religiöse Reformation zur Voraussetzung hat?

Sobharani Basu, Professorin an der Hindu-Universität in Benares und Verfasserin einer dreibändigen Geschichte des »Modern Indian Mysticism« (1974), schreibt am Ende ihrer Darstellung, wie sich auch im modernen Indien die Einstellung zu Mystik und Mystikern geändert hat: »Die allgemeine Einstellung der modernen Welt gegenüber der mystischen Erfahrung ist in der Regel die der Indifferenz, wenn nicht der Antipathie.« Warum? Weil die gegenwärtige Generation die mystische Erfahrung unter »ausschließlich positivistischem und utilitaristischem Blickwinkel« betrachte und sie als für das Wohl der Gesellschaft völlig unnütz ansehe: Selbst wenn der Mystiker zur Erleuchtung käme, habe sein Erfolg ja

»keine moralische Wirkung auf die Gesinnung der die Gesellschaft konstituierenden Individuen« (III, 93 f.). Basu widerspricht dieser Auffassung und beruft sich dagegen auf die gesellschaftlichen Wirkungen Shankaras, Rāmānujas und Madhvas, aber auch auf die von ihr behandelten neueren Mystiker und Reformatoren von Rāmakrishna bis Aurobindo und Mutter Ānandamayī, die alle in vielfältiger Weise als gesellschaftliche Vorbilder gedient hätten; Befreiung des Einzelnen müsse im Kontext der Befreiung aller gesehen werden (so auch in »Some Mystics of Modern India«, 1979). Aber Basu gibt zu, daß die moderne wissenschaftlich-technologische Gesellschaft auch in Indien neue Probleme aufgibt. In der Tat: die im Zusammenhang mit dem Islam schon geäußerten kritisch-abwägenden Überlegungen zum Paradigmenwechsel und zum Säkularismusproblem wären allesamt auch hier einschlägig. Konkret auf den Hinduismus bezogen seien nur ein paar Anmerkungen gemacht, die die *Ambivalenz* der gegenwärtigen Übergangssituation beleuchten.

Transformation der Religion

Indien bleibt ein eindrückliches Beispiel gegen die religionskritische These vom Absterben der Religion: Die Hindu-Religionen, die schon so manchen Paradigmenwechsel hinter sich haben, wandeln sich erneut, sterben aber nicht! Zunächst kurz zum *Überleben* der Religion:

1. Trotz ungeheurer Umbrüche insbesondere seit dem 19. Jahrhundert – Kolonialismus, religiöse und soziale Reformbewegungen, nationale Unabhängigkeit, Anschluß an die Weltkommunikation, Industrialisierung, Modernisierung des Lebens – spielt die Religion sowohl im privaten und familiären wie im öffentlichen und politischen Leben noch immer eine *Hauptrolle.* Atheismus oder Agnostizismus ist selbst unter Intellektuellen verhältnismäßig selten.

2. Auch im Blick auf die europäisch-amerikanische Moderne haben die Hindu-Religionen ihre außergewöhnliche *Adaptions-, Assi-*

milations- und Integrationskraft bestätigt, die den riesigen Subkontinent fast als einziges zusammenhalten. Ob Glaubensinhalte oder religiöse Praktiken: Altes wird gleichsam mühelos angepaßt und Neues absorbiert. Mythisches wird umgedeutet, Überholtes neu interpretiert, Überfälliges stillschweigend fallengelassen. Man hat deshalb in Indien eine unbeschränkte Fähigkeit zu glauben konstatiert.

3. Noch mehr als der Katholizismus erscheint der Hinduismus so als ein *»Mixtum compositum«* oder eine *»Religion der Gegensätze«:* eine Mischung aus oft heterogenen Elementen. Altes und Neues, Tradition und Adaption, Naivität und Aufklärung stehen oft unverbunden nebeneinander oder erscheinen nur notdürftig harmonisiert. Vielerlei und beinahe alles ist nicht zuletzt deshalb möglich, weil gemeinsamer Gottesdienst dem traditionellen Hinduismus im Grunde fremd ist und sich Religion, wie wir vernehmen, primär in der Familie vollzieht.

Aber täuscht man sich, wenn man bei allem Überleben der Religion auch in Indien Symptome für einen *epochalen Paradigmenwechsel* feststellt? Eine Transformation der Religion im großen Stil scheint im Gang:

1. Der Prozeß der *Säkularisierung,* bedingt durch Industrialisierung, Urbanisierung, Modernisierung des Lebens und die breite Entwicklung von Kommunikationstechnologien, schreitet unaufhaltsam voran: Was für eine zweifellos sehr dünne westlich gebildete Oberschicht und für nicht wenige Studenten an säkularer Einstellung schon Gegenwart ist, zeichnet sich zunehmend auch für die vermögende Mittelschicht und die (weithin aus der Kastenordnung herausgelöste) Industriearbeiterschaft in den Großstädten ab und beginnt langsam die seit Jahrhunderten isolierten Dorfkulturen zu erreichen und den stark verwurzelten Dorfhinduismus zu erschüttern. Eine Zurücknahme des Säkularisierungsvorganges ist unwahrscheinlich, eine Rückkehr zu vorneuzeitlichen Verhältnissen schon jetzt ausgeschlossen; dafür garantieren schon Radio, Fernsehen und heute zunehmend Videokassetten.

2. Auch viel *religiöses Brauchtum* dürfte mit dem Eintritt in die Moderne verschwinden: Nicht nur die vielen Asketen in den Wäldern und die heiligen Kühe auf den Straßen sind damit gemeint, sondern noch vieles, was der streitbare N. C. Chaudhuri in seiner Hinduismuskritik als Aberglauben, entmündigende Angst und elenden Gehorsam, ja, als Scharlatanerie und Hokuspokus, so ganz verschieden von der hohen indischen Metaphysik, geißelt. Doch nicht nur religiöse Nachlässigkeit, sondern vor allem die Erfordernisse des modernen Lebens mit strenger Tageseinteilung sind daran schuld, daß besonders in den Städten viele die zeitraubenden Hauszeremonien aufgegeben haben. Religiöse Feste sind vielfach zu Volksbelustigungen herabgesunken; Technologie und Massenmedien, aber auch materialistische Gesinnung machen sich bis in die Dörfer (drei Viertel aller Inder leben auf dem Land) hinein breit. Das Interesse an Politik – leider bedroht von einem erschreckenden Verfall der politischen Moral – löst für manche das Interesse an Religion (so oft mißbraucht zur Gewinnung von politischer Macht) ab.

3. Die religiös begründete *Kastenordnung* (bei allen Analogien zur Aussonderung sozialer Gruppen auch in anderen europäisch-amerikanisch-afrikanischen Gesellschaftssystemen doch typisch für den Hinduismus und schon immer Haupthindernis für seine Ausbreitung über Indien hinaus) zeigt zumindest in den Städten ähnliche Auflösungserscheinungen wie früher die europäische Ständeordnung; »Unberührbarkeit« wurde vom säkularen indischen Staat 1947 abgeschafft, die Kastenordnung von religiösen Reformern wie linken Politikern schon lange bekämpft.

Wenn, wie wir hörten, durch die Einführung der allgemeinen Schulpflicht (Abbau des Analphabetentums) und eines modernen Erziehungssystems die kastenbestimmte Initiation durch den Guru – welche exklusiv die Angehörigen der drei oberen sozialen Klassen zu Zweitgeborenen macht! – stark beschnitten worden ist, dann wird der hier beklagte »Traditionsverfall« vermutlich alle vier traditionellen Lebensstadien ergreifen. Dann wird es auch kaum bei der religiös begründeten Tradition bleiben können, daß die Eltern die Ehepartner des Kindes ohne dessen Zutun nach Kastenzugehörigkeit aussuchen. Dann werden die mit dem Kastensystem verbundenen rituellen Reinheitsvorstellungen und Tabuisierungen, die gewisse »niedere« Arbeiten den höheren Kasten verbieten und anderen (und besonders den noch immer bestenfalls tolerierten, aber nicht akzeptierten »Unberührbaren«) gebieten, langsam überholt werden. Dann wird auch die soziale und wirtschaftliche Diskriminierung der ungefähr 110 Millionen »Unberührbaren« (von Gandhi, wie wir hörten, »Harijan«, »Kinder Gottes« genannt) aufhören müssen, die nach wie vor in unmenschlicher Erbärmlichkeit leben, denen man in südindischen Dörfern noch immer das Betreten der Tempel verbietet, den Zugang zu Brunnen und Hotels versperrt, Dienste wie den der Friseure verweigert, deren Aufbegehren gegen die Atmosphäre der Kastenrepression aber auch im überbevölkerten Nordindien immer wieder zu blutigen Repressalien der mittleren und oberen Schichten führt und bei denen es deshalb gerade in letzter Zeit wieder zu massenhaften Übertritten zum Islam kam. Dann werden auf die Dauer die Privilegien der Brahmanen in der Gesellschaft ähnlich abgebaut werden wie die mittelalterlichen Vorrechte des Adels und des Klerus in der europäischen Neuzeit.

Bleibt nur noch zu bemerken, daß angesichts etwa religiös inspirierten Terrors in Irland, der Apartheid in Südafrika und des Elends in Lateinamerika Christen bei solchen Rückfragen keinen Grund zu einem Überlegenheitsgefühl haben. Arme, Unterdrückte und Ausgebeutete gibt es leider auch im christlichen Bereich nur zu viele.

Mystik und Aktion

In dieser Übergangssituation dürfte für die Zukunft alles darauf ankommen, daß sich die Religion *geistig wie sozial als eine verändernde Kraft erweist*: wie im Christentum so auch im Hinduismus. Es wäre nämlich trotz allem eine grobe Vereinfachung, zu meinen, der Hinduismus sei aufgrund seines mystischen Grundcharakters ein für allemal eine rückwärtsgewandte Religion, die sich nur an uralt Bewährtes zu halten bereit sei und die allein durch Mythos, Ritus, Meditation und Yoga das Unheil bannen wolle;

das Christentum dagegen sei aufgrund seines prophetischen Grundcharakters von vornherein eine vorwärtsgewandte Religion, die auf die tiefgreifende Erneuerung aller Verhältnisse ausgerichtet sei, in denen Menschen zu verachteten Wesen werden. Damit wäre die religiöse Potenz des Hinduismus ebenso unterschätzt wie die des Christentums überschätzt.

Man wird sich hier vor Pseudodilemmata hüten: zwischen Integration und Emanzipation, zwischen Meditation und Aktion, zwischen Ordnungsbedürfnissen und Durst nach Gerechtigkeit, zwischen der bergend-bewahrenden Funktion der Religion und ihrem kritisch-befreienden Impuls braucht kein Gegensatz zu bestehen! Warum sollte sich nicht gerade auch die so wandelbare indische Religion weiter wandeln können und sich in einem neuen Paradigma nicht nur als ein *Angebot von Sinn, Stabilität und Geborgenheit,* sondern *zugleich* als ein *Motor von Aufklärung, Emanzipation und Befreiung* erweisen können? Weder als Christ noch als Hindu hat man sich zwischen Weltentsagung oder Weltengagement, zwischen Konzentration auf die innere Tiefe des Menschen oder die Solidarität mit den Mitmenschen zu entscheiden! Nein, *mystische Erfahrung* und *soziale Aktion* brauchen sich nicht auszuschließen.

Die Hindu-Religionen konzentrieren sich traditionellerweise auf die Befreiung im absoluten Sinn: Erlösung aus diesem leidvollen Leben und Vereinigung mit dem Absoluten. Aber auch in Indien haben manche schon früh verstanden, worauf heutzutage die lateinamerikanische *Befreiungstheologie* zu Recht größtes Gewicht legt: Erlösung *und* Weltveränderung, Befreiung des Menschen durch Gott *und* Befreiung des Menschen durch den Menschen gehören zusammen – Volksreligiösität als sozialpolitisches Befreiungspotential! Wie lange Zeit die Christen, so haben ja auch die Hindus in ihrer Großzahl Leid und Unterdrückung einfach hingenommen (als »Willen Gottes«, als »Karman«) und haben die Befreiung vertröstend auf ein Jenseits oder Nirvāna verschoben. Es wird jedoch heute vom Menschen erwartet, daß er sich selbst befreit: von Naturzwang, gesellschaftlichem Zwang, Selbstzwang, befreit von Bevormundung, Unterprivilegierung, sozialer Unterdrückung ...

Viele Hindus, insbesondere Gebildete, Studenten und Jugendliche, wurden nur deshalb der traditionellen Religion nicht entfremdet oder wiedergewonnen, weil sie in Kontakt kamen mit den *neohinduistischen Reformbewegungen.* Männer wie Gandhi, Ramakrishna, Vivekānanda und Aurobindo, der Religionsphilosoph Rādhakrishnan und der Dichter Tagore sind die Väter eines erneuerten Hinduismus, der – meist unter christlichem Einfluß – bestimmte religiös-soziale Mißbildungen und Mißstände schon frühzeitig gesichtet und nicht nur für nationale Befreiung, sondern auch für religiöse Erneuerung und soziale Reformen gekämpft hat.

Im Zusammenhang dieser religiös-sozialen Erneuerung, Reform, Befreiung im Hinduismus stellt sich uns eine grundsätzliche theologische Frage, die – denken wir an Kreuzzüge, Inquisition, Hexenverbrennungen und andere Scheußlichkeiten – selbstverständlich auch im Christentum zu stellen ist. Angesichts von Phänomenen wie der bis in unser Jahrhundert hinein vereinzelt geübten religiös motivierten Kindertötung und Witwenverbrennung, angesichts der Frühehen, der Reste von Tempelprostitution, der rituellen Massenschlächtereien von Tieren, der Magie und des Aberglaubens, angesichts vor allem der religiös sanktionierten sozialen und wirtschaftlichen Diskriminierung der »Unberührbaren« stellt sich auch für Hindus bei allem Denken in verschiedenen Schichten, allem ethischen Relativismus und aller antidogmatisch-mystischen Weltanschauung die Frage: Gibt es keine *Kriterien* zur Unterscheidung von wahren und falschen Elementen in einer Religion: von Religion und Pseudoreligion? Wie begründet man gerade auch im hinduistischen Kontext, daß Erscheinungen wie die genannten zumindest heute auch von vielen Hindus als »falsche« oder »schlechte« Formen von Religion abgelehnt, bekämpft und abgeschafft werden können? Was schützt uns vor der Projektion *beliebiger* Bedürfnisse?

Auf diese Frage nach den Kriterien wahrer Religion möchte ich bei anderer Gelegenheit in mehr theoretisch-grundsätzlicher Weise zurückkommen; auch nur der Versuch einer solchen Religionskriteriologie würde den Rahmen dieser »Antworten« sprengen. Auf eine mit der kriteriologischen zusammenhängenden Frage aber will ich hier zurückkommen: auf die schon in der zweiten »Antwort« angesprochene Problematik des Mythos und der Entmythologisierung.

Die Wahrheit von Bildern und Geschichten

Wie in Christentum und Islam, so ging und geht es auch im Hinduismus darum, die Substanz der Religion unter sinn- und zeitgemäßen Formen eines neuen Paradigmas zu bewahren. Aber die ungeheuer reiche, noch heute wachsende und oft wunderliche Formen und Götter treibende indische Mythologie, von der wir hörten, stellt jedenfalls Christen, aber auch kritisch gewordene Hindus vor die Frage: Soll man dieses ganze wuchernde Mythengeflecht so, wie es ist, akzeptieren, einfach als andere, niedere Bedeutungsschicht gelten lassen, gar als Ausdruck religiöser Vitalität verstehen? Wie sich überhaupt zum Problem der Mythologie verhalten?

Seit den Uranfängen in dunkler Vorzeit sind Religion und Mythos unlöslich miteinander verbunden, ist religiöse Botschaft in einem mythisch-legendären Gewand vermittelt worden. Bekanntlich stammen sowohl die biblischen wie die hinduistischen Schriften aus einer Zeit, wo mythologisches Denken Menschen noch vertraut war, wo man – anders als im wissenschaftlichen Denken – ganz selbstverständlich mit dem ständigen Eingreifen übernatürlicher Mächte in den (für heutige Natur- und Geschichtswissenschaft eigengesetzlich-kontinuierlichen) Lauf von Natur und Geschichte rechnete. Vom ungeheuren Einfluß der Mythen auf die gesamte Lebensordnung – seien es die der Bibel, die Indiens oder die Homers, die des alten Rom, des Mittelalters oder auch die Ersatzmythen der Neuzeit – habe ich schon zu Beginn der zweiten christlichen »Antwort« gesprochen; Religionswissenschaft, Anthropologie, Psychologie und Soziologie haben ihre sinnstiftende und sozial integrierende Kraft vielfältig herausgestellt: nicht nur für religiöse Weltdeutung und Kunst, sondern überhaupt für Individuation und Sozialisation des Menschen.

Ob man indessen nicht auch heute noch im Zeitalter von Wissenschaft, Technologie und Industrie immer wieder – und mit dem Blick auf die Postmoderne vielleicht sogar wieder neu – auf die *Notwendigkeit bildhaft erzählender Vermittlung* stößt: um die immer komplexer werdende Welt zu verstehen; um die immer unanschaulicher werdende »zweite Schöpfung«, die – beherrscht von einer technologisch-administrativen Elite, welche sich ständig formelhafter Abstraktionen, mathematischer Chiffren und programmierter Computersprache bedient – zu veranschaulichen? Blickt man auf den überquellenden Markt unserer Comic- und Science-fiction-Literatur, so scheint der Rückgriff auf archetypische Grundsymbole und mythologisch erzählende Ausdrucksformen zur Selbsterhellung unserer Her-kunft und Zu-kunft unverzichtbar. Die Religion darf deshalb ruhig davon ausgehen, was sozialpsychologische Untersuchungen und Kommunikationsforschung bestätigen: daß auch Zeitgenossen von heute nicht nur von Argumentation, sondern auch von *Geschichten*, nicht nur von Begriffen, sondern auch von *Bildern*, oft uralten Bildern, leben und daß immer wieder neu die Notwendigkeit gültiger Bilder und nachzuerzählender Geschichten besteht. Wir haben ja schon früher – im Zusammenhang des »Spieles« Gottes mit der Welt – gesehen, daß Bilder und Symbole auch durchaus unmythologisch verstanden werden können und daß *Ent-Mythologisierung* – auch für Rudolf Bultmann – *keine Ent-Bilderung* der Sprache meint.

Man übersehe dabei nicht: Nicht nur unsere Bilder (wie »Spiel« oder auch »Schlachtopfer« Gottes), sondern auch unsere höchst reflektierten *Begriffe* (wie »Handeln«, »Fürsorge«, »Gnade«, »Liebe« Gottes) vermögen die letzte Wirklichkeit, die wir Gott nennen, nie direkt zu erfassen. Was bleibt uns Menschen anderes übrig? Auch diese Begriffe sind in Entsprechung zum Menschen gebildet, sind und bleiben *»ana-loge«* (das heißt vom Menschen her »hinauf-sagende«) und deshalb ähnlich-unähnliche Begriffe, von denen wir nur hoffen können, daß sie uns einen lebendigen Zugang zum verborgenen Einen, dem un-greifbar, un-begreifbaren Allumfassend-Allesdurchwirkenden zu eröffnen vermögen.

Nein, Wahrheit ist nicht gleich Faktizität, ist nicht gleich historische Wahrheit. Was wir in der Exposition für den Hinduismus hörten, gilt – mutatis mutandis (mit den nötigen Abänderungen) – auch für das Christentum: Wie es *verschiedene Ebenen, Schichten und Weisen der Wirklichkeit* gibt, so gibt es verschiedene Ebenen, Schichten und Weisen *der Wahrheit*: oft sogar in derselben Erzählung. In der mittelalterlichen Theologie hat man etwas schematisch einen vierfachen Schriftsinn unterschieden. Aber gilt er nicht auch heute? Eine Zeitungsmeldung von einem auf dem Weg von Jerusalem nach Jericho überfallenen Menschen kann mich unter

Umständen völlig gleichgültig lassen, obwohl sie – leider – wahr, historisch wahr, ist. Umgekehrt kann mich die fiktive Geschichte vom barmherzigen Samariter auf demselben Weg unmittelbar in Bewegung setzen. Warum? Weil sie mehr Wahrheit enthält, nicht nur ein pures Faktum, eine rein historische Wahrheit, sondern eine für mich bedeutsame, für meine Existenz relevante, eine »existentiale«, ja, »politische« Wahrheit ist. Gegenüber einer Geschichte wie der des Samariters oder des verlorenen Sohnes ist die Frage des Historikers, »wie es eigentlich gewesen ist«, inadäquat. Die Poesie, die Parabel, die Legende, die Sage hat ihre eigene Vernunft und kann auf ihre Weise relevante Wahrheit künden. Neben der Logik des Kopfes gibt es die Logik des Herzens.

Auch die Bibel ist primär nicht an der historischen Wahrheit, sondern an der für unser Wohl, unser Heil relevanten Wahrheit, an der »Heilswahrheit«, interessiert. Auch die biblischen Geschichten wollen nicht nur, was eine historisch-kritische Theologie oft allein beschäftigt hat, nach Traditionen seziert und auf historisch verifizierbare Tatsachen befragt werden. Selbst dort, wo einfach berichtet wird, wollen sie oft mehr als nur *eine* Wahrheit aussprechen. Es geht in diesen Geschichten nie um reine Informationen, es geht um Botschaften, die den Charakter von Verheißung oder Androhung tragen. Im Vordergrund des Interesses steht nicht eine theoretische Wahrheit, sondern die praktische Frage *nach der Bedeutung für uns.* Hier müssen wir uns jetzt direkt der Frage des Mythos zuwenden – das Wort nicht wie heute so oft in Politik, Gesellschafts- und Kulturkritik inflationär (der »Mythos« der Revolution, des Geldes, der Kennedys), sondern im strengen Sinn (der Göttererzählung) gebraucht. Es stellt sich ganz nüchtern die Frage:

Was soll mit den Mythen geschehen?

Muß der, der in unserem wissenschaftlichen Zeitalter die Notwendigkeit von Geschichten und Bildern bejaht, auch die Notwendigkeit von *Mythen oder Göttergeschichten* bejahen, *wo von Göttern oder Gott wie von Menschen geredet wird*? Nun haben wir schon zu Beginn der zweiten »Antwort« anerkannt, daß Mythen Tiefenstrukturen von Mensch und Welt, Raum und Zeit aufdecken, Lebensmodelle präsentieren, Lebensorientierung und Heilsmacht vermitteln können. Diese Mythen dann aber als historische Tatsache aufzufassen oder als verbindliche Glaubenswahrheit aufzuoktroyieren, hieße sie mißverstehen. Im Hinduismus hat man das nie getan; man sollte es auch im Christentum nicht tun. *Mythen sind* doppelgesichtig, *ambivalent.* Deshalb ist für eine Zeit, in der man statt mythologisch wissenschaftlich-analytisch denkt und mit der ja zunehmend auch in Indien zu rechnen ist, mit dem Blick auf die verschiedenen Bedeutungsebenen mehreres zugleich zu bedenken:

Ein *erstes*: Wie im Christentum so sollten auch im Hinduismus Mythen *nicht wörtlich genommen* werden. Warum? Ignoranz und Obskurantismus im Volk und eine zunehmende Glaubenslosigkeit unter den Gebildeten wären auch in Indien auf längere Sicht die Folge solch »mittelalterlich«-konservierender Mystifikation. Oder sollten etwa für die niederen Schichten der Bevölkerung die niederen Schichten der Bedeutung gut genug sein? Nein, wird das Mythische in unmythischer Zeit einfach konserviert, geht das auf Kosten des religiösen Inhalts, der – mit dem Mythos verwechselt – Glauben zum *Aberglauben* degenerieren läßt.

Ein *zweites*: Umgekehrt dürfen wie im Christentum so auch im Hinduismus *nicht* alle Mythen einfach *kritisch eliminiert* werden. Warum? Eine spirituelle Verarmung wäre die Folge solch aufklärerisch-analysierender Durchrationalisierung; Phantasie, Einbildungskraft und Emotionen, überhaupt Spontaneität und Kreativität würden zugunsten des Intellekts austrocknen. Den ganzen Menschen ergreift eine Glaubenstradition nur, wenn das Ergriffenwerden nicht durch das Begreifen, die Bilder nicht durch Begriffe, die Geschichten nicht durch abstrakte Ideen, das Erzählen nicht durch Proklamieren und Appellieren ersetzt werden. Eine Entvölkerung der Glaubensgemeinschaft wäre die Folge, eine Anfälligkeit für die Remythisierung des von ihr selbst verursachten spirituellen Vakuums. Wird das Mythische einfach eliminiert, so geht auch das auf Kosten des religiösen Inhalts, der – mit dem Mythos ausgeschüttet – Glaube auf *Vernunftgläubigkeit* reduziert.

Ein *drittes*: Echte kritische Interpretation verläuft zwischen dem (vor allem in Indien favorisierten) Traditionalismus und dem (westlichen) Rationalismus; sie, der »Dialektik der Aufklärung« bewußt, distanziert sich von *allen* Formen des Aberglaubens, zu dem in der Moderne auch die Vernunftgläubigkeit gehört. Kritische Theologie will das Mythische weder konservieren noch eliminieren, sondern – postaufklärerisch – *differenziert interpretieren.* Warum?

Auch der Mythos, so verworren, widersprüchlich und verstiegen er uns bisweilen erscheinen mag, enthält schon ein Stück Logos. Ja, erzählend und doch nichtgeschichtlich, sinnverbürgend und doch nichtbegrifflich *kann* er in anschaulich-personifizierender Weise dennoch *Zugang zur letzten Wirklichkeit sein* und ist es auch für ungezählte Menschen, die nun einmal noch immer dem mythischen Denken verhaftet sind. Wie früher aus christlicher Perspektive ausgeführt: Wenn es nach dem Alten und Neuen Testament »Offenbarung« Gottes auch in der Schöpfung geben kann, wenn, etwa nach der Apostelgeschichte, Gott sich den »Heiden« nicht unbezeugt gelassen hat, wenn nach dem Johannesprolog der göttliche Logos jeden Menschen erleuchtet, der in diese Welt kommt, wenn es sogar nach Karl Barth neben dem einen Licht Jesus Christus noch andere Lichter, neben dem einen Wort noch andere wahre Worte gibt, wenn somit, logisch weitergedacht, Religionen für die Menschen außerhalb der Kirche Heilswege sein können: dann wird man nicht ausschließen können, daß auch aufgrund der Wahrheit des Mythos ungezählte Menschen der langen Vorzeit und der so bedrängenden Gegenwart das Geheimnis dieser Wirklichkeit, das Mysterium Gottes, erfuhren und erfahren. Für Christen eine Häresie? Auch die Erklärung des Vatikanum II über die nichtchristlichen Religionen bejaht dies ausdrücklich: »So erforschen im Hinduismus die Menschen das göttliche Geheimnis und bringen es in einem unerschöpflichen Reichtum von Mythen und in tiefdringenden philosophischen Versuchen zum Ausdruck und suchen durch asketische Lebensformen oder tiefe Meditation oder liebend-vertrauende Zuflucht zu Gott Befreiung von der Enge und Beschränktheit unserer Lage« (Art. 2).

Aber vielleicht sind wir heutzutage, wo einzelne der institutionalisierten Religion entfremdete Intellektuelle nach der »Rückkehr der Götter« (schon in deutscher Klassik, Romantik und im Nationalsozialismus vergeblich beschworen) rufen, wieder in Gefahr, Mythen statt kritisch zu interpretieren, sie – ästhetisierend, psychologisierend, philosophierend – zu repristinieren. Nichts gegen ein reflektierendes Neulesen und literarisches Neugestalten alter Mythen wie Odysseus oder Antigone, Ödipus oder Faust, wie dies auch in der deutschen, französischen, englischen Gegenwartsliteratur immer wieder geschieht. Aber: keine neoromantische Remythisierung als Religionsersatz; moderne Mythenauslegung darf keiner dem jeweiligen Zeitgeist angepaßten Legitimations- oder Rechtfertigungshermeneutik Vorschub leisten.

Was immer man über die verschiedenen Bedeutungsebenen sagen mag: *Sachkritik* ist in der Interpretation sowohl der christlichen wie der hinduistischen Schriften unumgänglich. Dies gilt bezüglich alttestamentlicher Kriegsgeschichten mit ihrer unvorstellbaren Grausamkeit ebenso wie bezüglich indischer Mythen, die nicht mehr den intellektuellen oder ethischen Erfordernissen unserer Zeit entsprechen. Ja, seitdem sich zu Beginn des 19. Jahrhunderts Rāja Rāmmohan Roy, Prophet des indischen Nationalismus und Pionier einer Reform der Hindu-Religion, zum erstenmal programmatisch gegen das nach ihm fatale System des Götzenglaubens und die daraus folgende Verletzung humaner und sozialer Gefühle gewendet hat, haben sich auch viele Hindus nicht nur für den Ein-Gott-Glauben, sondern ebenso für eine Religion auf moralischer Grundlage ausgesprochen. Ja, auch in der Perspektive christlicher Theologie gilt:

- Die zugleich verhüllenden und enthüllenden indischen Mythen können im christlichen Glauben nicht einfach als Aberglauben oder Unglauben abgetan werden; sie können für Hindus und gegebenenfalls auch für Christen den Zugang zum Geheimnis des »Göttlichen«, ja, Gottes selber, ermöglichen.
- Doch sollten die indischen Mythen weder von Christen noch von Hindus unbesehen als einzig möglicher Ausdruck ihres Glaubens weitertradiert werden: Sie sind in verständnisvoller Weise der Sachkritik zu unterziehen, die hinduistisch imma-

nent (etwa von der Gītā her), vom Standpunkt wissenschaftlichen Denkens (Religions- und Ideologiekritik) oder von der christlichen Botschaft her vollzogen werden kann.

- Nicht eine »neue Mythologie« braucht die Gegenwart zur Überwindung der Krise der Moderne im nachmodernen Paradigma (welche neuen sinn- und gemeinschaftsstiftenden Göttergeschichten oder welchen »Mythos des 20. Jahrhunderts« sollte man nach dem völkischen Rassenwahn noch erfinden?). Wohl aber eine »neue religiöse Sprache«, die – nicht hinter die Aufklärung zurück-, sondern über sie hinausgehend – den alten Bildern, Symbolen, Geschichten und vielleicht auch den alten Mythen, sofern sie nicht offenkundig unter unserem intellektuellen und ethischen Niveau sind, eine neue Bedeutung abgewinnt. Für die an Rationalismus und Nihilismus Irregewordenen statt einer »Rückkehr der Götter« die »Heimkehr zum einen wahren Gott«.

Also auch bezüglich der Mythologie stellt sich die (in der Religionswissenschaft wie in der Theologie zu Unrecht vernachlässigte) Frage nach den Kriterien des Wahren und Falschen, Guten und Schlechten in den verschiedenen Religionen. Doch wie immer sie grundsätzlich beantwortet wird, hier ist zu bedenken: Es gibt nun doch bei allen Analogien einen wohl zu beachtenden formalen Unterschied zwischen den vedischen Mythen, den alten Göttergeschichten Indiens, und den biblischen Geschichten des Alten Testaments und insbesondere den Jesus-Geschichten des Neuen Bundes. Inwiefern?

Die historische Frage

Von allem Anfang an sollten wir uns vor dem Klischee hüten: Inder denken mythologisch, Juden, Christen und Muslime aber geschichtlich. Nein, auch in *Indien* gibt es *geschichtliches Denken*: Was die politische Geschichte angeht, so sind zwar die meisten alten Archive verbrannt, aber doch genügend historische Aufzeichnungen (etwa Königslisten) erhalten geblieben, die ein historisches Bewußtsein belegen. Was die religiöse Geschichte betrifft, so ist ein Geschichtsinteresse insbesondere in Fragen der Kontinuität und somit Autorität der religiösen Tradition (die Guru-Sukzession) erkennbar. Das heißt: alles ist auch in den indischen Religionen nicht ungeschichtlicher Mythos. Vieles ist – etwa die Indra-Mythen in der arischen Einwanderung oder das Krishna-Leben im Konflikt der arischen Stämme auf dem Kuru-Feld – geschichtlich verankert. Nur weniges aber ist historisch erforscht.

Umgekehrt gibt es auch in der *Bibel mythisches Denken,* Elemente mythischer Frömmigkeit, und es lassen sich – je nach einem weiteren oder engeren Mythosbegriff – eine kleinere oder größere Zahl von Mythen, ja, ein dreistöckiges mythisches Weltbild (Überwelt – Welt – Unterwelt) finden. Christliche Theologen hätten dies nie bestreiten sollen. Auch wenn man in der Bibel nicht schon alles Anthropomorphe mythisch nennt (nicht umsonst habe ich scharf zwischen mythischer, bildhafter und analoger Sprache unterschieden), kann man gerade im *Alten Testament* auch Mythisches im definierten strengen Sinn finden: Mythen von Weltschöpfung und Weltende, von einem Paradies und einem Urfall, einem Urmeer, Drachenkampf, Götterkampf, einer Thronbesteigung Gottes . . .; mythische Motive auch in den Psalmen und beim ersten und zweiten Jesajah . . .

Typisch für das Alte Testament ist nun freilich eine Verschiebung des ursprünglich mythischen Musters, wie sie sich so in den kosmogonischen Mythen der Veden nicht findet: Die Naturmächte werden entpersonalisiert und entzaubert. Im babylonischen Mythos etwa rufen die anderen Götter Marduk zum König aus und huldigen ihm. In der hebräischen Bibel bedeutet Jahwes Kommen einen Sieg über die Götter, über die Mächte des Chaos, das chaotische Urmeer, den Drachen Leviathan, die Feinde Israels überhaupt. Dabei wird der Stammesgott Jahwe immer mehr – nicht einfach durch »Entwicklung« oder »Völkerpsychologie«, sondern durch konkrete Erfahrungen von »Propheten« – als der eine Gott aller Völker und Herr des Alls verstanden.

Mit anderen Worten: typisch schon für das Alte Testament ist eine *Historisierung des überzeitlichen Mythos.* Die im Mythos sich spiegelnden Muster ewig gültiger Zustände und Geschehen werden in der Geschichte des Volkes Israel verankert: geschichtlich verankert vor allem im Auszug der Moseschar aus Ägypten.

Dieses Exodusgeschehen bildet die Grundlage zum theologischen Verständnis von Jahwes Machtantritt (Thronbesteigung) und Königsherrschaft, wie sie etwa in den Psalmen besungen und im Blick auf Zukunft (Eschatologie) und Anfang (Protologie) von Welt und Menschheit reflektiert wird. Der Kern also der alttestamentlichen Mythen – meist aus dem babylonisch-kanaanäischen oder ägyptischen Raum übernommen – ist jetzt die *wirklich geschehene Geschichte.* Deshalb wird auf die Mythen oft nur angespielt, ohne ihren Inhalt zu übernehmen. Deshalb geht es denn auch im Alten Testament oft weniger um Mythen (in denen Götter handeln) als um Legenden und Sagen, in denen Menschen handeln. Deshalb wird oft, wie in der Erzählung vom Turmbau zu Babel oder in den Exodusgeschichten an einen wirklich existierenden Tempelturm, an wirklich geschehene Ereignisse angeknüpft. Vielfach geht es sogar, wie in den Königsbüchern, um direkt historische Erzählungen. Dieser Prozeß der *Historisierung* kann auch als eine von den alttestamentlichen Traditionen und Autoren selbst vorgenommene *Ent-Mythologisierung* – im Interesse größerer Reinheit und zugleich Geschichtsmächtigkeit des Gottesverständnisses – verstanden werden.

Erst recht gilt dies von den *Jesus-Geschichten,* die – bei aller späteren legendären, sagenhaften, auch mythologischen Einkleidung (die Exegese verweist etwa auf Jungfrauengeburt, Himmelfahrt und Höllenfahrt Jesu) – von geschichtlich einmaligen Ereignissen, von einer *wirklich geschehenen* und deshalb im Prinzip von der historischen Wissenschaft nachprüfbaren, also *historischen Geschichte,* erzählen wollen. Dies mag für mythengläubige Menschen ohne Belang sein. Doch für Menschen, die in einem nachmythologischen, von Naturwissenschaft, Technologie und Historie auch weiterhin geprägten Zeitalter leben, ist dies von erstrangiger Bedeutung.

Das heißt, wenngleich die Evangelien keine historische Biographie, sondern Verkündigung, Predigt, Katechese sein wollen: sie berichten, aufs Ganze gesehen, doch von einer tatsächlich geschehenen Geschichte, von dem wirklichen Menschen Jesus von Nazaret, der in einem ganz bestimmten Land, zu einer ganz bestimmten Zeit gelebt, gewirkt, gekämpft und gelitten hat. Und dem, der an Jesus glaubt und ihn zum konkreten Maßstab seines

Verhaltens macht, ist es nicht gleichgültig, ob dieser Jesus eine geschichtliche Gestalt, eine Wanderlegende oder ein Mythos ist, ob er als Hierarch, Mönch oder Sozialrevolutionär gewirkt hat, ob er Vorrechte der Geburt, der Kaste oder Rasse anerkannt, ob er es mit den Reichen und Mächtigen oder mit den Armen und Unterdrückten hielt, ob er Gewalt oder Gewaltlosigkeit, Herrschaft oder Dienst, Rache oder Verzeihen gepredigt hat, ob sein Tod zu Recht erfolgte, ob er schließlich gerechtfertigt wurde oder nicht... Kurz, er möchte wissen, ob und inwiefern sein Glaube Anhalt in der geschichtlichen Wirklichkeit hat.

Doch hier wird vermutlich Widerspruch laut: Führt solcher an der geschichtlichen Person Jesu Christi orientierter Glaube nicht von vornherein zur Entfremdung (»alienation«) von der indischen Kultur?

Die historische und die kosmische Dimension

Manche Hindu-Denker, die sich mit der Christus-Gestalt beschäftigt haben, bejahen Christus, lehnen aber das Christentum (= Kirchentum) ab (so etwa auf der Linie Svāmi Vivekānandas Svāmi Abhedānanda, »Why a Hindu accepts Christ and rejects Churchianity«, 1965). Es gibt christliche Theologen, die versucht haben, dem mythologischen Denken der Inder dadurch entgegenzukommen, daß man weithin vom geschichtlichen Jesus (im Sinne der Evangelien) absah und statt dessen vom kosmischen Christus (an den Johannesprolog und die nachpaulinischen Epheser- und Kolosserbriefe anknüpfend) ausging. So hat *Raymondo Panikkar,* ein geistreicher und verdienstvoller katholischer Pionier des hinduistisch-christlichen Dialogs, in seinem Buch über den »Unbekannten Christus des Hinduismus« (»The Unknown Christ of Hinduism«, 1964) eine Annäherung mit dem Vergleich versucht: Wie sich in einigen klassischen indischen Texten das Brahman (Absolute, Transzendente, Unbekannte) verhält zu Īshvara (Herr, Schöpfer, Gott), so verhält sich im Christentum Gott (der Vater) zu Gott dem Sohn (Logos, Christus). Auf diese Weise kann Panikkar in den indischen Texten sogar so etwas wie eine Trinitätslehre entwickelt finden.

Bei allem Respekt vor Panikkars kühnem theologischen Vorstoß: So bedenkenswert dieser – »von oben« auf der Ebene der Spekulation vollzogene – Vergleich sein mag, so fraglich ist doch, ob man dadurch den indischen Vorstellungen gerecht geworden ist. Wird hier nicht Spekulation mit Spekulation verglichen? Wird hier nicht noch zu westlich gedacht? Auf christlicher Seite setzt ein solcher Vergleich jedenfalls eine bereits voll entwickelte Trinitätslehre voraus, wie sie erst bei den neunizänischen Kirchenvätern am Ende des 4. Jahrhunderts vorliegt, wie sie aber mit dem Jesus der synoptischen Evangelien, der von solchem »Geheimnis« kein Wort verlauten ließ, nur wenig zu tun hat. Auch Panikkar dürfte hier vermutlich Zweifel haben: Ob man diese ganze hellenistische Dogmenentwicklung auch den Indern zumuten soll und ob dies dann eine christliche indische Theologie sein wird? Vom Jesus der Evangelien kann solche Theologie weithin absehen, von historischer Kritik der Bibel und der Tradition ebenfalls.

Nun wirkt sich jedoch auch für die Christologie jene *strukturelle Differenz* zwischen Hinduismus und Christentum aus, die in individualgeschichtlicher Perspektive schon im hinduistischen Wieder-und-wieder-Geborenwerden sichtbar wurde und die jetzt in weltgeschichtlicher Betrachtung genauer zu bestimmen sein wird:

Von ihrer alten, großen, klassischen Tradition her sehen die Hindu-Religionen Gott, Welt und Mensch in einem *naturhaft-zyklischen Kontext,* der freilich ein singuläres Offenbarungshandeln innerhalb der Zyklen keineswegs ausschließt.

Von ihren frühesten, grundlegenden Traditionen her sehen die prophetischen Religionen – Judentum, Christentum und Islam – Gott, Welt und Mensch in einem *historisch-geschichtlichen Prozeß,* der freilich immer auch eine kosmische Dimension hat.

Damit ist allerdings schon angedeutet: Die klassischen Gegensätze zwischen Hinduismus und Christentum sind zwar ernst zu nehmen, aber nicht zu übersteigern. Verschiedene »Denkstrukturen«, früher »Schranken«, können zu »Brücken« werden (so W. Roth, in: A. Bürkle, »Indische Beiträge zur Theologie der Gegenwart«, 1966). Doch ist dies bisher in bezug auf die Vermittlung von kosmischer und historischer Perspektive kaum geschehen. Es sei deshalb zunächst betont: Kosmische Religiosität ist auch in der prophetischen jüdisch-christlich-islamischen Tradition keineswegs ausgeschlossen, wiewohl sie etwa von der (in der ersten Jahrhunderthälfte einflußreichen) existentialistischen Theologie protestantischer wie katholischer Provenienz sehr an den Rand gedrängt wurde. Nein, der Glaube an Gott und an Jesus Christus darf nicht auf menschliche Existenz und Geschichtlichkeit reduziert werden; er hat notwendig eine kosmische Dimension, die außer der Menschenwelt auch die Tier- und Pflanzenwelt umfaßt. Nur so wird man die mystische Hindu-Religiosität verstehen, wie neuestens wieder Bede Griffiths (seit einem Vierteljahrhundert steht er einem christlichen Ashram in Südindien vor) es gut in seinem Buch »The Cosmic Revelation. The Hindu Way to God« (1984) zum Ausdruck gebracht hat.

Gott ist nun freilich auch den monotheistischen Religionen Indiens zufolge nicht nur ständig präsent im Kosmos, sondern zugleich dynamisch tätig inmitten dieser tatsächlich geschehenden Geschichte der Welt: die Menschen berufend und aufrüttelnd, helfend, hindernd und schließlich doch vollendend. Ein geschichtliches Bewußtsein ist, so hörten wir, auch in den hinduistischen Religionen vorhanden, allerdings längst nicht so ausgebildet wie in den prophetischen Religionen. Inwiefern? Die Geschichte als ganze, die *Weltgeschichte,* wird von diesen nicht als immer wieder neues kosmisches Kreisen, Entstehen und Vergehen verstanden, sondern als ein sinnvolles, zusammengehörendes, weiterführendes, zielgerichtetes Geschehen: das sich jedoch nicht linear abspielt in ständigem Aufstieg (»Fortschritt«) oder auch ständigem Abstieg (»Dekadenz«), sondern dialektisch in Krisen, Brüchen und Katastrophen. Diese Geschichte hat für die glaubenden Juden, Christen und Muslime ein Telos, ein Ziel, eine definitive Vollendung, wofür in der Bibel die Chiffren »Reich Gottes«, »neuer Himmel und neue Erde«, »ewiges Leben« stehen.

Die *Konsequenzen* dieser Geschichtsauffassung sind für die Probleme von Individuum und Gesellschaft – bis hin zu den Fragen von Ausbeutung und Unterdrückung – von größter Bedeutung. Ein sehr viel stärkeres Gewicht erhalten:
die Geschichte der Menschheit in allen ihren Phasen;
der Augenblick, der Einzelne, seine Würde und seine Rechte, das geschichtliche Ereignis und die geschichtliche Persönlichkeit, aber auch die menschliche Arbeit, der Beruf, alle Dinge überhaupt;

schließlich sogar Verantwortung, Schuld, Gewissen, Vergebung.

Ja, an Knotenpunkten der Menschheitsgeschichte erhält die Geschichte gleichsam das Gewicht der Ewigkeit. Gott, der überall und allezeit präsent, doch nicht einfach offenbar ist, begegnet den Menschen in seinem befreienden, rettenden Wort. Gottes ewiges Wort ist ja nicht zeitlos, sondern begegnet als konkretes Ereignis in den geschichtlichen Erfahrungen bestimmter Menschen. Von daher haben die prophetischen Religionen immer wieder einzelne historische Ereignisse und Persönlichkeiten als für ihre Gotteserfahrung entscheidend angesehen: als *Gottes Wort oder Offenbarung in der wirklich geschehenen Geschichte.* Für die drei Religionen aus prophetischer Tradition heißt das:

Grundlegende Offenbarungserfahrung für Israel ist die Befreiung des Volkes aus ägyptischer Knechtschaft.

Grundlegende Offenbarungserfahrung für das Christentum ist Jesus von Nazaret als der Christus.

Grundlegende Offenbarungserfahrung für den Islam ist der Empfang des Koran durch Muhammad, den Propheten.

Doch – wird hier nun der Hindu sofort einwerfen – gibt es eine solche grundlegende Offenbarung etwa nicht auch in den Hindu-Religionen?

Christus und Krishna

Die klassische Indologie hatte sich zunächst auf die Erforschung der frühen vedischen Religion des 2./1. vorchristlichen Jahrtausends und die frühe Philosophie der Upanishaden im 1. Jahrtausend konzentriert. Daher tritt oft bis heute zuwenig ins westliche Bewußtsein, daß die schon in den vorchristlichen Jahrhunderten einsetzende Bhakti-Bewegung und insbesondere die – vom 2. vorchristlichen bis zum 3. nachchristlichen Jahrhundert in den Vordergrund tretenden – monotheistischen Religionen des Vishnuismus und Shivaismus durchaus eine theologisch relevante Historizität anerkennen, eine grundlegende Offenbarung (»Herabkunft«, »Inkarnation«) Gottes in dieser Geschichte. Dies gilt für die Offenbarung Shivas in Lakulin, der den Pāshupata-Shivaismus lehrte und dessen vier Schüler und weitverzweigte

Traditionskette ziemlich genau bekannt sind, gerade weil sie wichtig und getreu zu überliefern war. Dies gilt auch für die Offenbarung Vishnus in Krishna (und Rāma), dessen Historizität von größter Bedeutung ist, weil mit ihm eine neue Geschichtsepoche einsetzt und eine neue Lehre verkündet wird. Ein Vergleich zwischen Krishna und Christus ist besonders aufschlußreich. Im Westen wird oft nicht zur Kenntnis genommen, was für den gläubigen Hindu selbstverständlich ist: Es geht bei *Krishna* um eine historische Person, zu dessen Wirkstätten man pilgert, um einen authentischen *Menschen* (»vere homo«). Zugleich geht es in ihm um die *Offenbarung des einen Gottes* (»vere Deus«). Das heißt: auch für Hindus hat sich der eine Gott zu einer bestimmten Zeit an einem bestimmten Ort geoffenbart. Auch für Hindus gibt es innerhalb eines zyklischen Weltgeschehens ein entscheidendes Eingreifen Gottes, das, wie im Falle Krishnas, für diese Weltzeit sozusagen endzeitlichen, eschatologischen Charakter hat. Grundlegende Offenbarung für diesen Hinduismus ist also dieser »avatāra«, die »Herabkunft« Gottes in Krishna, der die frohe Botschaft der Bhagavadgītā gebracht hat. Vor diesem Hintergrund wird das unter toleranten Hindus weitverbreitete Diktum verständlich: »Ihr glaubt an Christa, wir an Krishna – es ist dasselbe!« Eine Parallele zwischen Christus-Glauben und Krishna-Glauben also ist nicht zu leugnen. Sind beide aber wirklich dasselbe?

Unbestreitbar ist, daß es sich bei Krishna um eine historische Person handelt, wenngleich sie nur sehr vage im Zusammenhang mit der Schlacht auf dem Kuru-Feld auf die nachvedische Zeit datiert und loziert werden kann und sich verschiedene Traditionsströme an diese Gestalt angelagert haben. Aber selbst wenn die Aufzeichnungsdichte größer und der historische Forschungsstand besser wären: die *Unterschiede* zwischen Krishna und Christus sind ebenfalls nicht zu übersehen:

- Jesus Christus ist nicht wie Krishna eine Verschmelzung aus verschiedenen mythischen und historischen Gestalten:
  Krishna wird bereits in einer Upanishad (8. Jahrhundert?) erwähnt, erhält aber steigende Bedeutung erst viele Jahrhunderte später durch seine Identifikation mit Krishna Vāsudeva, dem Begründer der Religion der monotheistischen Bhāgavatas, die

schon im 2. Jahrhundert vor Christus als Heilsweg die liebevolle Hingabe an Gott (bhakti) lehrten.

- Jesus Christus ist nicht wie Krishna eine Offenbarung oder Inkarnation Gottes unter vielen:
  Krishna wird als Offenbarung des Gottes Vishnu verstanden, und zwar als seine achte, der eine neunte (= Buddha) und noch eine letzte (= Kalkin) folgen werden.

Man kann es nicht übersehen: Im Krishna-Glauben manifestiert sich nun doch ein weniger ausgeprägtes Geschichtsbewußtsein, wie es dem zyklischen Denken eigen ist. Weil die Gestalt Krishnas aus mehreren Traditionen zusammengeflossen ist, ließ sich von vornherein nicht vermeiden, was die christliche Gemeinde bei der eindeutig datier- und lozierbaren Person Jesu durch Kanonisierung der glaubwürdigen Zeugnisse zu verhindern wußte: daß eine Menge von – zumindest vom ethischen Niveau der Bhagavadgītā her gesehen – recht fragwürdigen Mythen sich mit der Gestalt Krishnas verbinden konnte; man vergleiche nur einige der Erzählungen von den Listen und Streichen, Liebesabenteuern und Ehebrüchen Krishnas mit den Evangelien, die in ihrer Verbindung von Historie und Kerygma, Geschichte und Verkündigung eine eigene Literaturgattung, aber auch Dokumente von einem außerordentlichen sittlichen Ernst darstellen.

Hinter dem weniger geschärften hinduistischen Geschichtsbewußtsein verbirgt sich in der Tat das zyklische Denken: Wenn sich die Offenbarungen Vishnus in jedem Zeitalter wiederholen, dann überhöhen, sprengen und entwerten sie faktisch die geschichtliche Gestalt durch immer wieder neue Erscheinungen. Bei Offenbarungen, die sich im Prinzip jederzeit und überall ereignen können, spielt die Historizität des Ereignisses nun einmal eine geringere Rolle. Und wichtiger als die irdische Erscheinung ist für diese (mystische!) Sicht die dahinter oder darin verborgene Gottheit, die sich immer wieder neu inkarniert. Selbst für einen an Geschichte (Evolution) interessierten indischen Denker wie Shrī Aurobindo manifestieren alle Offenbarungen dasselbe »Krishna-, Buddha- oder Christuswesen« im Menschen, das als mit dem »höchsten Wesen«, dem Absoluten, identisch erfahren werden soll.

Der für das Christentum *entscheidende Differenzpunkt* auch vom monotheistischen hinduistischen Denken in der Frage der Christologie ließe sich von daher wie folgt umschreiben: Gewiß, *Jesus* ist nach christlichem Verständnis nicht nur irgendein großer Yogin, Satguru, aber er ist ebensowenig eine mythische Inkarnation des Göttlichen, ein Avatār, wie dies der fromme Hindu ohne weiteres verstehen kann. Wäre Jesus nämlich einfach *einer der vielen »Avatāras«* (»Herabkünfte«, »Inkarnationen«) Gottes in Menschengestalt (Zwerg, Parashu-Rāma, Rāma, Krishna, Buddha), in Tiergestalt (Fisch, Schildkröte, Eber) oder Mischgestalt (Löwenmensch), wie dies von Vishnu erzählt wird, könnte auch der Christus leicht in die Dynamik indischer Mythologie und Kultpraxis absorbiert und aus der realen Weltgeschichte in die Innerlichkeit der Seele hineinpsychologisiert werden. Dies tun manche Hindus – oft in der Haltung großer Verstehensbereitschaft und Toleranz. Und doch können sich Christen bei solchen Deutungen kaum richtig verstanden fühlen.

Zu Recht macht der evangelische indische Theologe S. J. Samartha in seinem sehr informativen Buch »Hindus vor dem universalen Christus« (1970), das sich freilich besser auf die differenzierte Advaita-Lehre Rāmānujas als auf Shankara gestützt hätte, auf die Konsequenzen einer Deutung Jesu als Avatāra aufmerksam: »Wenn Jesus Christus als ein *avatāra* verstanden würde, dann würde Er, wie bereits dargelegt, auf eine zweitrangige Stufe der Wirklichkeit abgeschoben werden; wenn Christi Seins-Stand erhalten bleiben soll, dann muß Er zu *Brahman* selbst in Beziehung gesetzt werden. Weiterhin, wenn die Welt als *māyā* im Sinn von unwirklich oder Illusion verstanden wird, dann würde die geschichtliche Dimension von Christi Person und Werk nicht mehr von Bedeutung sein. Was wir deshalb hier vorschlagen, ist dieses: *Brahman*, wenn nur richtig ausgelegt, muß nicht mit persönlichen Werten unvereinbar sein, und die Bezeichnung der Welt als *māyā* meint nicht ihren Seins-Stand, sondern ihre Abhängigkeit von Brahman. Somit wird es nicht unmöglich, Jesus Christus zu *Brahman* wie auch zur Welt in Beziehung zu setzen; damit würde die Dimension des Personhaften wie des Geschichtlichen innerhalb des Gebiets der Hindu-Spiritualität selbst zur Geltung kommen« (S. 175).

Nein, Jesus ist nicht eine mythische Figur, nicht ein göttliches

Wesen, das für eine bestimmte Zeit einen irdischen Erscheinungsleib annimmt, nicht ein aller Einmaligkeit enthobenes Symbol überzeitlicher Wahrheit. Die Botschaft des Neuen Testaments macht nun einmal den christlichen Glauben (trotz einzelner mythischer Einkleidungen) fest an einem wahrhaftigen Menschen, an einer ganz bestimmten historischen Gestalt, deren Botschaft und Lebensweg: am Menschen Jesus von Nazaret, der für Glauben und Handeln, Leben und Sterben der Christen entscheidend, weil Gottes einzigartige Offenbarung, ist.

Es ist schon ein entscheidender Unterschied, ob Gott sich den Menschen erschließt in einer ganzen Reihe verschiedener, wechselnder, widersprüchlicher und jedenfalls vieldeutiger mythischer Gestalten (Shiva, der sowohl Askese wie auch sexuelle Freizügigkeit legitimieren kann) oder ob er, der Verborgene, sich selbst festgelegt hat auf ein eindeutiges, bleibendes, verläßliches »Bild« (»eikon«) oder »Wort« (»logos«), wie dies nach den neutestamentlichen Schriften in der Gestalt Jesu Christi sichtbar, hörbar und verpflichtend geworden ist: in diesem einen Menschen – im Prinzip so konkret geschichtlich faßbar wie Mahātma Gandhi. Paulus hat dies für seine Situation mit den Sätzen ausgedrückt: »Es gibt keinerlei Götzen auf der Welt. Es gibt keinen Gott außer dem einen einzigen. Und wenn von Göttern im Himmel und auf Erden die Rede ist, wie es viele ›Götter‹ und viele ›Herren‹ gibt, so gibt es für *uns* jedenfalls nur den einen einzigen Gott: den Vater, von dem her alles ist und auf den hin wir leben; und den einen einzigen Herrn: Jesus Christus, durch den alles ist und durch den auch wir selbst leben« (1 Kor 8,4–6). Und weil Gott sich so und nicht anders geoffenbart hat, wird ein Christ sich für immer verpflichtet sehen, unbedingt einzustehen für das, wofür dieser eine stand und steht: für den Dienst am Mitmenschen, unabhängig von Rang- und Kastenordnung, für Versöhnungsbereitschaft ohne Grenzen der Nation, Religion, Rasse, Klasse oder Familie, kurz, für durchgängige Gewaltlosigkeit, Selbstlosigkeit, Liebe.

Ob an diesem Punkt der Dialog nicht entschlossen weitergeführt werden sollte? Der Ansatzpunkt wäre gerade dieser konkrete Jesus der Bergpredigt und des Kreuzwegs, dem auch zahlreiche Hindus als Offenbarung vollkommener Innerlichkeit und einzigartiger Gottverbundenheit großen Respekt entgegenbringen.

Die Botschaft von Jesus Christus darf gewiß *nicht* verstanden werden in der Art jenes *»christlichen« Exklusivismus,* der jede Wahrheit außerhalb der christlichen ablehnt oder als von vornherein (anonym) »christlich« vereinnahmt. Sie darf sich umgekehrt aber auch ihrerseits *nicht* vereinnahmen lassen von jener Art *»hinduistischem«* (neohinduistischem) *Inklusivismus,* der auch im Christentum seine eigene und nur seine eigene Wahrheit zu entdecken meint, ja, der sich dem zentralen Inhalt der Botschaft, die dieser Jesus Christus selber ist, gar nicht stellt.

Wie sich Christen im Dialog der Wahrheit indischer Tradition stellen müssen, so wie sie sich nun einmal selbst versteht, so sollten auch umgekehrt Hindus die christlichen Quellenschriften gemäß deren Selbstverständnis zu lesen suchen und sich insbesondere der *historischen Forschung* stellen. Denn für Christen ist die Wahrheitsfrage mit der historischen Forschung zwar nicht identisch, aber doch unlösbar verbunden. Das heißt: ob Krishna, Buddha, Ramakrishna oder Christus wirklich dasselbe meinen, ob Jesus wirklich, wie manche indische Denker behaupten, ein Mystiker war und die Advaita-Lehre vertreten hat oder eben doch in jüdischer Frömmigkeit beheimatet war – diese und viele andere Fragen sind zunächst einmal Gegenstand historischer Forschung, die man ernst nehmen sollte, und nicht nur eine Frage der Vorliebe und ungeprüfter religiöser Entscheidung.

Die Botschaft von Jesus Christus hat sich schon angesichts der nicht weniger üppigen hellenistischen Mythologie als ein bedeutender kriteriologischer Faktor erwiesen und damals in einem hohen Ausmaß zur Aufklärung und Befreiung, Entdämonisierung und Vermenschlichung der Menschen beigetragen. Ob diese selbe Botschaft nicht auch heute im Dialog mit den Hindus eine läuternde, erleuchtende, sublimierende Funktion entfalten kann? Die früher bei schlecht informierten Christen übliche selbstherrliche Haltung »Wir besitzen die Wahrheit und haben nichts zu lernen« bedarf der selbstkritischen Reflexion. Aber auch die zweifellos unbequeme Kritik indischer Denker am Hinduismus, wie neuestens die N. C. Chaudhuris bezüglich hinduistischem Animismus und Ritualismus, bezüglich der Abkoppelung der Religion von der Moral und Schwächung der Selbstverantwortung – von gläubigen Hindus mit ebensoviel Empörung aufgenommen wie die frühe europäische Religionskritik von gläubigen Christen – sollte kritisch-selbstkritisch untersucht werden. Ob so nicht auch die indischen Mythen der Historisierung, Relativierung und Sozialisierung bedürften, wie dies Walter Hollenweger in seinem Versuch einer »interkulturellen Theologie« (»Umgang mit Mythen«, 1982) für das Christentum fordert?

»Zuerst gilt es, die These zu bejahen – wie undeutlich in ihrer Bedeutung und wie schwierig in ihrer Anwendung sie auch sein mag –«, sagt J. C. Hindley in seinem Überblick über den »historischen Jesus in indischer Sicht«, »daß eine Interpretation Christi für Indien der Begegnung mit dem historischen Jesus eine wichtige Rolle einräumen muß« (in: H. Bürkle, S. 31). Im Gegensatz zur spekulativen theologischen Vermittlung möchte ich mich all den Theologen und Exegeten anschließen, die bei ihrem Entwurf einer »indischen Christologie« – seit den ersten bedeutenden christologischen Entwürfen von V. Chakkarai, P. Chenchiah und A. J. Appasamy – »von unten« ansetzen und von jenem *Jesus der Bergpredigt und des Kreuzweges* ausgehen, der für die Armen und Verachteten eintrat, gewaltlose Liebe predigte und der von Rāmmohan Roy bis Mahātma Gandhi für viele Inder eine große Inspiration bedeutete, wie dies mit Samartha auch ein anderer prominenter evangelischer Theologe Indiens, *M. M. Thomas,* in seinem Buch über den »anerkannten Christus der indischen Renaissance« (»The Acknowledged Christ of the Indian Renaissance«, 1970) herausgestellt hat. Er zitiert ein berühmtes Wort Gandhis: »Die Botschaft Jesu, wie ich sie verstehe, ist enthalten in seiner Bergpredigt. Der Geist der Bergpredigt konkurriert unter ziemlich gleichen Bedingungen mit der Bhagavadgītā um die Herrschaft meines Herzens. Es ist diese Predigt, die mir Jesus lieb gemacht hat« (S. 204). Aber nicht nur Jesu Predigt, sondern auch seine Praxis der Gewaltlosigkeit und schließlich sein Sterben: »Obwohl ich nicht beanspruchen kann, im konfessionsgebundenen Sinn ein Christ zu sein, so ist doch das Beispiel von Jesu Leiden ein Faktor im Gefüge meines grundlegenden Glaubens an die Gewaltlosigkeit, der alle meine weltlichen und zeitlichen Aktionen leitet. Jesus hätte vergebens gelebt und wäre vergebens gestorben, wenn er uns nicht lehrte, unser ganzes Leben nach dem ewigen Gesetz der Liebe zu richten« (S. 205).

Das »ewige Gesetz der Liebe«: Einige Inder haben den Weg vom verkündigenden Jesus zum verkündigten Christus gefunden. Sie sehen in Jesus nicht nur das große ethische Vorbild (Bergpredigt), sondern auch Gott selbst ganz und gar durch Ihn: Er ist die Offenbarung der *Liebe Gottes* bis hinein in die Negativität des Leidens, Verlassenseins, Sterbens, des Kreuzes.

Doch für die meisten Inder war es wie für Gandhi: Für ihn war das Prinzip wichtiger als die Person, das Ewige wichtiger als das Historische, Gott lebendig hier und heute wichtiger als Gott handelnd in der Geschichte; Tod und Auferstehung geschieht alle Tage ... Und seit jener berühmten Diskussion um 1820 zwischen Rāmmohan Roy und dem Baptistenmissionar Josuah Marshman, der ersten ernsthaften christlich-hinduistischen Begegnung auf theologischer Ebene, bis zur Diskussion zwischen Gandhi und Kali Charan Banerjee in unserem Jahrhundert kann man sich fragen: Haben christliche Missionare gerade den primär am Ethos Jesu interessierten und an hinduistischen Spekulationen desinteressierten indischen Zeitgenossen nicht allzuviel an christlicher Spekulation zugemutet bezüglich Jesu göttlicher Natur und seinem Sühneopfer (schon Roy hatte dies für die Mißerfolge der christlichen Mission verantwortlich gemacht und die Einheit Jesu mit Gott, dem Vater, vom Neuen Testament her als Einheit des Willens, der Absicht und des Gehorsams, nicht aber des Seins verstanden)? Und vor allem: haben die christlichen Kirchen in Indien, oft von einer oberen »Kaste« von Klerikern beherrscht, in diesem armen Land die Botschaft des Jesus der Armen und Unterdrückten wirklich überzeugend vorgelebt? Vergleiche der christlichen und hinduistischen Lehre *und* theologische Reflexion der sozialen Situation, überhaupt: Theorie *und* Praxis müßten Hand in Hand gehen. Darum also muß es in der gegenwärtigen kirchen- und theologiegeschichtlichen Situation für die Christen aller Konfessionen in Indien gehen: um einheimische Verwurzelung ihres Christentums.

Wer hier Bedenken hat, bedenke zuerst einmal grundsätzlich: Der christliche Glaube, jüdisch-palästinischen Ursprungs, ist von Anfang an in die hellenistisch-römische Kultur und (wenngleich nicht mehr so »radikal«, »bis an die Wurzel«) auch in die germanisch-slawische Kultur eingesenkt worden: Warum sollte er nicht auch in die indische Kultur eingesenkt werden können? Warum sollte er nicht sein europäisches Gewand ablegen und ein indisches anziehen können? Diese theologisch-praktische *»Inkulturation«*, diese einheimische Verwurzelung, in Indien besonders vom italienischen Jesuiten Roberto de Nobili, der wie ein Sáṃnyāsin lebte, schon im 17. Jahrhundert versucht, aber später durch die römischen Inquisitionsbehörden verurteilt, ist seit dem Zweiten Vatikanischen Konzil endlich erlaubt, ja, geboten worden.

Eine solche Inkulturation des stark verwestlichten Christentums (nur 2,6 Prozent oder rund 18 Millionen der Inder sind Christen, davon rund 60 Prozent oder 10 Millionen Katholiken), wie sie nicht nur in zahlreichen christlichen Ashrams praktiziert, sondern etwa auch von der katholischen Bischofskonferenz in der Ghettosituation des indischen Katholizismus angestrebt wird, meint mehr als eine äußerliche Adaption oder Anpassung. Sie meint

1. die Einführung indischer Meditationsformen, hinduistischer Formen des Gesanges, der Körperhaltung, der Gesten und Tänze, des Schmuckes und anderer äußerlicher liturgischer Elemente;
2. die traditionell indische Einbeziehung der Natur (Blumen, Licht, Sonnenaufgang und -untergang) in den christlichen Gottesdienst;
3. die liturgische Lesung und persönliche Meditation heiliger indischer Schriften: geeigneter Texte aus den Veden, die, vom Übergang der Menschheit zur transzendenten Dimension, zum Absoluten, zeugend, auch christlichen Gemeinden Inspiration vermitteln können; solche Praxis wird von den theologischen Ausführungen in unseren Dialogen im Prinzip bestätigt.

Doch nicht nur die Übernahme von Hindu-Tanzformen (vgl. A. Ronald Sequeiras »Klassische indische Tanzkunst und christlicher Verkündigung«, 1978), sondern auch der Gebrauch traditioneller Hindu-Texte für persönliches christliches Gebet und Meditation, für priesterliches Stundengebet und den Gemeindegottesdienst (Robert Antoines SJ »indischer Ritus«) und somit hinduistischer Geistigkeit überhaupt, hat die Notwendigkeit kritischer Unterscheidung und auch weiterer Studien und Reflexionen – auf christliche Theorie und Praxis – deutlich gemacht. Da gilt: keine kritisch verantwortete Inkulturation ohne eine *kritisch verantwortete Theologie und Exegese*!

Die christliche Botschaft ist auch im indischen Kontext immer wieder neu zu durchdenken, was letztlich nur von genuin indischen Christen selbst geleistet werden kann, auf deren Arbeiten ich mich teilweise stützen konnte. Mit Recht beanspruchen indische christliche Theologen eine Theologie im Kontext ihrer Kultur. Solche *kontextuelle Theologie* zielt nicht auf eine provinziell-abgekapselte, sondern eine *wahrhaft ökumenische indische Theologie auf solider historisch-kritischer Basis*, die mit Hinduismus und auch Islam als gleichwertigen und gleichberechtigten Partnern in Dialog tritt: alles prüfend, das Gute aus Ost und West bewahrend, um so mit kreativer Phantasie und kritischem Unterscheidungsvermögen die christliche Botschaft selbst – das Evangelium – in authentisch indischem Gewand zur Geltung zu bringen.

Grundlegende Literatur zu Hindu-Religionen

I. Gesamtdarstellungen:

1. PRATIMA BOWES: *The Hindu Religious Tradition. A Philosophical Approach.* London/Henley/Boston 1977
2. J. N. FARQUHAR: *A primer of Hinduism.* Oxford ²1912
3. ERICH FRAUWALLNER: *Geschichte der indischen Philosophie.* 2 Bde. Salzburg 1953–56 (Wort und Antwort 6/I, II)
4. HELMUTH VON GLASENAPP: *Der Hinduismus. Religion und Gesellschaft im heutigen Indien.* München 1922
5. HELMUTH VON GLASENAPP: *Die Religionen Indiens.* Stuttgart ²1956 (Kröners Taschenausgabe 190)
6. HELMUTH VON GLASENAPP: *Die Philosophie der Inder. Eine Einführung in ihre Geschichte und ihre Lehren.* Stuttgart ³1974 (Kröners Taschenausgabe 195)
7. JAN GONDA: *Die Religionen Indiens.* Stuttgart 1960 ff. Bd. 1: *Veda und älterer Hinduismus.* ²1978; Bd. 2: *Der jüngere Hinduismus.* 1963 (Die Religionen der Menschheit, Bd. 11, 12)
8. T. W. ORGAN: *Hinduism: its historical development.* New York 1974
9. LOUIS RENOU: *Der Hinduismus.* Genf 1972

II. Einzeldarstellungen:

1. R. G. BHANDARKAR: *Vaiṣnavism Śaivism and minor religious systems.* Straßburg 1913, Nachdruck: Varanasi 1965 (Grundriß der Indo-Arischen Philologie III, 6)
2. SANJUKTA GUPTA/DIRK JAN HOENS/TEUN GOUDRIAAN: *Hindu Tantrism.* Leiden/Köln 1979 (Handbuch der Orientalistik, 2. Abt., Bd. 4, 2. Abschnitt)
3. P. B. VIDYARTHI: *Divine personality and human life in Ramanuja.* Neu-Delhi 1978
4. S. J. WOODROFFE: *Shakti and Shākta. Essays and addresses.* Madras ⁶1965

5. *Weiterführende Literatur in:*
Einführung in die Indologie. Stand, Methoden, Aufgaben, hrsg. von Heinz Bechert u. a., Darmstadt 1979

III. Ausgewählte Texte:

1. *Indische Geisteswelt. Eine Auswahl von Texten* in dt. Übersetzung, eingel. und hrsg. von Helmuth von Glasenapp. Bd. 1: Glaube und Weisheit der Hindus. Baden-Baden 1958
2. *Älteste indische Dichtung und Prosa. Vedische Hymnen, Legenden, Zauberlieder, philosophische und ritualisierte Lehren,* hrsg. von Klaus Mylius. Wiesbaden 1981
3. *Sechzig Upanishad's des Veda.* Aus dem Sanskrit übersetzt und mit Einleitungen und Anmerkungen versehen von Paul Deussen. Leipzig 1897
4. *Die Bhagavadgītā.* Sanskrittext mit Einleitung und Kommentar von S. Radhakrishnan. Mit dem indischen Urtext verglichen und ins Deutsche übersetzt von Siegfried Lienhard. Baden-Baden 1958
5. *Die Bhagavadgītā,* hrsg. von Klaus Mylius. Wiesbaden 1980
6. *L'Iŝvaragītā. Le chant de Ŝiva.* Texte extrait du Kūrma-Purāna, trad. du Sanskrit par P. E. Dumont. Baltimore/Paris 1933
7. *Le florilège de la doctrine Ŝivaite: Ŝaivāgamaparibhāṣāmañjarī / de Vedajñāna.* Edition critique, traduction et notes par Bruno Dagens. Pondicherry 1979 (Publications de l'Institut Français d'Indologie 60)

IV. Nachschlagewerk:

1. Benjamin Walker: *Hindu World. An encyclopedic survey of Hinduism.* 2 Bde., London 1968

Hans Küng
Kein Weltfrieden ohne Religionsfrieden! Schlußwort

Mehr als eine Zwischenbilanz sollte dieser Dialog nicht sein. Er war erklärtermaßen ein Versuch, ein gewagtes Experiment, über dessen Gelingen wir nicht zu urteilen haben.

Deutlich geworden sind Konvergenzen und Divergenzen zwischen den Religionen. Und wenn uns dabei die Klärung der einen Frage gelungen ist, worüber im interreligiösen Dialog heute nicht mehr und worüber erst recht gestritten werden muß, haben wir viel erreicht.

Kritik werden insbesondere die christlichen Antworten finden – von beiden Seiten her vermutlich. Für die einen werden sie immer noch zu »christlich«, für die anderen noch zu wenig »christlich« sein, für die einen zu offen, zu nachgiebig, zu pluralistisch, für andere zu eng, zu abgrenzend, zu selbstbewußt.

Angestrebt freilich wurden Antworten jenseits dieser Schemata, die sich zwar nicht vor jedem christlichen Dogmatikhandbuch der Normaltheologie, wohl aber vor einer historisch-kritischen Exegese- und Dogmengeschichte im Rahmen eines zeitgenössischen Paradigma von Theologie verantworten lassen. Und zugleich sollten diese Antworten auf so ganz verschiedene Religionen wie Islam, Hinduismus und Buddhismus kohärent gegeben werden, damit nicht dem einen zugestanden wird, was anderen gegenüber wieder zurückgenommen werden muß.

Warum muß der Dialog weitergehen? Zunächst einmal, um die anderen immer besser zu verstehen, die Zeitgenossen mit uns sind und mit denen wir ständig enger in Tuchfühlung leben. Aber auch um uns selbst besser zu verstehen, was nur auf dem Wege von Vergleich und Konfrontation geschehen kann: »Wer nur England kennt, kennt England nicht.« Und ein drittes: Der interreligiöse Dialog ist alles andere als eine private, persönliche, lokale oder regionale Angelegenheit. Die globalen Dimensionen sind offenkundig und damit die Auswirkungen für das nationale wie internationale Zusammenleben der Völker. Niemand wird heute ernsthaft bestreiten, wie sehr der Frieden in der Welt vom Frieden unter den Religionen abhängt. Und diese Seite des interreligiösen Dialogs ist im Zeitalter eines technisch machbaren atomaren Holocaust heute wichtiger als vieles an akademischer Akribie, theologischer Subtilität und intellektueller Spitzfindigkeit.

Es gibt also einen signifikanten Zusammenhang zwischen Ökumenismus und Weltfrieden. Wer sich der Ökumene verpflichtet weiß, wer die Zerbrechlichkeit menschlicher Ordnungen und alle Möglichkeiten menschlichen und technischen Versagens ernstnimmt, weiß, was hier auf dem Spiele steht: er weiß, daß Friedensbedrohung und Friedensregulierung längst die Dimension regionaler Einzelkonflikte gesprengt haben und zu Problemen globaler Weltinnenpolitik geworden sind, von der in Zukunft unser aller Überleben abhängt. *Frieden in der Ökumene oder Zerstörung der Ökumene selbst* – das ist heute die Alternative!

Was kann eine ökumenische Theologie zur Befriedung unserer friedlosen Welt beitragen? Sicher keine direkten Lösungen zu all den komplexen Fragen strategischer, militärindustrieller und abrüstungstechnischer Natur. Das ist auch nicht ihre ureigenste Aufgabe.

Ihr ureigenstes Reflexions- und Praxisfeld ist vielmehr – und auch Wissenschaftler und Politiker beginnen diese ethisch-religiöse Dimension wieder vermehrt zu beachten – das Ethos, die Moral, die Religion. Und *hier* kann ökumenische Theologie die Konflikte aufdecken und aufarbeiten helfen, deren Ursachen die Religionen, die Konfessionen oder Denominationen selbst sind. Und wieviel an konfessionellen und religiösen Konfliktherden auf unserer Erde gilt es abzubauen!

Wer wüßte nicht, wieviel Unheil die ökumenische *Zerrissenheit unter Christen* auf politischem Feld verursacht hat. Man muß gegenwärtig nur an den Nordirlandkonflikt erinnern, um zu begreifen, was gemeint ist. Und wer möchte ausschließen, daß auch der wahnsinnige Falklandkrieg mindestens unterschwellig von einem katholisch-protestantischen Antagonismus mitbestimmt war, wie ja auch das Superioritätsgefühl und das Hegemoniestreben des protestantischen Yankeetums im katholischen Süd- und Mittelamerika – und die Reaktionen darauf – schon immer kulturell-religiös geprägt waren.

Was haben die Kirchen dagegen getan? Gewiß, sie haben zumindest in neuester Zeit – und das ist schon viel – für den Frieden und nicht mehr für den Krieg *geredet*, meist freilich nur dort, wo es ohne Gefahr geschehen konnte. Aber haben sie auch genug für den Frieden *getan*: in Vietnam, im Libanon, in Argentinien, in Großbritannien, in Deutschland, in Europa und Amerika überhaupt, aber auch in Afrika und Asien? Um es noch einmal unmißverständlich zu sagen: Die Religionen, das Christentum, die Kirchen können nicht sämtliche Konflikte der Welt lösen oder auch nur verhindern, aber sie können das Maß an Feindschaft, Haß und Unversöhnlichkeit verringern. Indem sie erstens – wie dies etwa der Rat der Evangelischen Kirche in Deutschland beispielhaft in bezug auf das Verhältnis Deutschland–Polen getan hat – ganz konkret für die Verständigung und Versöhnung zwischen verfeindeten Völkern eintreten. Und indem sie zweitens wenigstens diejenigen Konflikte aus der Welt zu schaffen beginnen, deren Ursache sie selbst sind oder deren Brisanz sie mitverschuldet haben: ihre kirchentrennenden Lehrunterschiede ebenso wie die daraus entstehenden praktischen Differenzen.

Nein, von den Religionen und Kirchen ist nichts Menschenunmögliches verlangt, verlangt ist nur, daß sie ihren eigenen Programmen und Grundintentionen nachleben, daß sie ihre Friedensappelle nicht nur nach draußen richten (so wichtig das ist), sondern zugleich nach innen und so in ihrem ureigensten Bereich Taten der Versöhnung und Zeichen des Friedens setzen. Und man kann darauf vertrauen, daß diese Taten der Versöhnung, daß diese Zeichen des Friedens ihre Signalkraft und Ausstrahlung auf die Konfliktfelder »draußen« nicht verfehlen werden.

Wer könnte darüber hinaus leugnen, daß für die notorischen *Spannungsherde der Weltpolitik* nicht nur christliche Konfessionen oder zu Quasireligionen hochgeputschte Ideologien mitverant-

wortlich sind, sondern auch die großen *Religionen selbst.* Wer könnte übersehen – gleichsam von Fernost nach Nahost –:
daß schon im Vietnamkrieg religiöse Faktoren mitgespielt haben (der Antagonismus zwischen buddhistischen Mönchen und dem katholischen Regime);
daß der Konflikt Indien–Pakistan, eine territoriale Spaltung, die gegen den Willen Mahatma Gandhis zustande kam, bis heute von der Unversöhnlichkeit zwischen Hindus und Muslimen gespeist wird, die immer wieder zu neuen Massakern führt (von denen zwischen Hindus und Sikhs nicht zu reden);
daß der Krieg zwischen Iran und Irak mit der jahrhundertealten innermuslimischen Rivalität, ja Feindschaft von Sunniten und Schiiten zu tun hat?
Vom Nahost-Konflikt ganz zu schweigen, wo sich bekanntlich Muslime, Juden und Christen bis an die Zähne bewaffnet gegenüberstehen und sich im bereits fünften Krieg innerhalb von Jahrzehnten zerfleischt haben.

Die fanatischsten, grausamsten politischen Kämpfe sind die von Religionen eingefärbten, inspirierten, legitimierten politischen Kämpfe. Dies auszusprechen heißt nicht, die angesprochenen Konfliktherde auf Religionskämpfe zu reduzieren, sondern heißt, die religiös-ökumenische *Mit*verantwortung ernst zu nehmen für eine Befriedung unserer friedlos-zerrissenen Welt. Christen, Juden und Muslime, Hindus und Buddhisten sind hier gleichermaßen herausgefordert. Wieviel wäre den betroffenen Völkern und der übrigen Welt erspart geblieben, wenn die Religionen ihre Verantwortung für Frieden, Nächstenliebe und Gewaltlosigkeit, für Versöhnung und Vergebung früher erkannt hätten, wenn sie statt Konflikte mitgeschürt Konflikte mitgelöst hätten – nach dem Beispiel des Hindu Mahatma Gandhi, des Christen Dag Hammarskjöld, des Muslimen Anwar el-Sadat und des Buddhisten U Thant, die alle aus religiöser Grundüberzeugung Friedenspolitik betrieben.

Das Fazit: Interreligiöser ökumenischer Dialog ist heute alles andere als die Spezialität einiger weltfremder religiöser Ireniker, sondern hat heute zum erstenmal in der Geschichte den Charakter eines auch weltpolitisch vordringlichen Desiderats; er kann helfen: unsere Erde bewohnbarer, weil friedlicher und versöhnter, zu machen.

Kein Frieden unter den Völkern dieser Welt ohne einen Frieden unter den Weltreligionen!

Kein Frieden unter den Weltreligionen ohne einen Frieden unter den christlichen Kirchen!

Die Kirchenökumene ist integraler Teil der Weltökumene:

Der Ökumenismus ad intra, auf die Christenheit konzentriert, und der Ökumenismus ad extra, auf die gesamte bewohnte Erde ausgerichtet, sind interdependent!

Frieden ist unteilbar: er fängt im Inneren an!

Dankeswort

Das Erscheinen eines thematisch so weitgespannten Buches schon zum jetzigen Zeitpunkt war für mich nur möglich aufgrund zweier Voraussetzungen: Arbeitsteilung und Studien »vor Ort«.

1. Der christliche Theologe war davon entlastet, die Weltreligionen in ihrer komplexen Geschichte und Thematik selbst darstellen zu müssen. Er konnte sich auf die interdisziplinäre Arbeitsteilung zwischen Religionswissenschaft und Theologie verlassen. Ich bin meinen Tübinger Kollegen, den Professoren Josef van Ess und Heinrich von Stietencron, sowie Professor Heinz Bechert (Göttingen), der in der letzten Phase der Überarbeitung der Buddhismus-Manuskripte von Lic. phil. Alois Payer (wissenschaftlicher Assistent am Tübinger Lehrstuhl für Indologie) unterstützt wurde, von Herzen dankbar, daß sie sich mit mir auf dieses ungewöhnliche Dialogunternehmen eingelassen und mich in schwierigen Fragen ihrer jeweiligen Disziplin kritisch beraten haben.

2. Meine »christlichen Antworten« wären aber in sich nicht möglich gewesen ohne die vielfältige Unterstützung und Ermutigung, die ich seit meiner ersten Reise nach Asien vor zwanzig Jahren von zahlreichen Kolleginnen und Kollegen in aller Welt erfahren durfte. Viel gelernt habe ich besonders während meiner Gastsemester an der University of Chicago, an der University of Michigan in Ann Arbor und an wissenschaftlichen Symposien in Bombay, Peking, Tokio, Honolulu und Toronto. Wollte ich die Namen all derer nennen, von denen ich durch Gespräche und Publikationen lernen konnte, käme ich an kein Ende. Stellvertretend

seien hier nur einige wenige genannt, die für die Arbeit an diesem Manuskript von besonderer Bedeutung waren: in Nordamerika sind dies Julia Ching, Professor für Sinologie, und ihr Gatte Willard Oxtoby, Professor für Religionswissenschaft (beide jetzt an der University of Toronto), dann Professor Mircea Eliade, Religionswissenschaftler an der University of Chicago, ferner Professor Luis Gomez, Buddhologe an der University of Michigan in Ann Arbor, schließlich die beiden hervorragenden christlichen Buddhismus-Forscher Professor John Cobb (School of Theology in Claremont/California) und Professor David Chappell (University of Hawaii), der unschätzbare Verdienste hat durch die Organisation der East-West Religions Encounter Conference an der University of Hawaii, an der ich im Januar 1984 teilnehmen konnte. Für die Freunde in Tokio, Nagoya und Kioto seien Professor Hajime Nakamura von der Tokio Universität und Professor Heinrich Dumoulin von der Sophia Universität genannt; ihren grundlegenden Publikationen verdanke ich ebensoviel wie ihren persönlichen Anregungen. Zahlreiche wichtige Gesprächskontakte verschafften mir in Thailand Professor Seri Phongphit (Bangkok), in Birma Dr. Kyaw Than (Rangoon), in Nepal die Konsulin Annemarie Spahr, schließlich in Pakistan Professor Riffat Hassan, Islamologin an der University of Louisville (Kentucky/USA), die in ihrer Heimat neben privaten Gesprächen auch einige für mich wichtige öffentliche Dialoge mit Muslimen organisierte. Die erste Einladung nach Indien schon 1964 verdanke ich Professor Josef Neuner SJ (Poona), die erste Einladung in den Nahen Osten 1967 der American University in Beirut.

In Tübingen konnte ich mich für die technische Abwicklung der Arbeit auch dieses Mal wieder auf den bewährten Mitarbeiterstab des Instituts für ökumenische Forschung verlassen und im Lektorat des Piper Verlages auf die stets zuverlässige Arbeit von Frau Renate Böhme und Herrn Uwe Steffen, der auch das schwierige Personenregister erstellte. Besonders dankbar bin ich meinen Sekretärinnen Frau Eleonore Henn und Frau Hannelore Türke für die unendliche Geduld mit den ständigen Neufassungen des Manuskripts, Herrn Dipl. theol. Karl-Heinz Rauch für die Mühe der Zitatenkontrolle, der Bücherbeschaffung und der Druckfahnenkorrektur, an der sich auch Frau Dr. Anne Jensen beteiligte. Frau Marianne Saur hat dieses

Manuskript immer und immer wieder gelesen und mir mit Blick auf Verständlichkeit und Lesbarkeit viele wertvolle Anregungen gegeben. Am meisten aber verdanke ich auch für dieses Buch wieder Dr. Karl-Josef Kuschel, Akademischer Rat an unserem Institut, der in steter enger Zusammenarbeit mit mir zahllose inhaltliche und sprachliche Verbesserungen für das Manuskript beigetragen hat.

Fünf Jahre nach der uns aufgezwungenen Statusänderung unseres Instituts an der Universität Tübingen und nervenraubenden Auseinandersetzungen bin ich voll Dankbarkeit, daß es uns gelungen ist, das Terrain unserer wissenschaftlichen Arbeit zu behaupten, ja, daß wir die Kraft gefunden haben, theologisch auch zu neuen Ufern aufzubrechen. In diesem Sinn möchte ich auch öffentlich meinen herzlichen Dank allen Freunden in Tübingen und anderswo aussprechen, die uns in vielfacher Weise ihre Unterstützung immer wieder haben spüren lassen. Es liegt mir daran, dies zu bekunden in einem Jahr, in dem das Institut für ökumenische Forschung 20 Jahre alt geworden ist.

Tübingen, Ende Juli 1984 Hans Küng

Personenregister

Hans Küng

Freiheit des Christen

3. Auflage. 228 Seiten. (GTB 167)

Das Thema »Freiheit« ist nicht irgendein Randthema des Christentums, denn die christliche Botschaft selbst ist eine Botschaft der Freiheit! Freiheit ist das große Geschenk Gottes an die Menschen. Freiheit ist die große Aufgabe der Menschen im Dienst Gottes. Hans Küng, der in Tübingen lehrende Schweizer Theologe, entfaltet diese Erkenntnis im Blick auf den einzelnen Christen, auf die Kirche, auf die Theologie, auf die Religionen. Er sieht ein neues Bild der Kirche, ein brüderliches und partnerschaftliches: freie Christen in einer freien Kirche.

Was ist Kirche?

3. Auflage. 187 Seiten. (GTB 181)

W. Dietzfelbinger vermerkt, daß das Ausmaß, in dem Hans Küng die Bibel zu Wort kommen läßt und das ganze Neue Testament mit bewundernswertem Fingerspitzengefühl abtastet, »atemberaubend ist und in der theologischen Literatur beider Konfessionen einzigartig dasteht«. So bereitet dieses Werk für Protestanten und Katholiken die Basis für einen gemeinsamen Weg in die Zukunft.

Gütersloher Verlagshaus Gerd Mohn

Ökumenische Theologie

Herausgegeben von Eberhard Jüngel, Hans Küng und Jürgen Moltmann

87–20

Bd. 1: Karl-Josef Kuschel
Jesus in der deutschsprachigen Gegenwartsliteratur
Mit einem Vorwort von Walter Jens. 4. Auflage. 385 Seiten. Kt.

Bd. 2: Robert Hotz
Sakramente – im Wechselspiel zwischen Ost und West
342 Seiten. Kt.

Bd. 4: Bernardino Greco
Ketzer oder Prophet?
Evangelium und Kirche bei dem Modernisten Ernesto Bounaiuti (1881–1946). Mit einem Vorwort von Hans Küng. 223 Seiten. Kt.

Bd. 5: Eberhard Grötzinger
Luther und Zwingli
Die Kritik an der mittelalterlichen Lehre von der Messe – als Wurzel des Abendmahlstreites. 165 Seiten. Kt.

Bd. 6: Karl-Josef Kuschel
Stellvertreter Christi?
Der Papst in der zeitgenössischen Literatur. 239 Seiten. Kt.

Bd. 7: J. Christine Janowski
Der Mensch als Maß
Untersuchungen zum Grundgedanken und zur Struktur von Ludwig Feuerbachs Werk. 360 Seiten. Kt.

Bd. 8: Heinz G. Stobbe
Hermeneutik – ein ökumenisches Problem
Eine Kritik der kath. Gadamer-Rezeption. 278 Seiten. Kt.

Bd. 9: Eberhard Jüngel
Barth-Studien
352 Seiten. Kt.

Bd. 10: Franz Christ
Menschlich von Gott reden
Das Problem des Anthropomorphismus bei Schleiermacher. 299 Seiten. Kt.

Bd. 11: Hans Küng / David Tracy (Hrsg.)
Theologie – wohin?
Auf dem Weg zu einem neuen Paradigma. 246 Seiten. Kt.

Bd. 12: Dumitru Staniloae
Orthodoxe Dogmatik
Mit einem Geleitwort von Jürgen Moltmann. 458 Seiten. Kt.

Bd. 13: Hans Küng / David Tracy (Hrsg.)
Das neue Paradigma von Theologie
Strukturen und Dimensionen. 242 Seiten. Kt.

Gütersloher Verlagshaus Gerd Mohn

Handbuch Religiöse Gemeinschaften

Freikirchen, Sondergemeinschaften, Sekten, Weltanschauungen, Missionierende Religionen des Ostens, Neureligionen. Für den VELKD-Arbeitskreis im Auftrage des Lutherischen Kirchenamtes herausgegeben von Horst Reller und Manfred Kießig.

3., völlig überarbeitete und erweiterte Auflage. 796 Seiten. Geb.

Das Handbuch vermittelt einen Überblick über das Gestalt gewordene religiöse Leben christlicher und außerchristlicher Art in der Gegenwart.

Es informiert über wichtige Fragen der verschiedenen Gemeinschaften (Entstehung und Geschichte, Grundriß der Lehre, Fragen der Sakramente, Mitgliederzahl und Verbreitungsgebiet, Organisation) und würdigt kritisch ihre jeweilige Stellung zur evangelischen Kirche.

87–5

Gütersloher Verlagshaus Gerd Mohn

GTB Weltreligionen

Udo Tworuschka
Die vielen Namen Gottes
Weltreligionen heute. 254 Seiten. (GTB 776)
Welche religiösen Vorstellungen bestimmen das Leben von Menschen anderer Religionen? Was glauben die Parsen, die Jainas oder die Sikhs? Neun große sowie zahlreiche kleinere religiöse Traditionen werden in diesem Band anschaulich und unter Berücksichtigung ihrer gegenwärtigen Situation vorgestellt.

Rüdiger Hauth
Tempelkult und Totentaufe
Die geheimen Rituale der Mormonen. 176 Seiten. (GTB 777)
Wer sind die Mormonen? Welche Funktion hat der Tempel für sie? In diesem Band werden erstmalig die streng geheimgehaltenen Tempelrituale der Mormonen, die Totentaufe, das »Endowment«, die Siegelungen der Tempelehe und die Siegelungen der Kinder an die Eltern, als Quellenmaterial dokumentiert und kommentiert.

Joyce Hannover
Gelebter Glaube
Die Feste des jüdischen Jahres. Mit Bildern von Hartmut R. Berlinicke und einem Vorwort von Schalom Ben-Chorin. Aus dem Amerikanischen übertragen von C. Elischeva Voll. Ein NES AMMIM Buch. 125 Seiten mit zahlr. Fotos. Deutsche Erstausgabe. (GTB 788)
Reich ist der Festkalender des jüdischen Jahres. Die Feiertage, an ihrer Spitze der Sabbat, sind Kulminationspunkte des gelebten jüdischen Glaubens. Sie bringen die jüdischen Leitgedanken in lebendiger Form ins Bewußtsein, verschaffen nichtjüdischen Lesern einen Zugang zum Judentum und seinem Erbe.

Reinhart Hummel
Gurus in Ost und West
Hintergründe – Erfahrungen – Kriterien. 176 Seiten. (GTB 782)
Der durch langjährigen Indienaufenthalt erfahrene Autor arbeitet die vielschichtigen Erfahrungen mit Gurus und der hinduistischen Religion auf. Er führt die unterschiedlichsten Erscheinungsformen von jugendlicher Subkultur und demagogisch mißbrauchter Religiosität, hinduistischem Sendungsbewußtsein und östlicher Spiritualität vor.

Monika Tworuschka
Allah ist groß
Religion, Politik und Gesellschaft im Islam. 112 Seiten. (GTB 1079)
In diesem Band werden die Entstehung und die Geschichte, die Glaubensgrundlagen und die religiöse Praxis des Islam allgemeinverständlich dargestellt. Er erschließt in anschaulicher Weise die islamische Lebenswelt sowie die Antwort des Islam auf aktuelle Fragen unserer Zeit.

86-39

Gütersloher Verlagshaus Gerd Mohn

GTB Weltreligionen

Der Koran

Übersetzung mit Erläuterungen von Adel Theodor Khoury. Unter Mitwirkung und mit einer Einleitung von Muhammad Salim Abdullah. Ca. 620 Seiten mit einem Namen- und Begriffsregister, einem Verzeichnis der Bibelstellen aus dem Alten und Neuen Testament sowie einer Textauswahl aus dem Hadith. (GTB 783)

Diese neue Koran-Übersetzung ist das Ergebnis intensiver Beschäftigung mit dem Islam und seiner heiligen Schrift und einer jahrelangen Zusammenarbeit zwischen dem Christlich-Islamischen Institut in Münster und dem Zentralinstitut Islam-Archiv-Deutschland in Soest.

Die Anwesenheit von Millionen Muslimen in Europa hat nicht nur Schwellenängste, sondern auch ein verstärktes Interesse für den Islam aufkommen lassen. Die Begegnung mit Muslimen und die Beschäftigung mit dem Koran geschieht auf nahezu allen Ebenen: im Kindergarten, in der Schule, in der Nachbarschaft, in den Betrieben und Krankenhäusern, in gemeinsamen Gesprächen in den Kirchengemeinden und vereinzelt auch bereits in den Moscheen.

Was Muslime von einer Ausgabe des Korans, ihres heiligen Buches, erwarten, ist ein ausreichendes Einfühlungsvermögen in ihr Denken und die Treue zu ihrem Koranverständnis, dem die bisher gebräuchlichen deutschen Ausgaben des Korans nur unzureichend entsprechen. Auch Christen fragen in stärkerem Maße als zuvor nach einer »authentischen« Version des Korans.

Gütersloher Verlagshaus Gerd Mohn

Ernesto Cardenal

Das poetische Werk

Band 1:
In der Nacht leuchten die Wörter
Frühe Gedichte, Epigramme, Psalmen.

Band 2:
Die ungewisse Meerenge

Band 3:
Die Farbe des Quetzal
Für die Indianer Amerikas I

Band 4:
Das Buch von der Liebe

Band 5:
Wir sehen schon die Lichter
Gedichte bis 1979

Band 6:
Poesie der Naturvölker

Band 7:
Wolken aus Gold
Für die Indianer Amerikas II

Band 8:
Den Himmel berühren
Gedichte 1979 bis 1985

Gütersloher Verlagshaus Gerd Mohn